THE EVOLUTION OF THE CONCEPT OF POLICE POWER

警察权概念的变迁

孙 悦◎著

中国政法大学出版社

声　明　　1. 版权所有，侵权必究。

　　　　　2. 如有缺页、倒装问题，由出版社负责退换。

图书在版编目（CIP）数据

警察权概念的变迁 / 孙悦著. -- 北京：中国政法大学出版社，2024.9. -- ISBN 978-7-5764-1753-1

Ⅰ. D035.30

中国国家版本馆 CIP 数据核字第 2024MG0756 号

出 版 者	中国政法大学出版社
地　　址	北京市海淀区西土城路 25 号
邮寄地址	北京 100088 信箱 8034 分箱　邮编 100088
网　　址	http://www.cuplpress.com（网络实名：中国政法大学出版社）
电　　话	010-58908586（编辑部）58908334（邮购部）
编辑邮箱	zhengfadch@126.com
承　　印	固安华明印业有限公司
开　　本	720mm×960mm　　1/16
印　　张	13.5
字　　数	230 千字
版　　次	2024 年 9 月第 1 版
印　　次	2024 年 9 月第 1 次印刷
定　　价	59.00 元

序　言

语言即世界，具有传奇色彩的哲学家维特根斯坦如是说。[1]语言之外，不存在客观的本体论世界，哲人要表达的是人类认知的边界。笃信辩证唯物主义，对马工程教材耳熟能详的莘莘学子，当然不能沉迷于维特根斯坦的哲学迷宫。语言蕴含了人类世界的太多密码，却是不争的事实。作为高密度信息语言的概念，是法学研究怎么也绕不开的坎。如果一个概念在人类绵长的法律史中反复出现，世代法律人挥之不去，就说明这个概念具有经典的说明价值，有跨越时空的意义。公法中的警察权概念，跨越大陆法和普通法，穿越从主权国家成立到现代国家重塑的漫长旅程，不断变脸，与征收权、一般管制权相爱相杀，上演了数出概念的"黑神话"，可以称为公法的"活化石"。作为解释学的法学，人类智识驰骋的全部场域几乎就是由语言铺就的编码世界。对警察权概念的知识清理，是公法研究的基础性工程。

一

初次接触警察权概念是在近二十年前。研习管制性征收标准过程中，我和学生发现大量征收的文献都要提及警察权，但却基本只说明，不定义。对财产权的限制，如果是警察权的行使，就无须补偿；如果超越警察权的边界，就构成应该补偿的征收。涉及财产权的限制，国家权力的行使像一条流动的光谱，从左到右由弱变强。弱的部分是警察权的行使，强的部分是管制性征收。但如何区分强弱？最强的一端和最弱的一端，只要我们有基本的生活经

---

[1] [奥] 维特根斯坦：《逻辑哲学论》，贺绍甲译，商务印书馆1996年版，第85页。

验，就不难判断，难题在光谱渐变的中间那一段。我们必须在中间渐变的光谱中找到一个点，打下一枚界桩，界桩的左面是警察权的行使，界桩的右面是管制性征收。过去的研究基本集中在界桩的右面，通过认识右面来打桩，只要构成了管制性征收，就不是警察权的行使，就需要补偿，于是发展出了政府行为的性质、财产价值的减损和合理投资回报预期教义。在这些教义之下，又列出一些例外的教义，比如是否剥夺了权利束中的排他权，政府行为是否满足平均利益互惠等。这种进路最大的便利是有规范基础，有关美国《宪法第五修正案》的文献汗牛充栋，许多国家的宪法文本中也都有征收规范。但只就征收论管制性征收，构造出来的管制性征收教义像极了一床百纳被，光怪陆离，让人眼花缭乱。界桩是立体的，其中的一面必须从警察权的一端才能观察清楚。如果拉开时间的维度，界桩是可以移动的，它更像在一个区间游动的浮标，原来属于警察权行使的政府行为，没准哪天就变成了管制性征收，反之亦然。如果只观察靠近界桩的那一段行使警察权的政府行为，难免似盲人摸象。对警察权的观察，必须有更宽阔的视域。

知易行难。要弄清警察权的概念源流，殊非易事。与作为规范概念的征收相比，虽然警察的概念早期曾在成文法中出现，但晚近成文法中却基本不出现警察权的概念。警察权要么在经典著作中作为学理概念驻足，要么在法院的判决中作为经验修辞飘过。没有成文法的锚定，警察权就像那只薛定谔的猫，叠加了两个不同的平行世界，观察者无法测度。

2018年，孙悦同学入列望山读书会，在循循善诱中确定警察权概念作为自己的研究领域，从此欢笑伴着泪水，踏上了一条荆棘丛生之路。

二

警察权概念几乎与主权概念一样蕴含着公法的制度密码，甚至可以说与主权概念孪生。有关警察权的体系化，亚当·斯密、布莱克斯通都留下过不小的篇幅。[1] 早期的警察权概念与财产权的限制理由其实没有多大瓜葛。其

---

[1] [英]参见坎南编著：《亚当·斯密关于法律、警察、岁入及军备的演讲》，陈福生、陈振骅译，商务印书馆1962年版。William Blackstone, *Commentaries on the Laws of England*, Chicago: University of Chicago Press, 1979.

中的理由可能是财产权概念在国家早期远不如人类工业文明以来那样显赫，国家也不会动不动就伸出那只有形或者无形的手，跟财产权拉拉扯扯。警察权与财产权一并出场，用作勘定管制性征收边界的工具性概念，是非常晚近的事。

警察权概念可以用作讨论州和联邦的权力边界，警察权＝州的剩余主权。美国的建国历程颇为特殊，先有了州，然后州与州之间经由合约成立了联邦。州先于联邦，州的权力先于联邦的权力。联邦的权力来自联邦宪法，从规范的层面来说，这个观点千真万确。但如果继续追问，联邦宪法中的联邦权力如何产生？这就回到了立宪。联邦宪法中的联邦主权来自各州的授予。各州协商成立联邦，必然要赋予联邦一些权力，但赋予联邦这些权力并不等于各州放弃了全部主权，只是交出了自己的部分主权。剩下的没有交出的主权就是警察权。在各州与联邦的对峙中，如果一项权力属于谁并不清楚，联邦需要论证的是：联邦的某项权力来自联邦宪法第几条，所以该项权力属于联邦；各州需要论证的是：联邦宪法第几条不能解释出联邦的何种权力，所以该项权力属于各州。这是两种不同的逻辑。联邦需要论证的是肯定，联邦宪法授予了联邦何种权力；各州需要论证的是否定，联邦宪法没有授予联邦何种权力。没有在联邦宪法中授予给联邦的主权就是剩余主权，名为警察权，属于各州。

警察权可以用作讨论州介入私人生活的边界，证成州立法权。国家权力介入私人生活的理由是什么？介入的强度是什么？有没有构成对公民宪法权利的侵犯？州立法与联邦立法有重大的区别。联邦立法必须在联邦宪法里寻找依据，联邦宪法没有规定联邦有这项权力，联邦立法会被判定违宪，但州不一样。联邦宪法只是州立法的外边界限，州立法不能违反联邦宪法已有的规定。如果联邦宪法没有相关的规范，州又想介入某项私人活动，如何证明正当性依据？州宪法常常简略，对州的权力列举并不完整，这时，警察权概念出场，作为元概念证成州立法，州借助立法介入私人生活。

警察权可以用作讨论对财产权的限制，在财产领域划定国家权力和公民权利的界限。工业文明诞生以来，财产权，尤其是针对土地的财产权意义日益凸显，"土地是财富之母"。[1] 与之相关，土地用途的冲突加剧，土地利用

---

[1] [英] 威廉·配第：《赋税论》，邱霞、原磊译，华夏出版社2017年版，第91页。

管制渐趋频繁。政府为什么可以对土地进行各种花式的管制？警察权的概念大放异彩，为政府对土地的管制续写美丽新神话。一开始，警察权的行使还局限在妨害法的范围内，旨在制止对土地的有害利用。政府对警察权的运用显然不想陷于妨害法的逼仄空间，遂对"什么是对土地的有害利用"操两可之说，衰败甚至对土地的低效利用也算作对土地的有害利用，警察权渐渐游离妨害法的疆域，成长为六边形战士。但财产权只要存在，不管面临怎样的暴风骤雨，总要与"人类理性的定在"这一桂冠相称，[1]管制性征收的概念出笼。警察权的行使超过一定限度，就构成管制性征收，可能被判违宪。在财产法领域，警察权概念证成政府对财产权的限制，管制性征收概念划定警察权的边界。

三

与法学领域的很多其他语汇一样，我国关于警察的译法来自日本。[2]为防止与公安警察、司法警察、监狱警察等制服警察概念混淆，一些学者不将警察权称作警察权，而是称作治安权。[3]对于语言的使用，只要习惯成自然，大体可以超越对错。但如果没有习惯到自然的程度，翻译就应尊重"先占"原则。清末就将警察权称作警察权，今天忽然要变成治安权，证明负担过重。而且，将警察权称作治安权，也容易与公安机关的某一类职权混淆，治安权并不比警察权这个概念更清晰。"最好"往往是"好"的敌人，[4]如果无法找到最好的概念，我们不妨继续援用警察权这个译法。

警察权概念自清末导入我国，含义数度变迁。从多维警察概念到制服警

---

〔1〕 财产作为人类理性的存在出自黑格尔"所有权所以合乎理性不在于满足需要，而在于扬弃人格的纯粹主观性。人唯有在所有权中才是作为理性而存在的"。[德] 黑格尔：《法哲学原理》，范扬、张企泰译，商务印书馆1961年版，第57页。

〔2〕 卢建平：《警察相关词源考证》，载《法治研究》2016年第6期，第39页。

〔3〕 曹勉之：《再造共和：以内战前后美国联邦最高法院的治安权解读为中心》，载《朝阳法律评论》2015年第2期，第247~272页。

〔4〕 沈国明：《"最好"往往是"好"的敌人》，载微信公众号"浙江暨浙江大学立法研究院"，最后访问日期：2024年9月10日。

察概念一脉独大,再到警察权概念的"脱警察化",[1]警察权概念在中国法上有着不容忽视的意义。

警察权概念可以用作说明立法权行使的边界。我们能不能制定法律,规定不能穿某种服饰?能不能规定禁止化某类妆容?能不能规定哪一类人不能进历史遗迹?能不能禁止房东驱赶某类负担不了租金的租客?这其实都涉及警察权的概念,警察权的目的列表就是要解决这个问题。尽管公共道德、公共秩序、公共福利等概念是开放的,我们甚至很难清晰划定这些概念的边界,但不等于我们可以对权力的越界行使大开方便之门。纵览警察权概念的流变,正是人类长期的制度实践催生了有关警察权的目的列表,也正是无数代的判例累积,才让公共道德、公共秩序、公共福利等概念日渐明晰。概念开放可能意味着概念没有封闭的门,但不等于同时卸掉概念的门槛,这些门槛的基石就是警察权概念。全国人民代表大会的法律有民主正当性支持,有宪法的约束;其他主体的立法受制于法律,《中华人民共和国立法法》也规定了法律保留。但是不是法律保留之外,其他主体的立法就可以规定任何事情?可以将自己的职权解释得无边无际?当然不是,警察权概念就肩负着划界的功能。

警察权概念可以用作解释财产权的边界。在中国法上论证财产权的社会义务并不难,但如何将财产权的社会义务具象化,用作解释对财产权限制的限度?中国立法中没有管制性征收或者准征收的概念,但丝毫不影响法官在判决中运用管制性征收的基本教义。[2]美国法上的管制性征收、德国法上的准征收教义也是在判例中脱胎而来的,中国宪法文本中的财产权条款丝毫不逊色于上述国家,中国法官事实上也建构了具有本土特色的管制性征收标准。要丰富管制性征收标准的解释维度,警察权的概念不可或缺。对财产权的何种限制是正当的,对财产权的何种限制构成征收,我们也需要一枚界桩,要勘定界桩的界址,我们需要管制性征收的概念,也需要警察权的概念。前者的探寻,我们在路上;后者的研究,我们刚刚起步。

作为公法"活化石"概念的警察权,我们可以从中解释公法演变的密码,也可以从中导入公法未来发展的新能量。

---

[1] 余凌云:《警察权的"脱警察化"规律分析》,载《中外法学》2018年第2期,第393~413页。

[2] 参见[2017]最高法行申第1336号案;[2018]最高法行申第1452号案;[2017]黔行终1270号;[2021]豫行终1638号。

中国自主知识体系的建构必须植根于中国本土，同时也离不开文明互鉴。大陆法上的警察权概念与英美法中的警察权概念相互映照，同频演进，为我们探寻警察权概念演进的一般规律提供了丰富的史料。清末以来的警察权概念及其命运，是我们当下建构中国公法学自主知识体系不可或缺的养分。警察权概念具有强大的解释功能和经典的说明价值，不应该在公法学知识体系的建构中缺场。但警察权在当下中国如何完成概念的逻辑自洽，是作为学理概念还是作为规范概念出场，与立法和行政的关系是什么，于中国公法学而言，都道阻且长。

中国公法学的研究，不能让警察权概念变成"熟悉的陌生人"。好在一群有理想、有抱负的年轻人已经上路。在年轻人的照拂中，这条道注定会繁花似锦。

孙悦，你很棒！加油！

刘连泰

目 录

序 言 ·· 001

引 言 ·· 001

  一、问题意识 ·· 001

  二、选题依据与意义 ·· 003

  三、研究现状 ·· 005

  四、研究方法 ·· 015

第一章 警察概念的导入 ··· 017

第一节 渊源：英国法上警察概念的变迁 ···································· 017

  一、苏格兰地区的警察概念 ·· 018

  二、英格兰地区的警察概念 ·· 021

第二节 承继：美国法上警察概念的生成 ···································· 026

  一、"警察"概念在美国的落地史 ··· 026

  二、美国法中"警察"的原初含义 ··· 031

第二章 警察权概念的合成 ··· 036

第一节 从警察到警察权 ·· 036

  一、州法院的警察概念之路 ·· 036

  二、联邦最高法院的警察权之路 ·· 042

第二节 警察权合成的基本背景与原理 ·· 046

一、独立革命的桥梁功能 …………………………………… 046

二、联邦制的必然结果 ……………………………………… 047

三、司法机关作为政府的协调机构 ………………………… 049

第三章　警察权范围的界定 ……………………………………… 051

第一节　警察权的重生与成熟：前洛克纳时代的广义警察权 …… 051

一、州和联邦如何分权：美国内战前期作为剩余主权的警察权概念 … 051

二、警察权概念在州法院的演变：从抑制妨害到州立法权 ………… 056

第二节　警察权概念的瘦身：洛克纳时代列举式的狭义警察权概念 …… 063

一、联邦最高法院的苏醒 …………………………………… 063

二、前洛克纳时代的预演 …………………………………… 065

三、洛克纳诉纽约州案对警察权概念的限缩 ……………… 067

第三节　警察权概念的扩容：新政时代对警察权概念的再扩张 …… 069

一、联邦最高法院法官的立场变化 ………………………… 069

二、州法院的探雷 …………………………………………… 070

三、联邦最高法院的转向 …………………………………… 073

四、联邦最高法院在伯曼诉帕克案中的再划界 …………… 074

第四节　稳与变：现代警察权的再确认与新生 ……………… 075

一、稳：警察权属于各州 …………………………………… 075

二、变：管制权的新装 ……………………………………… 078

第四章　警察权判例中的基本教义 …………………………… 082

第一节　警察权与其他权力的甄别 …………………………… 082

一、警察权与征税权的区分 ………………………………… 082

二、警察权与贸易权的区分 ………………………………… 093

三、警察权与征收权的区分 ………………………………… 102

四、警察权与一般管制权的区分 …………………………… 109

第二节　判断警察权合宪性的基本维度 ……………………… 118

  一、警察权的解释（一）：主体论 ………………………………… 118
  二、警察权的解释（二）：目的论 ………………………………… 126
  三、警察权的解释（三）：强度论 ………………………………… 145
  四、警察权的解释（四）：限制论 ………………………………… 153

第五章　警察权概念的中国意义 ……………………………………… 162
第一节　实质意义上的警察权概念借鉴 ……………………………… 162
  一、中国法与美国法有着同频的概念形成可能 ………………… 162
  二、新中国成立前存在实质意义上的警察权概念 ……………… 164
  三、新中国成立后身份属性的警察权概念独大 ………………… 166
  四、实质意义上的警察权概念在中国法上的回归 ……………… 168
第二节　权力分工意义上的警察权概念借鉴 ………………………… 169
  一、全国人大和国务院的关系：国务院创制性立法的限度 …… 169
  二、中央和地方的权力划分：地方能不能直接援引警察权立法 … 170
  三、全国人大警察权行使的边界 ………………………………… 173
第三节　权利限制意义上的警察权概念借鉴 ………………………… 174
  一、警察权教义与财产权的社会义务理论 ……………………… 175
  二、征收民航发展基金是警察权的合法行使吗：一个例示 …… 178

结　语 …………………………………………………………………… 182

参考文献 ………………………………………………………………… 184

引 言

一、问题意识

"作为学术术语,'警察权'广为人知。但是,在当下中国,面对'什么是警察权'的追问,我们还是不免挠头。"[1]同普通法系一样,中国宪法文本和法律中也没有"警察权"概念,只能在法律文本中找到"警察"概念的身影,从而形成了一系列以人民警察行使权力为核心的研究,这种实定法上的警察权是组织法层面的概念,缺失了实质意义上的警察权篇章,也就是普通法系上的警察权概念的意蕴。概念的缺失不意味着实践的虚无,今天的中国法中仍存在很多类似于普通法上的警察权规范。

例如,《中华人民共和国旅游法》第102条第3款规定:"导游、领队违反本法规定,向旅游者索取小费的,由旅游主管部门责令退还,处一千元以上一万元以下罚款;情节严重的,并暂扣或者吊销导游证。"

《中华人民共和国保险法》第144条规定:"保险公司有下列情形之一的,国务院保险监督管理机构可以对其实行接管:(一)公司的偿付能力严重不足的;(二)违反本法规定,损害社会公共利益,可能严重危及或者已经严重危及公司的偿付能力的。被接管的保险公司的债权债务关系不因接管而变化。"

《中华人民共和国计量法》第26条规定:"使用不合格的计量器具或者破坏计量器具准确度,给国家和消费者造成损失的,责令赔偿损失,没收计量器具和违法所得,可以并处罚款。"

《中华人民共和国消费者权益保护法》第56条规定:"经营者有下列情形之一,除承担相应的民事责任外,其他有关法律、法规对处罚机关和处罚方

---

[1] 余凌云:《警察权的"脱警察化"规律分析》,载《中外法学》2018年第2期,第393~394页。

式有规定的,依照法律、法规的规定执行;法律、法规未作规定的,由工商行政管理部门或者其他有关行政部门责令改正,可以根据情节单处或者并处警告、没收违法所得、处以违法所得一倍以上十倍以下的罚款,没有违法所得的,处以五十万元以下的罚款;情节严重的,责令停业整顿、吊销营业执照:(一)提供的商品或者服务不符合保障人身、财产安全要求的;(二)在商品中掺杂、掺假,以假充真,以次充好,或者以不合格商品冒充合格商品的;(三)生产国家明令淘汰的商品或者销售失效、变质的商品的;(四)伪造商品的产地,伪造或者冒用他人的厂名、厂址,篡改生产日期,伪造或者冒用认证标志等质量标志的;(五)销售的商品应当检验、检疫而未检验、检疫或者伪造检验、检疫结果的;(六)对商品或者服务作虚假或者引人误解的宣传的;(七)拒绝或者拖延有关行政部门责令对缺陷商品或者服务采取停止销售、警示、召回、无害化处理、销毁、停止生产或者服务等措施的;(八)对消费者提出的修理、重作、更换、退货、补足商品数量、退还货款和服务费用或者赔偿损失的要求,故意拖延或者无理拒绝的;(九)侵害消费者人格尊严、侵犯消费者人身自由或者侵害消费者个人信息依法得到保护的权利的;(十)法律、法规规定的对损害消费者权益应当予以处罚的其他情形。经营者有前款规定情形的,除依照法律、法规规定予以处罚外,处罚机关应当记入信用档案,向社会公布。"

当各类行政主体而不仅仅是警察机关获得授权得以介入私法领域,这些机关行使的权力就可以被笼统看作实质意义上的警察权。此外,实践领域还存在大量干预财产权的情形,比如为环境治理的需要,通过调整规划的方式将原本批准建设住宅的土地调整为绿地;为生态建设需要退田还渔、退田还林;为国家宏观调控的需要,对工矿企业开采予以产能限制;为房地产市场稳定需要,在一定范围、期限内实施限售;为交通安全的需要,在一定范围内禁行电动车等。[1]这些领域的实践无法仅仅依靠组织法意义上的警察权概念体系化,需要导入具有实质意义且具有统合性和功能性的警察权概念。

本书将书名定为"警察权概念的变迁",而不是"警察权的变迁",出于

---

〔1〕 参见耿宝建、黄瑶:《管制性征收理论在行政审判中的引入与运用——以"中国天眼"建设中的管制性征收为例》,载《人民司法》2019年第1期,第54页。

两个原因。其一,本书的重点是考察有关警察权的教义(doctrine),[1]法院的判例是解释警察权最重要的知识资源,不考察法社会学意义上的警察如何活动,而用"概念"区分规范世界与经验世界;其二,概念的含义非常宽泛,不单指"警察权是……的权力"这一命题。如果我们打开哈特(Hart)的《法律的概念》(第3版)、约瑟夫·拉兹(Joseph Raz)的《法律体系的概念》,可以发现概念的指涉范围很大,[2]大体上表达了体系化的初衷,与概念法学(潘德克顿法学)中的"概念"功能极为相近。[3]

二、选题依据与意义

(一) 选题依据

警察权,是公法中的重要概念,为国家权力介入私法领域提供正当性支

---

[1] 将 doctrine 翻译为"教义"的理由是,"在许多方面,至少就法院而言,教义(doctrine)或先例(precedent),就是法律。司法意见创造的规则(rules)或标准(standards)构成法教义……法教义为未来解决某一领域的案件设定了条件(sets the terms)"。Emerson H. Tiller & Frank B. Cross, "What is Legal Doctrine?", *Northwestern University Law Review*, 100 (2006), p. 517.《元照英美法词典》将 doctrine 解释为"由法院判决发展而来"。薛波主编:《元照英美法词典》(精装重排版),北京大学出版社 2017 年版,第 430 页。雷磊教授曾专门考证,认为法教义学不是德国独有的现象,"'教义学既是一种活动——对现行法的概念性、体系化作业,也是这一活动的产品与对象。'……英美国家同样有'doctrine study of law'或'doctrinal legal research',《新牛津法律词典》认为这种研究'聚焦于法律规则本身,以阐明法律对于特定问题说的是什么,以及它为什么这么说'……美国传统上同样有教义学研究的存在"。雷磊:《法教义学:关于十组问题的思考》,载《社会科学研究》2021 年第 2 期,第 11~13 页。清华大学法学院刘晗教授也将 doctrine 翻译为教义,于 2021 年 7 月在兰州举办的第四届中国宪法学青年论坛上称,美国有教义宪法的说法。

[2] 哈特在《法律的概念》(第3版)开篇就坦言"什么是法律"是一个恼人不休的问题,后记讨论了法律、规制、道德三种社会现象之间的相似与差异。第一至十章的内容分别为:恼人不休的问题,法律、号令和命令,法律的多样性,主权者与臣民,法律作为初级规则与次级规则的结合,法体系的基础,形式主义与规则怀疑论,正义与道德,法律与道德及国际法。[英]哈特:《法律的概念》(第3版),许家馨、李冠宜译,法律出版社 2018 年版。约瑟夫·拉兹的《法律体系的概念》围绕奥斯丁(Austin)和凯尔森(Kelsen)的法律体系理论展开论述,第一至九章的内容分别为:奥斯丁的法律体系理论、对奥斯丁理论的批评、一种规范理论的要素、法律的个别化、凯尔森的法律体系理论、作为规范体系的法律体系、作为法律体系的法律制度、法律体系的特性及关于法律体系的存在。[英]约瑟夫·拉兹:《法律体系的概念》,吴玉章译,商务印书馆 2017 年版。可见,"概念"一词所指的范围非常宽泛,不单单是定义,还包括对定义、范围和内容的体系化。

[3] 本书借鉴概念法学中的概念这一修辞。概念法学的代表人物格奥尔格·弗里德里希·普赫塔(Georg Friedrich Puchta)认为,要形成法的体系性知识,最为重要的工作在于建构法条体系以及作为法条"思考"因素之关联理解的法概念体系。可见,概念是理解法条的关联因素。舒国滢:《格奥尔格·弗里德里希·普赫塔的法学建构:理论与方法》,载《比较法研究》2016 年第 2 期,第 12 页。

持。然而,警察权总给人一种飘忽不定的印象,是一个流动的概念,即便是英美法学者,也常将其称为法学中的"黑暗大陆"。[1]德国法将对财产没有补偿的限制称为财产权的社会义务,[2]美国法上的警察权范围比德国法上财产权的社会义务指涉的范围更宽,现代警察权渐渐与一般管制权接近。我国学界对财产权社会义务的研究着力甚多且全面,渐成体系化,但对普通法上的警察权研究关注甚少。历经数个世纪的沉淀,普通法上的警察权概念数次位移,现代警察权概念型构了一般管制的边界。警察权是公法领域尚未被完全挖掘的学术富矿,具有重要的学术和实践价值。

(二) 选题意义

1. 可提供知识增量

警察权是公法领域的重要概念,但我国关于警察权的系统研究基本借鉴德日知识体系,忽视了普通法系中的警察权。在有限的普通法系警察权概念研究中,又以依附在现代意义上的警察机关的警察权为研究重点,忽视了警察权的原初含义以及变迁。因此,以美国法上的警察权为重点研究对象,探究其概念的变迁过程,勾勒普通法上警察权的知识图景,可提供知识增量。

2. 可为财产权研究提供新视角

警察权作为公法中的基础问题,脱胎于司法裁判,具有强烈的实践色彩,可为解决实践中的问题提供可能的新视角。

一方面,公共利益是警察权行使与启动征收的共同动因,但两种权力的结果截然相反。以往常从征收领域研究公共利益的判定问题,角度单一,而在追溯警察权概念变迁的过程中,必然关注警察权视域下的公共利益,为判定征收是否基于公共利益需要提供新的视角。

另一方面,管制性征收向来为征收领域的重点议题,管制性征收的概念是财产法上的"好望角",曾吞没无数学者的智识努力,原因在于以往的研究都是从财产权一端出发,考量政府行为对财产权克减到何种程度,以判断政府行为是否构成管制性征收。清理警察权概念后,我们可以从国家管制一端出发,观察警察权行使到何种强度可以构成对公民财产权的管制性征收。两

---

[1] D. Benjamin Barros, "The Police Power and the Takings Clause", *University of Miami Law Review*, 58 (2004), p. 497.

[2] 张翔:《财产权的社会义务》,载《中国社会科学》2012年第9期,第100~119页。

条路线合围,可以更清晰地勾勒管制性征收概念的疆域。

三、研究现状

警察权是公法上重要的基础性概念,普通法上有关警察权的文献,可谓汗牛充栋。警察一词由法国传入英国,经由布莱克斯通(Blackstone)的著作进入美国,并在美国绵延至今。警察权(police power)的概念自1827年于布朗诉马里兰州案(Brown v. Maryland)提出以来,[1]与之相关的诉讼绵延不断,但相关的教义却神秘莫测,像极了一部读者猜不透的侦探小说,[2]学界对警察权的解读路径各异。

(一)国内研究现状

关于"police power",我国学者一将其翻译为警察权,一将其翻译为治安权,本书采警察权的翻译表达。收集文献时,以"警察权""治安权"为模糊关键词在学术期刊网检索发现:2000年以前,每年相关的文章寥寥无几,但自2000年以来,其数量可谓成"幂函数式"增长,每年不低于100篇。细看其内容,多为警察法、警察执法主题,少量涉及征收问题。总体而言,我国关于警察权问题的研究,大致可划分为两种类型:身份语境下的警察权研究和财产语境下的警察权研究。

1. 身份语境下的警察权研究

身份语境下的警察权研究,大致可划分为下述几个部分:警察权的含义和性质、[3]警察权的内容与功能、[4]警察权的宪法构造、[5]警察权的行使原

---

[1] Brown v. Maryland, 25 U. S. 419 (1827).

[2] 黑斯廷斯(Hastings)甚至将其喻之为一部小说(a fiction),W. G. Hastings, "The Development of Law as Illustrated by the Decisions Relating to the Police Power of the State", *Proceedings of the American Philosophical Society* 1, 39 (1990), p. 549.

[3] 此类研究可参见高文英:《警察法学语境下的警察权研究》,载《净月学刊》2017年第3期,第5~11页;许韬:《比较法视野下的现代警察法基本理论》,中国检察出版社2012年版;惠生武、马腾:《论警察权的性质与特点》,载《河南公安高等专科学校学报》2010年第2期,第24~28页。

[4] 卢建军:《警察权软实力的建构》,载《法律科学(西北政法大学学报)》2011年第5期,第49~56页;蔡元培:《论法庭警察权的形态及其界限》,载《法商研究》2017年第5期,第72~81页。

[5] 刘茂林:《警察权的现代功能与宪法构造难题》,载《法学评论》2017年第1期,第27~35页;王银梅:《论警察权的法理属性与设置改革》,载《政治与法律》2007年第2期,第121~124页;李健和:《我国警察权力配置的现状、问题与原因——警察权力专题研究之二》,载《中国人民公安大学学报(社会科学版)》2007年第5期,第6~10页。

则与管制、[1]警察权的保障、[2]警察法治体系的建构与警察法的修改。[3]总体而言,身份语境下"警察"被视为"公安"的同义词,[4]这与世界范围内的两次"脱警察化"后警察一词的概念内涵的变化大体一致。[5]第二次世界大战后,德国的警察概念分化为实质意义上的警察概念和形式意义上的警察概念,前者指通过发挥公共行政的约束功能,防止对公共安全及秩序产生的危险,并消除业已产生的妨害;后者即指警察机关实际拥有的所有管辖权的总和,[6]这与我国身份语境下的警察权概念相似。这也解释了身份语境下的警察权研究,为什么更加侧重对"警察"(police)而非"警察权"(police power)的研究。这种进路,其实为警察权历经变迁后的当代含义中的形式意义维度。

2. 财产语境下的警察权

财产语境下的警察权的中文文献,数量有限,且专门以警察权为研究对象的文章鲜见,[7]多夹杂于征收领域的文献,尤其是专门研究管制性征收问

---

[1] 彭贵才:《论我国警察权行使的法律规制》,载《当代法学》2009年第4期,第132~139页;蒋勇、陈刚:《公安行政权与侦查权的错位现象研究——基于警察权控制的视角》,载《法律科学(西北政法大学学报)》2014年第6期,第75~85页;夏菲:《论英国警察权制约的组织基础——警察负责制》,载《法学杂志》2009年第11期,第91~93页;陈兴良:《限权与分权:刑事法治视野中的警察权》,载《法律科学(西北政法学院学报)》2002年第1期,第52~68页;蒋勇:《警察权"强""弱"之辨:结构失衡与有效治理》,载《法制与社会发展》2017年第3期,第162~178页。

[2] 孙洪波:《中国警察权属性分析》,载《中国人民公安大学学报(社会科学版)》2014年第1期,第67~71页;金雅兰、刘小荣:《规范和保障:警察权的归位》,载《江西社会科学》2006年第6期,第210~212页。

[3] 刘茂林:《警察权的合宪性控制》,载《法学》2017年第3期,第65~76页;刘茂林:《警察权的概念构造及其横向配置结构的优化》,载《中南民族大学学报(人文社会科学版)》2020年第6期,第166~173页;高文英:《人民警察任务探究——以〈人民警察法〉的修改为视角》,载《中国人民公安大学学报(社会科学版)》2015年第5期,第97~102页;苏宇:《〈人民警察法〉修改之建议》,载《中国法律评论》2017年第4期,第180~187页;熊秋红:《〈人民警察法〉与〈刑事诉讼法〉的衔接》,载《中国法律评论》2017年第4期,第171~179页。

[4] 有学者在探究我国宪法文本中"警察"一词的使用时,就直接研究"公安"二字的使用。参见张军、陈华:《论宪法文本中的警察权——兼谈我国警察法修改中的宪法问题》,载《中国人民公安大学学报(社会科学版)》2016年第5期,第48~56页。

[5] 所谓"脱警察化",是德国和日本专门描述警察概念演变的专门术语,指从警察概念分化出来的其他机构和人员"不得再使用'警察'名称"。参见蔡震荣:《行政法强制执行之困境与职务协助》,载《行政法学研究》2015年第2期,第3~15页。

[6] 陈鹏:《公法上警察概念的变迁》,载《法学研究》2017年第2期,第24~40页。

[7] 目前已知的专门以普通法上的警察权为研究对象的文献仅为余凌云:《论美国警察权的变迁》,载《公安学刊(浙江警察学院学报)》2018年第3期,第58~66页。

题的文章中。中文文献中对警察权问题的讨论,多取于域外文献,这就不免造成我国文献多为简单性的译介。梳理该语境下的相关文献,可以发现研究方法较为统一,多采案例研究法,研究内容可划分为警察权的内涵与外延、警察权的性质、警察权行使与管制性征收的区分标准以及警察权在国际投资领域中的行使几个面向。

学者们从不同的视角切入,研究警察权概念的内涵与外延。刘连泰明确了警察权的三重含义,最宽的含义,是主权概念的延伸,指国家基于主权解释出的所有权力;最窄的含义,仅指政府为了保护公共健康、公共安全和公共道德进行管制的权力;较宽的含义,指政府为提升公共安全、公共健康、公共道德、公共便利和总体财产进行管制的权力。[1]刘玉姿以公用为视角,阐释警察权与征收权之间的关系,说明管制国家的到来进一步加剧了警察权与征收权之间的摩擦碰撞,警察权的目的列表拉长,不再局限于诸如酒精、卖淫、砖厂管制等早期功能,二者不断扩张,相似性也愈加明显。[2]李友根从政府与市场的关系入手,将政府干预市场的权力划分为州政府适用警察权,联邦政府适用贸易条款,州的警察权实际上就是除了授权给联邦政府行使的权力以外的所有的剩余主权。[3]

有些学者将警察权作为理论工具,用以解释不同领域中出现的实践问题,这些又可视为对警察权的目的列表的具体阐释。比如,梁咏用警察权理论研究国际投资领域相关问题,并据此提出在当今时代,警察权必须被理解为涵盖了国家的整个管制制度。预防和控告垄断与反竞争行为;保护消费者权利;通过许可、特许、登记、准许和授权实施控制制度;保护环境和公共健康;管制公司行为等都可被称为警察权的具体形态。[4]又如,孙也龙利用警察权理论研究《中华人民共和国精神卫生法》,认为警察权和亲权共同构成非自愿住院制度的法理基础,体现在保护精神障碍患者及他人不受该患者的伤害,以维护社会安全;并认为该法不分程度地将伤害自身的情形完全作为监护人

---

[1] 刘连泰:《政府对拟征收不动产的管制》,载《法律科学(西北政法大学学报)》2014年第2期,第101~102页。

[2] 刘玉姿:《美国征收法中的公用教义》,厦门大学出版社2020年版,第108~128页。

[3] 李友根:《美国政府是如何干预市场的?——美国police power理论与判例的启示》,载《经济法研究》2018年第2期,第13~18页。

[4] 梁咏:《间接征收的研究起点和路径——投资者权益与东道国治安权之衡平》,载《财经问题研究》2009年第1期,第86~92页。

决定型非自愿住院的行为要件，会损害警察权的实现。[1]

在实践中，合理的警察权目的列表包含的措施极易与财产征收——尤其是管制性征收（regulatory takings）相混淆。因此，我国学者对警察权的研究多夹杂在征收、管制性征收的研究中。政府行为在什么情况下是应予补偿的征收，什么时候又可以被视为是合理的警察权行使，管制给财产带来的负担何时能够上升到应予补偿的征收的程度？这是至今仍困扰着美国联邦最高法院的难题。在我国学者对这一问题的研究中，刘连泰系统性地研究了管制性征收的坐标系，认为可将其视为对警察权范围的反推，并梳理出警察权源于古老的普通法中的妨害理论。[2]除此之外，沈开举系统梳理了域外法官和学者们曾先后发展出的权利转移教义、损失程度教义、特别负担理论和实质侵犯理论，认为其无一例外存在弊端。[3]张千帆考证出近几十年来，随着财产的种类越来越多，征收的对象也不再仅限于土地等不动产，警察权与征收权的边界也越来越模糊。[4]杨显滨较为具体地提出了警察权行使与管制性征收之间的区分标准，阐释警察权是国家主权的外在表现形式，具有保护私人财产权的权能，有助于实现洛克式的国家目的；并总结出不同时期的法院对警察权有不同的界定标准，内在规律是司法判例对警察权的限制日益增多，管制性征收的适用范围日趋扩大。[5]

除了对警察权与管制性征收区分教义的提炼，还有学者试图论证二者的权力来源，笼统地阐释二者的关系。楼利明提出征收权和警察权的区分其实质是美国双重联邦主义的典范，"一种联邦政府与州政府在一些相关的政府内部管理问题上，在各自的权力和影响力上寻求一种默契和合作——虽然，二者曾有过大量的冲突"。警察权上限必须受到宪法、联邦法律的规范，后者已

---

[1] 孙也龙：《〈精神卫生法〉非自愿住院制度的构造及改进》，载《创新》2015年第4期，第98~102页。

[2] 刘连泰：《确定"管制性征收"的坐标系》，载《法治研究》2014年第3期，第31~43页；刘连泰等：《美国法上的管制性征收》，清华大学出版社2017年版，第337~341页。

[3] 沈开举：《论征收征用权》，载《理论月刊》2009年第2期，第5~11页。

[4] 按照张千帆教授的考证，美国《宪法第五修正案》的出台只是为了防止政府对财产在物质上的占有。参见张千帆：《"公共利益"的困境与出路——美国公用征收条款的宪法解释及其对中国的启示》，载《中国法学》2005年第5期，第36~45页。

[5] 杨显滨：《管制性征收与警察权行使的区分标准》，载《法学杂志》2016年第11期，第122~131页。

经规范的领域并不排除前者根据各州自身特点制定一些相应规范，当然，后者没有作出规范的空白领域，也许不意味着前者可以不受任何限制随意规范。[1]常凯表示征收（管制性征收）权与警察权都源自国家主权，都来自公权力的配给与实现的过程。与征收权相比，警察权本身就具有强制性，不需要以征收作为执行形式。同时作为对应宣照，管制性征收是基于公共利益和公平补偿的合法行为，因此管制性征收也无需援引警察权作为其合法性来源的依据。[2]张雪帆、何艳玲以价值为切入口，认为政府的限制行为并不只是笼统的"为了公共利益"，而是可以从类型、逻辑、实践方式、判断要素等方面进行精细辨析。不仅需要关注政府怎么做，也要知道判断政府不同治理手段背后的合理逻辑是什么，从而认定具体行为的对与错，以及在具体案例中何时该支持政府的强制限制，何时该保护财产权利。[3]卜炜玮在论述美国管制权与征收的界限时，论及美国政府的管制权力即为警察权。警察权是州与联邦关系的纽带，警察权是宪法赋予联邦政府的，为保护公民的健康、安全和公共利益的固有权力。联邦政府因得到州政府的授权而在一定范围内享有警察权。当警察权的限制施加于个人时，通常会造成个人财产价值减损。[4]

在检索的文献中，国际投资领域对警察权的研究占有一席之地。有学者译介域外间接征收与管制权的文章，[5]认为其实质是警察权在国际经济管制领域的延伸。梁咏从投资者权益与东道国警察权的衡平角度，研究国际投资案例中的警察权行使界限，分析间接征收的研究起点与路径。[6]曾建知专门研究国际投资法中的规制权，通过分析大量案例发现警察权与规制权时常混用，并分别研究国内法层面的警察权和国际法中的警察权，明确规制权、警察权和主权这些概念的界分会影响合法规制措施和间接征收之间的界分，进

---

[1] 楼利明：《关于行政征收三个争点问题的研究——以美国为例》，载《浙江社会科学》2007年第5期，第207~213页。

[2] 常凯：《管制性征收的原意阐释——一种历史的考察》，郑州大学2013年硕士学位论文。

[3] 张雪帆、何艳玲：《公权限制财产权的合法性辨析：兼论城市治理中的"公共利益"》，载《南京社会科学》2019年第1期，第64~73页。

[4] 卜炜玮：《中美日财产征收制度比较研究》，云南大学出版社2012年版，第89~91页。

[5] [美]卡缇亚·雅纳卡-斯莫：《国际投资法中的"间接征收"与"管制权利"》，樊林波译，载《国际经济法学刊》2008年第2期，第222~245页。

[6] 梁咏：《间接征收的研究起点和路径——投资者权益与东道国治安权之衡平》，载《财经问题研究》2009年第1期，第86~92页。

而影响是否需要补偿。[1]王艳冰介绍了国际法学者对警察权的目的列表，比如克里斯蒂（Christie）教授认为财政立法（除非没收）、土地使用规划、货币限制以及为保护环境、公共健康、公共安全和公共道德而实施的措施通常可以作为严重影响或剥夺外国人财产权利的抗辩事由。[2]

还有一些无法类型化的文献，零星夹带着警察权的研究。例如，韩铁以罗斯福时代新政"宪法革命"为视角，讨论美国联邦最高法院在正当程序、贸易权、公众福利条款上的态度变化，为警察权概念在这一时代出现改变提供了背景性资料。[3]总体而言，我国学者关于财产语境下警察权的研究，多处于描述性的阶段，阐释与演绎较少。

（二）域外研究现状

警察权的含义，有着鲜明的时代烙印，具有强烈的时空属性，不同角度、不同时代、不同国度都会赋予警察权不同的含义射程。经过文字的流变、移植，警察权的含义在美国的不同时代有不同的诠释。今天普通法上依然有很多讨论身份属性的警察权力的文章，其指出这一权力实质为依托现代警务机构的警察执法权，[4]这种执法权中蕴含的种族主义问题时常成为讨论热点。[5]还有大量的文献讨论作为主权概念延伸的警察权，具体表现在财产法领域，州行使警察权对特定人的财产权形成不利影响，不仅是合法的，而且无需承担补偿义务。除了上述两个领域，还有从一般管制的角度论及警察权，涉及对公共卫生、公共健康、同性婚姻等领域管制的限度。警察执法权及其中包含的种族主义问题的讨论已经溢出本书讨论的范围，不详细展开，其余的文献可分解为以下三类。

---

[1] 曾建知：《国际投资法中的规制权研究》，厦门大学 2018 年博士学位论文。

[2] 王艳冰：《外资征收与环境保护——不补偿环境征收之合法性刍议》，载《当代法学》2007年第 4 期，第 51~55 页。

[3] 韩铁：《关于罗斯福时代新政"宪法革命"的几点浅见》，载《世界历史》2006 年第 4 期，第 29~40 页。

[4] Jocelyn Simonson, "Police Reform Through a Power Lens", *Yale Law Journal*, 130 (2021), p. 778. Shima Baradaran Baughman, "Crime and the Mythology of Police", *Washington University Law Review*, 99 (2021), p. 65.

[5] Ekow N. Yankah, "Pretext and Justification: Republicanism, Policing, and Race", *Cardozo Law Review*, 40 (2019), p. 1543. Monica C. Bell, "Police Reform and the Dismantling of Legal Estrangement", *Yale Law Journal*, 126 (2017), p. 2054.

1. 警察权的概念史

黑斯廷斯通过阐释许可证系列判例、旅客案、酒类管制判例、安息法管制判例和屠宰场系列判例等，梳理警察权，认为警察权历史上针对的是财产，不是贸易。[1]恩斯特·弗罗因德（Ernst Freund）阐释了警察权与公共政策和基本权利的历史纠葛。[2]马库斯·德克·杜伯（Markus Dirk Dubber）较为系统地梳理了普通法上警察权的家长制渊源，言明警察权最初源自罗马法的家长制，以此探究大陆法系中的警察科学及其对美国法的影响，并揭示在广阔多元的现代政府体制下，警察权的发展已经超出了它原初的审查原则（principled scrutiny）。[3]尤金·麦克奎林（Eugene McQuillin）在有关地方政府的论文中，讲述了几百年来相互冲突的法院判例，他的学说是对警察权当代状况最权威的解释之一。[4]归纳上述文献可以发现，警察权的概念模式基本可归纳为两种，一是剩余主权式，一是列表式。[5]在不同的时代，两种模式都曾各领风骚。当然，在上述两种模式外，也有学者在国际法的语境中讨论作为主权概念延伸的警察权管制。比如，卡洛林·亨克尔斯（Caroline Henckels）指出"习惯国际法认可东道国的管制权，或在特定情况下采取显著影响外国投资者的财产利益的措施而不构成需补偿的征收（即'警察权'原则）"；[6]乔治·E. 维纳尔斯（Jorge E. Vinuales）认为警察权原则属于习惯国际法，是表明国家管制之固有权利和义务的自足性概念，是国家管制权和投资者财产权之间的平衡准则。[7]

2. 与征收对应的警察权概念

理查德·A. 艾珀斯坦（Richard A. Epstein）的著作是财产权领域的重要文

---

[1] W. G. Hastings, "The Development of Law as Illustrated by the Decisions Relating to the Police Power of the State", *Proceedings of the American Philosophical Society*, 39 (1990), pp. 507~527.

[2] Ernst Freund, *The Police Power*, *Public Policy and Constitutional Rights*, The University of Chicago Press, 1904.

[3] Markus Dirk Dubber, *The Police Power: Patriarchy and The Foundation of American Government*, Columbia University Press, 2005.

[4] Eugene McQuillin, *A Treatise on the law of Municipal Corporations*, Callaghan & Company, 1911.

[5] 列表式即警察权欲实现的目的，如公共安全、公共健康、公共道德、一般福利等。

[6] Caroline Henckels, "Indirect Expropriation and the Right to Regulate: Revisiting Proportionality Analysis and the Standard of Review in Investor-State Arbitration", *Journal of International Economic Law*, 15 (2012), pp. 223~256.

[7] Jorge E. Vinuales, "Sovereignty in Foreign Investment Law", in Zachary Douglas, Joost Pauwelyn & Jorge E. Vinuales, ed., *The Foundations of International Investment Law*, Oxford University Press, 2014.

献，其中夹杂着警察权的相关论述，他从目的与手段两个维度阐释警察权对财产权的限制程度。[1]他认为警察权的"唯一职能就是保护个人自由和私有财产，使之免受任何形式的暴力和欺诈的侵害"[2]。警察权在征收条款中以反妨害（nuisance）条款为代表，在正当程序条款、契约条款、平等保护条款和美国《宪法第一修正案》中亦有出现。理查德·A. 艾珀斯坦重点论述了司法审查中如何确立目的与手段关系的标准。[3]同时，他对警察权近年来的日趋膨胀忧心忡忡，认为警察权扩容给法治和私有财产权形成压力，作为警察权的行使类型，政府要求修筑大坝、医院、学校和发电厂要首先取得许可，其理由与健康和安全无关，反映的是无法定论的审美倾向和危险的反竞争动机。[4]

以理查德·A. 艾珀斯坦的关切为代表，美国学界一直在寻找界定管制性征收的"钻石标准"，大体上可以分为两种路径：寻求立法变革和寻求通过法律解释形成教义。

1962年，艾利森·邓纳姆（Allison Dunham）在《美国联邦最高法院评论》上的文章分析了美国联邦最高法院在这个问题上的判决，认为美国国会和其他立法机构应该设计法定的标准用以区分警察权与管制性征收之间的边界，反对定义财产的司法公式。[5]弗兰克·I. 米歇尔曼（Frank I. Michelman）提出边沁（Bentham）的功利主义模式和基于罗尔斯（Rawls）的公平理论的"公平"模式，描述在这两种模式下什么是"有效"的补偿，但认为法院没有能力应用他的"公平"模式。与艾利森·邓纳姆一样，他求助于立法来实现他所希望的区分标准。[6]阿尔沃·范·阿尔萨斯泰恩（Arvo Van Alstyne）

---

[1] 理查德·A. 艾珀斯坦认为警察权承载着两种不同的含义，第一种理解是警察权与某个州向其内部下属机关委任权力有关——这些下属机关包括市、县、特别区域等。第二种含义是指，根据联邦宪法的明确限制而向联邦和各州政府委任的权力。参见［美］理查德·A. 艾珀斯坦：《征收——私人财产和征用权》，李昊、刘刚、翟小波译，中国人民大学出版社2011年版，第115~116页。

[2] ［美］理查德·A. 艾珀斯坦：《征收——私人财产和征用权》，李昊、刘刚、翟小波译，中国人民大学出版社2011年版，第120页。

[3] ［美］理查德·A. 艾珀斯坦：《征收——私人财产和征用权》，李昊、刘刚、翟小波译，中国人民大学出版社2011年版，第115~157页。

[4] ［美］理查德·A. 爱泼斯坦：《私有财产、公共行政与法治》，刘连泰译，浙江大学出版社2018年版，第99~105页。

[5] See Allison Dunham, "Griggs v. Allegheny County in Perspective: Thirty Years of Supreme Court Expropriation Law", *Supreme Court Review*, 1962, pp. 63~106.

[6] Frank I. Michelman, "Property, Utility, and Fairness: Comments on the Ethical Foundations of 'Just Compensation' Law", *Harvard Law Review*, 80 (1967), p. 165.

于1971年发表的文章《警察权征收或侵害：寻找反向征收标准》，主要是对警察权案件的冗长分析性诠释，但他并没有尝试新的理论、教义或分析模式，反而寻求更加明确的征收立法改革。[1]约翰·J. 科斯托尼斯（John J. Costonis）和唐纳德·G. 哈格曼（Donald G. Hagman）主要关注补偿，约翰·J. 科斯托尼斯教授认为管制降低了被管制土地的价值，当土地贬值到某种临界点时，构成管制性征收，政府应该给予现金或者开发权补偿，以使土地价值回到或高于原点，这一政策目标应通过立法而非司法的方式达成。[2]

寻求通过法律解释形成教义的学者以约瑟夫·L. 萨克斯（Joseph L. Sax）为代表。约瑟夫·L. 萨克斯在1964年发表了《征收与警察权》一文，[3]该文回应了几十年来试图通过征收条款解析警察权的文章，主张通过解释寻求警察权边界的教义。[4]约瑟夫·L. 萨克斯将政府的职能划分为"企业能力"（enterprise capacity）和"仲裁能力"（arbitral capacity）两类，当政府增强其企业能力，即政府从社会汲取资源增加自身财力并造成财产权人损失时，必须根据宪法予以补偿；当政府以"仲裁者"身份出现，调和不同的财产权冲突时，无须补偿。后者是警察权的行使，前者不是。

3. 趋近一般管制的警察权概念

美国宪法文本中没有警察权概念，部分学者从法院判例中高频出现的涉及财产和经济自由的案件中探寻作为一般管制的警察权概念。在这些案件中，法院审查警察权如何在某一领域行使，警察权到底能走多远，如能否管制以

---

[1] Arvo Van Alstyne, "Taking or Damaging by Police Power: The Search for Inverse Condemnation Criteria", *Southern California Law Review*, 44 (1970), p. 1.

[2] See John J. Costonis, "'Fair' Compensation and the Accommodation Power: Antidotes for the Taking Impasse in Land Use Controversies", *Columbia Law Review*, 75 (1975), p. 1021; Curtis J. Berger, "The Accommodation Power in Land Use Controversies: A Reply to Professor Costonis", *Columbia Law Review*, 76 (1976), p. 798.

[3] Joseph L. Sax, "Takings and the Police Power", *Yale Law Journal*, 74 (1964), p. 36.

[4] Ross D. Netherton, "Implementation of Land Use Policy: Police Power vs. Eminent Domain", *Land & Water Law Review*, 3 (1968), p. 33; William B. Stoebuck, "Police Power, Takings, and Due Process", *Washington and Lee Law Review*, 37 (1980), p. 1057; Gerald Torres, "Taking and Giving: Police Power, Public Value, and Private Right", *Environmental Law*, 26 (1996), p. 1; Barros D. Benjamin, "The Police Power and the Takings Clause", *University of Miami Law Review*, 58 (2004), p. 471.

及如何管制肥胖和高脂肪食品、[1]摩托车头盔、[2]避孕、[3]同性婚姻及同性性行为、[4]学校取消种族隔离、[5]历史保护、[6]广告牌、[7]分区等。[8]有学者坦言，在经济领域，管制权已经倾向于取代警察权。[9]这类文献不少，但体系性的梳理不足，对作为一般管制权的警察权概念提炼稍显不足。

总体而言，在论述警察权的界限范围时，学者们更倾向于寻求立法变革，以确定警察权与私有财产权、经济自由之间的界桩。这与司法上的警察权概念具有流动性有关，不同时代，不同案件，法院对警察权范围的界定不同，且警察权的界定没有一成不变的公式，只能进行个案判断。但时至今日，无论是寻求立法上的变革，还是在判例中寻觅一般管制权的概念轨迹，都没能完美阐释警察权的边界。因此，美国学者常常以"黑暗大陆"（the dark continent）[10]或者"高深莫测"（inscrutable）[11]等词汇评价警察权概念在美国宪法史中的变迁。

---

[1] Lawrence O. Gostin, et al., "Assessing Laws and Legal Authorities for Obesity Prevention and Control", *Journal of Law, Medicine and Ethics*, 37 (2009), p. 28; Glenn H. Reynolds & David B. Kopel, "The Evolving Police Power: Some Observations for a New Century", *Hastings Constitutional Law Quarterly*, 27 (2000), pp. 511, 530.

[2] Case Comment, "Limiting the State's Police Power: Judicial Reaction to John Stuart Mill", *University of Chicago Law Review*, 37 (1970), pp. 605, 614~617.

[3] Michael J. Perry, "Abortion, The Public Morals, and the Police Power: The Ethical Function of Substantive Due Process", *UCLA Law Review*, 23 (1976), p. 689.

[4] Raymond Ku, "Swingers: Morality Legislation and the Limits of State Police Power", *St. Thomas Law Review*, 12 (1999), pp. 1~38.

[5] Audrey G. McFarlane, "The New Inner City: Class Transformation, Concentrated Affluence and the Obligations of the Police Power", *University of Pennsylvania Journal of Constitutional Law*, 8 (2006), p. 1.

[6] Notes, "The Police Power, Eminent Domain, and the Preservation of Historic Property", *Columbia Law Review*, 63 (1963), p. 708.

[7] Mark Bobrowski, "Scenic Landscape Protection under the Police Power", *Boston College Environmental Affairs Law Review*, 22 (1995), p. 697.

[8] David M. Becker, "The Police Power and Minimum Lot Size Zoning Part I: A Method of Analysis", *Washington University Law Quarterly*, 1969, p. 263.

[9] See Santiago Legarre, "Emergencies Revisited: The Enduring Legacy of the Police Power", *Belmont Law Review*, 8 (2021), p. 415.

[10] Barros D. Benjamin, "The Police Power and the Takings Clause", *University of Miami Law Review*, 58 (2004), p. 497.

[11] Daniel B. Rodriguez, "The Inscrutable (Yet Irrepressible) State Police Power", *New York University Journal of Law and Liberty*, 9 (2015), p. 663.

（三）研究现状小结

通过相关文献的梳理，总结警察权的研究现状大致如下：

第一，尚无著作系统研究警察权概念的变迁。通过文献的梳理与对比，中美直接研究美国法上警察权的文献要么囿于某一个时期，要么局限于某一个案，要么夹杂在其他主题的研究中，缺乏对警察权变迁的系统或整全的研究，尚未完全理清警察权的整体发展脉络，没有形成体系化的知识谱系，在解释的衔接上断层。

第二，警察权的基本内涵和外延尚未完全廓清。我国对警察权的研究多止于描述，即满足于对美国有关警察权的判例作一般性描述，或"六经注我"式的引用判词，不追溯概念源头，对构成警察权概念的重要元素（目的列表中的公共安全、公共健康、公共道德和一般福利等概念）尚未有成熟的阐释。

第三，研究内容和研究方法仍较为局限和传统。我国关于美国警察权概念的研究，重点关注征收领域，聚焦传统意义上的警察权。警察权历经时代的变迁，已由传统走向现代，有更宽阔的视域。在研究方法上，我国学者更多以译介为主，对规范分析方法、历史分析方法和判例分析方法的运用相对较少。

四、研究方法

探讨普通法上的警察权概念的主要目的是：通过梳理布莱克斯通的"警察（police）"概念与美国建国初期的历史资料，解析警察权的原初含义；综合联邦与州层面的警察权判例，廓清警察权变迁的基本脉络与范围；结合中国经济管制现状，借鉴域外经验，寻求符合中国语境的判断作为一般管制权的警察权边界的标准。研究过程中，将综合运用以下研究方法：

（一）案例分析法

案例为规范进入真实世界提供可能，分析案例有助于明晰规范与事实之间的勾连。警察权（police power）并未直接出现在法律规范中，但属于警察权（police power）的法律规范广泛存在。通过系统分析美国历来的联邦和州法院有关警察权的判例，描绘美国警察权的判决图景，有助于掌握普通法中警察概念的发展历程，厘清警察概念变迁的线索。

（二）历史分析方法

历史分析能够为理论研究提供整体性视角，普通法上的警察权概念并非一日而成，流动的警察权概念奠基于不同时期判例的渐进累积与对案例的步步反思之上。宏观上，历史分析方法有助于全面梳理普通法中警察概念的历史脉络，廓清警察权的今生前世，明晰政治社会经济因素对警察权概念变迁的影响。微观上，历史分析方法有助于把握不同时期警察权的运用密度与力度，在个案中探究警察权与征收权等与针对财产权相关的权力关系的变动。

(三) 比较分析方法

法律体系互相借鉴，法学理论研究更是不可避免地参照域外知识。我国存在大量管制性规范，管制性征收问题并不少见。以立足中国管制性规范的现状为前提，考察中美管制性规范以及实践的相通与相异之处，既关注规范文本，也诉诸司法判例，借鉴普通法上较为成熟的警察权理论，通过比较分析其利弊得失，为中国管制性规范的体系化提供参照。

(四) 规范分析方法

规范本身厘定了法律问题的基本研究场域。警察权虽是公法领域学者提炼出的概念，但各类管制性规范皆可视为警察权的法律载体。以规范分析方法分析警察权概念，以英美国家自产生警察（police）概念以来的规范为前提，以警察权（police power）的概念分析为核心，阐释出合理的概念和逻辑体系，明确美国法中警察权的原初含义，理清中国警察权概念与一般管制权的基本意涵，借鉴美国法上因管制过度而引发补偿的规范逻辑，构建适用于中国本土的教义。

第一章
警察概念的导入

警察权（police power）由警察（police）与权力（power）两个词汇组成，警察权的结合不是两个词汇的简单相加。权力（power）与权利（right）相对，表明了警察权的公权力属性。欲解释警察权，须先从"警察"（police）入手。源于法国的警察概念，先后流经苏格兰、英格兰并最终在美国形成警察权概念，从发生学的意义上看，普通法系中的警察权概念与大陆法系中的警察概念同根同源。英国法中没有出现完整的警察权短语，但英国法是警察权概念的发源地，倘若没有英国法中的警察概念，就不会产生具有传奇色彩的警察权术语组合。英国法中的警察概念不是从判例中产生的，而是从君主命令、制定法中脱胎，经由知识界凝练并赋予其一定的政治和价值意涵后成形的。美国继承了成形后的警察概念，警察一词在其建国初期时隐时现。

第一节 渊源：英国法上警察概念的变迁

英国法中的警察（police）概念，源自15世纪法国勃艮第（French-Burgundy），原身是法语词汇"police"。[1]在16世纪至18世纪，"police"在英语中一直被视为"policy"的同义词，意味着联邦或有组织的状态，也有公民组织和文明社会之意。"police"和"policy"是同源词，都源自拉丁语"politia"一词，而"politia"又是希腊语"politeia"的后裔。词汇学家约翰·埃托（John Ayto）曾考证拉丁语"politia"如何在中世纪变体，成为法语

---

[1] Mark Neocleous, "Theoretical Foundations of the 'New Police Science'", in Markus D. Dubber, Mariana Valverde, ed., *The New Police Science: The Police Power in Domestic and International Governance*, Stanford University Press, 2006, p.17.

中的"police"。英语世界的"police"正是从这个法语词汇中借鉴而来,[1]并率先进入苏格兰地区,而后传入不列颠群岛的其他地域,最终在英国法尤其是布莱克斯通的《英国法释义》(Commentaries on the Laws of England)中留下浓墨重彩的一笔,为后来警察权概念的成形准备了种子。

一、苏格兰地区的警察概念

起初,苏格兰地区的警察概念较为混沌。在英语世界中,官方于1714年首次使用"police"一词。安妮女王在苏格兰地区为内务行政(general internal administration)任命了一批"警察专员"(Commissioners of Police),[2]这是警察概念首次出现在普通法系国家。警察专员代君主实施内务行政,专员是实施主体的身份属性,警察是该职位工作的具体内容,警察(police)与内务行政(general internal administration)合致,就是警察专员。可见,苏格兰地区的警察概念从产生之初便与内务行政(internal administration)对应,原初就是国家内的各种活动之意的集合概念,与彼时欧洲大陆已流行多年的管理共同体及公共秩序之意的警察概念极为接近,普通法系的警察概念之门由此洞开。

此后,在整个18世纪,警察一词在苏格兰地区成为某种或某类法律的总称,该类法律更多关注公共利益而非秩序,尤其关注面向经济的公共利益,与原初总括性的不分轻重缓急的内务行政相比,已倾向于重点关注某些方面。1757年,凯姆斯勋爵(Lord Kames)编纂的《苏格兰制定法汇编》(Statute Law of Scotland)出版,凯姆斯勋爵专门以"警察"(police)为标题汇总一类法律,这个标题下包含各种各样的管制,以经济类管制居多,当然也有其他非经济类管制。如,每个城镇都需保存梯子和其他灭火器械,妇女需安置在火灾危险最小的城镇边缘;不得将房屋建于城镇中心;晚上9点后酒馆不得营业。[3]有关灭火设施的规定以整个城镇的消防安全为出发点,对妇女的安

---

[1] See Santiago Legarre, "The Historical Background of the Police Power", *University of Pennsylvania Journal of Constitutional Law*, 9 (2007), pp. 748~749.

[2] W. G. Carson, "Policing the Periphery: The Development of Scottish Policing 1795-1900", *Aust & Nz Journal of Criminology*, 17 (1984), p. 209.

[3] See Henry H. Kames, *Statute Law of Scotland Abridged: With Historical Notes*, A. Kincaid and J. Bell, 1757, p. 271, quoted from Santiago Legarre, "The Historical Background of the Police Power", *University of Pennsylvania Journal of Constitutional Law*, 9 (2007), p. 750.

置措施表明对弱势群体的关照；有关房屋建设的规定是早期城市规划的内容，事关分区等城市发展问题；酒馆的营业时间是对商业经营的直接管制。

将苏格兰地区的警察概念体系化最成功的学者是亚当·斯密（Adam Smith），他已经开始有意识地区分实质意义上的警察概念与组织法上的警察概念。18世纪60年代，亚当·斯密在格拉斯哥大学做题为"法律、警察、岁入及军备"（Justice, Police, Revenue and Arms）的演讲，提出"police"不再是希腊语的含义，它现在的目的是商品物美价廉、公共安全与清洁。不过，亚当·斯密对商品物美价廉倾注极大的兴趣，相较之下，对清洁和公共安全的关心显然要逊色得多，《国富论》就是最好的例证。他认为当国内秩序稳定，任何一个政府的首要目标都是促进国家富足，这就是警察的目的，农业、贸易、制造业等领域的管制都属于警察的范畴。[1]亚当·斯密笔下的警察权概念与美国今日的警察权概念已十分接近。他还以法国警察多但治安状况堪忧为例，说明警察也是一种组织，以预防犯罪为主要责任。[2]

到18世纪60年代时，警察概念继续沿用，警察的目的范围扩张至公共道德。1773年，约翰·厄斯金（John Erskine）编纂的《苏格兰法律制度》（An Institute of the Law of Scotland）面世，专列"警察犯罪"（offences against the police）类目。他将罪行划分为三类：针对上帝的犯罪（against God himself）、针对国家或公共和平的犯罪（against the state, or the public peace）和针对特定的人的犯罪（against particular persons）。警察犯罪被归入第二类针对国家或公共和平的犯罪，约翰·厄斯金进一步解释了此处警察犯罪概念的含义——那些违反为"警察"（police）或"善治政府"（good government）而制定的法律的行为构成针对国家或公共和平的犯罪。这类法律主要包括为防止物资匮乏采取各类措施的法律，这些法律规定应以合理的价格为共同体所有成员提供充足的生活必需品；规定限制懒惰闲散人员，处罚健全的乞讨者和流浪者。[3]约翰·厄斯金所列警察犯罪条目系苏格兰地区首次，暗示内务行政不仅仅是

---

〔1〕 See Adam Smith, *Lectures on Jurisprudence*, Clarendon Press, 1978, pp. 398~486.

〔2〕 参见［英］坎南编著：《亚当·斯密关于法律、警察、岁入及军备的演讲》，陈福生、陈振骅译，商务印书馆2017年版，第175~176页。

〔3〕 See John Erskine, *An Institute of the Law of Scotland*, Edinburgh Legal Education Trust, 1773, pp. 704~716, quoted form Santiago Legarre, "The Historical Background of the Police Power", *University of Pennsylvania Journal of Constitutional Law*, 9 (2007), p. 751.

行政，还包含惩罚犯罪的维度，警察概念初具刑事内涵。根据约翰·厄斯金的梳理，这一时期的警察概念属于国家或公共和平的下位概念，与善治政府并列，警察概念有善政之意，这其实为警察概念注入了价值根基。实际上，以合理价格为共同体所有成员提供充足的生活必需品是对市场的干预，是典型的经济管制，旨在预防垄断或囤积。关于处罚懒惰闲散人员、健全的乞讨者和流浪者的规定，一方面有利于维护社会秩序的稳定，为城市发展创造良好的社会环境；另一方面对公民的品行等提出道德要求，能够起到形塑公共道德的作用。因此，警察的目的除商品物美价廉、公共安全与清洁外，还隐含了公共道德。

进入19世纪后，苏格兰地区的警察概念延续了18世纪的警察概念，更加突出为共同体服务的性质，几乎苏格兰地区的所有郡县都对以制度形式发展警察概念表示兴趣，这一时期的警察概念还扩张了警察的组织意义。阿伯丁、格拉斯哥、爱丁堡、佩斯利、邓迪分别于1795年、1800年、1805年、1806年、1824年颁布《警察法案》(Police Act)，其他各郡县也不甘落后。郡县的一系列《警察法案》将18世纪的警察概念制度化，多涉及道路铺设、照明和清洁等问题。[1]其原因是工业革命催生城市发展的同时，也带来人口增长过快、环境恶化等问题，"一个腐朽没落的政权和与之相伴随的各种问题在19世纪的前二十年中都集中地表现出来，昭示着一种全新的拥有前所未有的权力的自治性警察组织即将诞生，即使人们还无法确知这个组织能否成功"。[2]苏格兰地区也出现了警察机关，警察开始具有组织特征。1857年《苏格兰警察法》出台，要求苏格兰地区全部郡县建立警察机关。与此同时，传统警察的"脱警察化"现象也开始出现，[3]商业贸易、义务教育、行政许可以及公共卫生等渐渐从警察中分离，与传统警察共同构成社会机器的组成部分。[4]此外，1866年的《工业学校法》(Industrial Schools Act 1866)、1871年的《预防

---

〔1〕 W. G. Carson, "Policing the Periphery: The Development of Scottish Policing 1795~1900", *Aust & Nz Journal of Criminology*, 17 (1984), pp. 207~232.

〔2〕 A. J. G. Cummings & T. M. Devine, ed., *Industry, Business and Society in Scotland Since* 1700, John Donald, 1994, p.188, 转引自［英］丹尼尔·德纳里、肯尼斯·斯科特主编：《苏格兰警察制度》，李温译，群众出版社2008年版，第52页。

〔3〕 参见陈鹏：《公法上警察概念的变迁》，载《法学研究》2017年第2期，第25页。

〔4〕 参见［英］丹尼尔·德纳里、肯尼斯·斯科特主编：《苏格兰警察制度》，李温译，群众出版社2008年版，第52页。

犯罪法》(The Prevention of Crime Act 1871)、1879年的《简易裁判法》(Summary Jurisdiction Act 1879)、1887年的《初犯者缓刑法》(Probation of First Offenders Act 1887) 以及1896年的《公路及车辆法》(Locomotives on Highways Act 1896) 等法案明确警察在惩治刑事犯罪方面的职能，[1]制度上的警察概念进一步扩容。到19世纪末，苏格兰步入现代意义上的市政警察机关时代。

"法律概念可以被视为是用来以一种简略的方式辨识那些具有相同或共同要素的典型情形的工作性工具。"[2]归纳起来看，早期苏格兰地区的警察是拥有多维度的立体概念，以管制为核心要素，且管制具有明显的公共属性。自18世纪警察一词首次出现在苏格兰地区以降，警察权主体发生位移，从君主逐步下沉至专门机关，权力位阶不断下降，权限范围不断变化，从内务行政到有经济偏向的管制再到现代的市政警务，警察概念不断变迁，但始终没有出现警察权的概念。

二、英格兰地区的警察概念

（一）一项古老的基本原则的释义

概念是一种反映事物本质属性的思维形态，[3]古老的原则与判例中可能没有警察这个公约词，但依然能够在其中发现警察的内涵。在英国普通法的早期文献中就已经蕴含着警察含义的法理，政府管理其公民私人财产事务的权力的核心是古老而熟悉的法律格言 "sic utere tuo, ut alienum non loedas"，即使用自己的财产时不得损及他人的财产，据称该格言最早被记录在1187年拉努尔夫·德·格兰维尔（Ranulf de Glanville）编写的《论英格兰王国的法律和习惯》（A Treatise on the Laws and Customs of the Kingdom of England）中。[4]拉努尔夫·德·格兰维尔列举多个例子释明这句格言，例如，如果堤坝（Dyke）被提升或推倒或磨坊的蓄水池被破坏，对某人自由保有的地产造成损失，那

---

[1] 参见［英］丹尼尔·德纳里、肯尼斯·斯科特主编：《苏格兰警察制度》，李温译，群众出版社2008年版，第45～56页。

[2] ［美］E. 博登海默：《法理学：法律哲学与法律方法》（修订版），邓正来译，中国政法大学出版社2004年版，第501页。

[3] 参见金岳霖主编：《形式逻辑》，人民出版社1979年版，第18页。

[4] David A. Thomas, "Whither the Public Forum Doctrine: Has this Creature of the Courts Outlived Its Usefulness?", *Real Property, Trust and Estate Law Journal*, 44 (2010), p. 648.

么遭受损失的人就可以申请国王发布令状纠正违法的行为。[1]大约在1250年,亨利·德·布莱克顿（Henry de Bracton）提到了法律规定的一些地役权类型:"任何人都不得在自己的土地上做任何会给其邻居带来损害（damage）或妨害（nuisance）的事情。"大约在13世纪晚期,一本用拉丁文匿名写就的关于英国法律的著作《Fleta: Commentarius Juris Anglicani》也有几近相同的陈述:"一个人不得在自己的土地上做任何可能给他的邻居造成伤害（harm）或妨害（nuisance）的事情。"[2]这些表述反映出的本质属性是私人财产领域也存在反妨害,或者禁止妨害的限制。

虽然英格兰地区的法律汇编表明,公民使用财产受到限制的原则已经渗透到大部分的普通法当中,但是直到1594年的爱德华诉哈林德案（Edwards v. Halinder）,该原则才出现在法院判决记录中。原告爱德华的酒窖位于被告哈林德商店的下层,哈林德在商店的地板上放置重物,地板因负担过重而下降造成爱德华酒窖内盛满酒的容器破裂,爱德华为此损失了大量的酒,爱德华要求哈林德赔偿由此造成的损失。哈林德辩称,造成地板下陷的根本原因是承重墙壁内部的破损,这是一个十分隐秘、难以注意的情形,他应当被原谅,而且他用作商店的房屋是租来的,房屋有如此缺陷,承租人没有修缮义务,他也应当据此免责。皇家财政法庭（Court of Exchequer）认为,哈林德被控将重物放置在地板上造成地板下陷,但他却主张地板塌陷的原因是墙壁内部破损且难以被发现,而没有回答超重的问题,而且地板确实负担过重。被告对每一项指控都应该在答辩中反驳、承认或证明无效,但被告却没有反驳、承认或证明无效,最终作出有利于原告的判决,要求被告赔偿原告损失。被告不服提起上诉,上诉法院维持了皇家财政法庭的判决。[3]后来,爱德华·科克（Edward Coke）编纂的判例集收录了1610年威廉·奥尔德雷德诉托马斯·本顿案（William Aldred v. Thomas Benton）,并在案情报告（reporting）中援引了"使用自己的财产时不得损及他人的财产"（sic utere tuo, ut alienum non loedas）原则。[4]

---

[1] 参见［英］拉努尔夫·德·格兰维尔:《论英格兰王国的法律和习惯》,吴训祥译,苗文龙校,中国政法大学出版社2015年版,第190~192页。

[2] See David A. Thomas, "Whither the Public Forum Doctrine: Has this Creature of the Courts Outlived Its Usefulness？", *Real Property, Trust and Estate Law Journal*, 44 (2010), pp. 648~649.

[3] Edwards v. Halinder, 74 Eng. Rep. 385 (1594).

[4] William Aldred v. Thomas Benton, 77 Eng. Rep. 816 (1610).

这项古老的原则在 17 世纪时成为法院裁判的依据,在英格兰地区的判例法中站稳脚跟。在随后的一个世纪中,有关该原则的陈述与举例多次出现在布莱克斯通的《英国法释义》中,布莱克斯通有关公共警察的经典定义将这一准则纳入国王的正当管制理论中。虽然这项原则中并没有出现任何有关警察的修辞,但该原则在美国法有关警察权的判例以及专著、论文中频繁被援引,一度成为法院裁判警察管制合法行使的重要依据。[1]

(二)布莱克斯通《英国法释义》的解释

当苏格兰地区已经确立起一些以警察为名的事务时,英格兰地区仍将警察作为法国和其他欧洲国家的专有名词,甚至对这个来自法国的词汇流露出强烈的抵触情绪,可能的原因是旷日持久的英法战争的遗产尚未消失殆尽。《英国杂志》于 1763 年刊载的文章提到伦敦对警察这个词还不太了解,"流行起来还需要相当长的时间,也许是对法国人的反感,也许是该词被借用(borrowed)的缘故……英国人的偏见不会很快与之和解"。[2] 这也恰好解释了布莱克斯通的《英国法释义》中的警察理论为什么没有在英国激起太多浪花,却在美国发生了也许是超出他本人以及英国人预想的影响。《英国法释义》极为详尽地阐释了英格兰地区的警察概念,该书共四卷,由布莱克斯通从 1765 年到 1769 年历时四年写就,四卷本中涉及的规范不仅包括布莱克斯通生活的年代的规范,还可以追溯至几个世纪之前的规范,是对英国制定法的全面归纳与解释。布莱克斯通的《英国法释义》将散落在各个时代蕴含着警察概念的规范类型化处理,并加以阐释,毋庸置疑是认识英格兰地区警察概念的重要资源,从中可以洞察警察概念在英格兰地区的变迁史。

《英国法释义》第一卷、第三卷和第四卷都提到"警察"(police)一词。第一卷中有两处直接提及警察,一是讨论其他公国的警察管制(regulations of police)是否适用于威尔士地区;二是将警察法与税法(laws of police and revenue)放在一起讨论。管制(regulations)和法律(laws)都以复数形式出现,表明警察是一个集合名词,囊括多种类型的管制与法律,外延广阔。第三卷中

---

[1] See Vanderbilt v. Adams, 7 Cow. 349 (1827); Coates v. Mayor, Aldermen & Commonalty of N. Y, 7 Cow. 585 (1827); Commonwealth v. Alger, 61 Mass. 53 (1851).

[2] Tom Tipsey, "Some Droll Remarks on Fashionable Words", *The British Magazine*, 542 (1763), quoted from Santiago Legarre, "The Historical Background of the Police Power", *University of Pennsylvania Journal of Constitutional Law*, 9 (2007), p.755.

只有一处提及警察，此处的警察（police）与税收（revenue）、公共运输（public conveyance）并列。[1]从第一卷和第三卷的表述来看，警察与税收、公共运输之间用"and"连接，意味着三者是并列关系，一方面表明警察概念的外延不包括税收与公共运输；另一方面表明警察与税收属于同位阶的权力，既然征税权属于主权权力，那么警察权也是主权权力的分支。

第四卷集中说明警察的概念。布莱克斯通率先确定了警察所属类别，他将针对警察的犯罪归入危害联邦（commonwealth）的犯罪。危害联邦的犯罪可细分为五类：一是危害公共正义（against public justice），二是危害公共和平（against the public peace），三是危害公共贸易（against public trade），四是危害公共健康（against the public health），五是危害公共警察或者经济（against the public police or oeconomy）。[2]从危害联邦的犯罪的分类来看，公共警察与公共正义、公共和平、公共贸易和公共健康共同构成危害联邦的行为，意味着警察概念不包括公共正义、公共和平、公共贸易与公共健康，警察概念更趋精细。在第五类犯罪中，"警察"与"经济"之间用"或者"（or）连接，表明"警察"与"经济"属于同类概念，两个词可以互换使用。"经济"（oeconomy）从希腊语"家庭"和"法律"两个词中衍生而来，它的原初含义是为了全家人的共同幸福而按一定的规矩对家庭进行井井有条的管理。后来，它的意思扩大到对国家这个大家庭进行治理。[3]比照"经济"（oeconomy）概念的解释，"警察"暗含为家庭或私人谋福利，最终辐射公众，寻求共同体层面福利最大化的意思。布莱克斯通为公共警察或者经济下的定义是，"我所指的公共警察和经济意味着对王国的正当管制（due regulation）和国内秩序（domestic order）：一个国家的个人，就像一个治理良好的家庭成员，必须服从于普遍的一些规则，这些规则是为了保持行为适度、良好的邻里关系、状态良好；每个人都优雅、勤奋、不越其位"。[4]这段公共警察或者经济的定义是布莱克斯通对警察一词最著名的理解，也是引用率最高的表述。

---

[1] See Blackstone William, *Commentaries on the Laws of England*, University of Chicago Press, 1979, vol. 1, vol. 3.

[2] Blackstone William, *Commentaries on the Laws of England*, University of Chicago Press, 1979, vol. 4, pp. 127~128.

[3] ［法］卢梭：《政治经济学》，李平沤译，商务印书馆2013年版，第1页。

[4] William Blackstone, *Commentaries on the Laws of England*, University of Chicago Press, 1979, vol. 4, p. 162.

从布莱克斯通所下的定义来看，警察概念包含两个要件，一是在王国内实施管制与维护秩序，二是被实施的管制应当是正当的。

在明确公共警察或者经济的定义后，布莱克斯通竭尽全力在第四卷第十三章揭示警察概念的外延，同时对公共警察或者经济管制进一步类型化。他将危害公共警察或者经济的行为又细分为八种类型：第一种行为是（非法的）暗中结婚（Clandestine marriages）；第二种行为是重婚（Bigamy）；第三种行为是闲散的士兵和水手在国内游荡或者假冒士兵和水手在国内游荡，滥用这一光荣的职业；第四种行为是自称是埃及人或吉卜赛人（Egyptians, or Gypsies）；第五种行为是公共妨害（Common nuisance）；第六种行为是懒惰失业（Idleness）；第七种行为是奢侈（Luxury）；第八种行为是赌博（Gaming）。在细分这八种类型的行为后，布莱克斯通又进一步细分每种类型的行为，将前八种类型中的公共妨害行为再次细分为多种行为，具体包括：造成公路、桥梁和公共河流不方便使用或通过面临危险；在城市或集镇饲养生猪等妨害性的贸易和制造业；无序的旅馆、酒吧、风月场所、赌场、未经许可的舞台表演、绳索舞者的摊位和舞台以及江湖郎中等类；彩票；建造荒地中孤立的可能成为小偷和其他懒惰闲散以及淫乱之人庇护所的小屋；制造、销售、丢掷烟花爆竹；偷听或偷听后编造诽谤和恶作剧的故事；公开责骂。[1]值得注意的是，公共妨害不以某个特定主体为妨害对象，而是以整个共同体为妨害对象，只有当个体引发的妨害行为危及共同体或者对共同体造成负担时，才构成公共妨害，私主体间的妨害行为属于民事侵权范畴。

当然，布莱克斯通对警察的描述和分类也是模糊的，他也知道危害公共警察或者经济的类型不可能穷尽式列举，但凡无法归入危害公共正义、公共和平、公共贸易或者公共健康四种类型的管制，都可称之为危害公共警察或者经济，这意味着警察是一个剩余范畴（residuary category），能够包括那些在其他领域尚未定义但已经行使的权力。[2]当然，根据布莱克斯通梳理的警察管制与类型划分，能够明确警察权力的归属与基本属性：警察权来自国王即君主主权，为追求国家秩序与福利最大化而实施，是具有准父权性质的公共

---

〔1〕 William Blackstone, *Commentaries on the Laws of England*, University of Chicago Press, 1979, vol. 4, pp. 163~175.

〔2〕 Vincent Stark, "Public Morality as a Police Power After Lawrence v. Texas and Gonzales v. Carhart", *Georgetown Journal of Gender and the Law*, 10 (2009), p. 170.

权力。归纳起来看，警察具有公共属性、经济属性和道德属性。首先，警察具有明显的公共属性，不关注一项活动对个体的影响，考虑的是对公众的影响；其次，警察具有经济属性，但与亚当·斯密不同的是，布莱克斯通梳理的警察概念从个体视角出发，经由每一个家庭成员的良好行为，再到每个家庭的良好秩序，最后才落足于由一个个家庭组成的国家的福利，关注个体的行为对社会经济发展可能造成的影响，而非整全意义上的经济体系；[1]最后，警察具有明显的道德属性，大量有关良好行为、品行的管制都包含在内。

无论英国人之前多么不喜欢"警察"这个词，但没有一个英国人能够否认警察概念曾在英国法中生根发芽，极具包容性。虽然英国法中最终没有出现警察权的概念，但作为警察权概念核心要素的警察概念已经形成。

第二节 承继：美国法上警察概念的生成

美国法上警察权概念中的"警察"一词来自英国法，但警察权概念产在美国本土。大体经历了以下几个时期：英国法律制度在英属殖民地适用，"警察"概念在美国落地；各州立法相继出现有关警察的立法；司法裁判中产生警察权概念。美国法从"警察"概念到生成"警察权"概念历时长久，但"警察权"概念的生成几乎是昙花一现，法院并未高频适用警察权，沉寂十余年后，警察权概念才成为主流法学话语中的修辞。

一、"警察"概念在美国的落地史

英国法中的"警察"概念经由两条路径在美国落地：一是直接适用英国的法律制度，英国法中的"警察"概念随之落地，我们称之为"制度落地"；二是知识界引进英国学界有关警察研究的成果，杂糅大陆法中的"警察"概念，构建美国本土"警察"概念的知识体系，我们称之为"知识落地"。

（一）制度落地

美洲最初作为英国的殖民地，自然继承了英国殖民时期的一些制度与传统。早在美国学者引进布莱克斯通的警察概念之前，美洲大陆就存在英国法意义上的警察实践，革命一代的美国人已接受警察概念。

---

[1] 参见夏菲：《论英国警察权的变迁》，法律出版社2011年版，第8页。

英国殖民者将其国家行为的传统带至美洲殖民地，首当其冲的就是限制农业用地的使用。例如，为了扭转农民种植烟草出口而不是种植殖民地内需要的食物的倾向，弗吉尼亚州于1631年颁布一项法案，要求每个16周岁以上的成年白人男性至少种植2英亩玉米，否则将没收其全部烟草作物。随着商业中心在殖民地的发展，此类管制扩展到了城市。正如英国政府和议会试图保护伦敦的健康和安全一样，波士顿和费城等殖民城市也颁布了建筑标准法令。波士顿要求屠宰场和制革厂等某些企业，不得设置在妨害他人的地方，纽约和查尔斯镇甚至完全禁止屠宰。费城还以公共健康的名义，为了城市可以很好地在炎热的夏天遮蔽太阳，要求每个房主在离房屋不超过8英尺的地方至少种植一棵树，从而让环境变得更加有利健康。[1]前述的每一项规制都会影响到个体农民、商人或者房屋所有人，而且有些影响无疑是巨大的，但是由于这些管制惠及公众，因而它们并不被认为是对财产权的无理侵犯，充分体现了英国无偿管制的传统——因公共福利或公共目的，财产可受到限制。

英国对美洲的殖民地大致以公司、军政府、教会以及庄园四种模式管理，[2]针对不同的殖民地地区采用不同的管理模式。马里兰州、南卡罗来纳州和宾夕法尼亚州的政府框架源于作为商业实体所有人对公司的管理，州政府管理与经营公司或管理财产无异，根据英王授予私人企业主的特许状管理州内事务，旨在从管理中获取最大利润。弗吉尼亚州也将州的管理视为一项经济事务，只不过它在军政府的统治下度过了最初的几年。[3]无论是公司模式还是军政府模式，殖民官员都热衷于维护他们的权威，当殖民地人民没有对殖民官员的命令表现出应有的尊重与服从时，殖民官员通常采用传统的诸如鞭笞等家庭纪律措施予以惩戒。[4]对于美洲东北地区以马萨诸塞州和宾夕法尼亚州为代表的殖民地采用教会模式管理，以丈夫优于妻子，父母优于子女，

---

〔1〕 Myrl L. Duncan, "Property as a Public Conversation, Not A Lockean Soliloquy: A Role for Intellectual and Legal History in Takings Analysis", *Environmental Law*, 6 (1996), pp. 1135~1136.

〔2〕 See Markus Dirk Dubber, "'The Power to Govern Men and Things': Patriarchal Origins of the Police Power in American Law", *Buffalo Law Review*, 52 (2004), pp. 1300~1303.

〔3〕 Markus Dirk Dubber, "'The Power to Govern Men and Things': Patriarchal Origins of the Police Power in American Law", *Buffalo Law Review*, 52 (2004), p. 1300.

〔4〕 Raphael Semmes, *Crime and Punishment in Early Maryland*, Johns Hopkins Press, 1938; Arthur P. Scott, *Criminal Law in Colonial Virginia*, University of Chicago, 1930, p. 164, quoted from Markus Dirk Dubber, "'The Power to Govern Men and Things': Patriarchal Origins of the Police Power in American Law", *Buffalo Law Review*, 52 (2004), p. 1300.

主人优于仆人，牧师和长老优于教会会众，统治者优于臣民为原则构造差序格局。[1]庄园模式在广大的种植园里采用，根据"良好的家庭政府"（good household government）或者"家庭经济"（domestic economy）原则管理。管理者根据种植园手册，将奴隶作为家庭成员，对奴隶可处以鞭笞甚至死刑等惩罚。[2]针对美洲殖民地早期实行的几种管理模式本质都是家长制，通过规训每一个家庭成员的良好行为，进而建构每个家庭的良好秩序，最后形成由一个个家庭组成的国家的善治，对流浪者的惩治就是最好的例子。

英国管制流浪者以及惩处轻微叛逆罪等制定法在美洲殖民地普遍适用，这类制定法属于布莱克斯通归纳的惩治危害公共警察或者经济的法律。1672年弗吉尼亚州议会认为严格执行英国的流浪者法案十分必要，遂于1748年开始大量复制英国的流浪者法案，界定流浪者的范围，规定逮捕流浪者必须依据法官的拘捕令，法官可以命令流浪者像逃亡者一样在乡镇治安官间移转，直到流浪者到达他们的家人最后居住的教区。地方法官可以强制流浪者寻求工作，否则法院可以强制这些人工作一年。[3]1688年马萨诸塞州的一项法律规定，应列出城镇范围和所有临近农场（尽管是城镇范围外）的年轻人的名单，规定政府就是家庭，他们应该服从当地法律。1689年马萨诸塞州的普利茅斯县通过一项关于单身者的法律，禁止单身者独自生活，规定他们必须回归家庭。[4]弗吉尼亚州和马萨诸塞州在殖民地时期颁布的惩治流浪者的法律，将游手好闲的人、懒惰闲散的人、扰乱秩序的人统称为流浪者予以惩戒管制，要求他们回归家庭，旨在将家庭内部的良好秩序外溢到整个社会，构建公共

---

[1] Robert J. Steinfeld, *The Invention of Free Labor: The Employment Relation in English and American Law and Culture 1350~1870*, University of North Carolina Press, 1991, p. 57, quoted from Markus Dirk Dubber, "'The Power to Govern Men and Things': Patriarchal Origins of the Police Power in American Law", *Buffalo Law Review*, 52 (2004), p. 1301.

[2] Markus Dirk Dubber, "'The Power to Govern Men and Things': Patriarchal Origins of the Police Power in American Law", *Buffalo Law Review*, 52 (2004), p. 1302.

[3] Arthur P. Scott, *Criminal Law in Colonial Virginia*, University of Chicago, 1930, pp. 273~274, quoted from Markus Dirk Dubber, "'The Power to Govern Men and Things': Patriarchal Origins of the Police Power in American Law", *Buffalo Law Review*, 52 (2004), p. 1288.

[4] See Robert J. Steinfeld, *The Invention of Free Labor: The Employment Relation in English and American Law and Culture 1350~1870*, University of North Carolina Press, 1991, p. 58, quoted from Markus Dirk Dubber, *The Police Power: Patriarchy and the Foundations of American Government*, Columbia University Press, 2005, p. 53.

生活的基本格局，其中蕴含的警察概念大体等同于布莱克斯通在《英国法释义》中阐释的公共警察的概念——国家中的个人像治理良好的家庭中的成员。殖民地时期的警察概念具有浓厚的家长制底色，有学者认为历史上各州的警察权与家长制密不可分。[1]马库斯·德克·杜伯确信美国警察权的所有组成部分都可以追溯至家长对家庭的治理模式，因为在家长制下，家长实际上拥有不受限制的自由裁量权，不仅是为了管教家庭成员，也为了家庭福利。[2]

英国制定法在美洲殖民地的适用如同在英国本土一样自然，可以说，在独立革命之前的很长一段时间，英国的警察概念就一直在形塑美国政府角色。

（二）知识落地

布莱克斯通是英美警察概念流传与承继的"桥梁"，其《英国法释义》中"警察"的定义在其身后的几个世纪里形塑了美国的法律话语，布莱克斯通的《英国法释义》对美国制度史的影响力仅次于《圣经》。[3]

美国学界论及警察概念，言必称布莱克斯通的《英国法释义》。《英国法释义》第四卷有关公共警察或者经济定义的引用率极高，每一篇以警察权为主题的论文或著作几乎都会引用《英国法释义》，法官和律师也是引用队伍中的常客。[4]美国各州立法也常从布莱克斯通的著作中"取经"。1829年的纽约州制定法、1836年的马萨诸塞州制定法以及后来的特拉华州、艾奥瓦州、新罕布什尔州、俄亥俄州、罗得岛州、华盛顿州和威斯康星州7个州的制定法，都以布莱克斯通对犯罪行为的五种分类为参照，同时将违反警察的犯罪单独命名。[5]

英国早在美洲开启了殖民历史，布莱克斯通对美国法的影响无人能及，但大陆法系蕴含的警察概念也静悄悄地进入美国法律话语圈，瑞士学者瓦特尔

---

[1] See Margaret S. Thomas, "Parens Patriae and The States' Historic Police Power", *Southern Methodist University Law Review*, 69 (2016), pp. 759~810.

[2] Markus Dirk Dubber, "'The Power to Govern Men and Things': Patriarchal Origins of the Police Power in American Law", *Buffalo Law Review*, 52 (2004), p. 1328.

[3] See Robert A. Ferguson, *Law and Letters in American Culture*, Harvard University Press, 1984, p. 11.

[4] Markus Dirk Dubber, *The Police Power: Patriarchy and the Foundations of American Government*, Columbia University Press, 2005, p. 49; Brian W. Ohm, "Some Modern Day Musings on the Police Power", *Urban Lawyer*, 47 (2015), p. 628.

[5] Ernst Freund, *The Police Power, Public Policy and Constitutional Rights*, The University of Chicago Press, 1904, p. 2.

(Vattel) 著作的传播就是其中一例。瓦特尔于 1758 年出版了法语版《国际法》(Le Droit des Gens) 一书，1759 年出版英译本，影响了许多美国学者。[1]瓦特尔用法语词汇"警察"(police) 表示好政府的目标之一是君主或主权者应当为国民获取真正的幸福。根据瓦特尔的说法，"每个政治社会都必须建立一个公共权力机构来管理他们的共同事务，并规定每个人为了公共福利应该遵守的行为"。[2]在 1759 年的第一版英译本中，警察 (police) 被翻译为"polity"，在后续的英译本中，又用"police"替代"polity"。[3]在瓦特尔眼里，"police"或者"polity"还意味着保持一切有序。明智的管制应该是对公共安全 (public safety)、公用事业 (public utility) 和便利 (convenience) 最有利的措施。通过一项明智的警察措施，君主使人民习惯于命令与服从，并维持公民之间的和平、安宁以及和谐，例如采取诸如禁止决斗、禁止挥霍无度而破产、禁止垄断、禁止哄抬物价等关系国家安全和公共福利的管制。[4]此外，瓦特尔曾参照 17 世纪的德国学者普芬道夫 (Pufendorf) 的做法，列举各种管制描述"警察"一词："在一个缺少玉米的国家，如果葡萄树大量繁殖，君主可以禁止在适宜耕种的土地上种植葡萄，因为这关系到公共福利和国家安全。当有如此重要的理由需要时，君主或地方行政官可以强制个人出售所有足以维持其家庭生计的粮食，并规定价格。公共当局可以而且应该阻止垄断，并压制一切可能提高食品价格的做法。"[5]这些理论都对美国警察话语的形成产生过重大影响。

除了汲取先贤智慧，引入学者作品，美国还开设教席，积极主动地传播警察知识。1779 年，时任威廉玛丽学院监事的托马斯·杰斐逊（Thomas Jef-

---

[1] Charles G. Fenwick, "The Authority of Vattel", *American Political Science Review*, 7 (1913), pp. 395~410. 詹姆斯·肯特（James Kent）曾称瓦特尔为"国际法上最受欢迎、最优雅的作家"。See William J. Novak, *Intellectual Origins of the State Police Power: The Common Law Vision of a Well-Regulated Society*, University of Wisconsin-Madison Law School, 1989, p. 34.

[2] Santiago Legarre, "The Historical Background of the Police Power", *University of Pennsylvania Journal of Constitutional Law*, 9 (2007), p. 754.

[3] William W. Crosskey, *Politics and the Constitution in the History of the United States*, University of Chicago Press, 1953, p. 149.

[4] Santiago Legarre, "The Historical Background of the Police Power", *University of Pennsylvania Journal of Constitutional Law*, 9 (2007), pp. 753~755.

[5] Santiago Legarre, "Emergencies Revisited: The Enduring Legacy of the Police Power", *Belmont Law Review*, 8 (2021), pp. 411~413.

ferson）在威廉玛丽学院开设研究"法律与警察"的教授职位，以此作为该校八大教授职位之一，此举取代了包括神学在内的几个最初的特许教授职位。威廉玛丽学院的"法律与警察"概念涵盖"市政"（municipal）与"经济"（oeconomical）两个面向的法律。狭义上的市政法包括普通法、衡平法、商法、海商法和教会法。其将经济法等同于警察，包括"政治"（politics）和"贸易"（commerce）。[1]教育界的主动引入为美国警察话语的形成积蓄了力量。

二、美国法中"警察"的原初含义

原旨主义的发展经历了原初意图原旨主义、原初公共含义原旨主义以及活的原旨主义几个阶段，宪法阐释是活的原旨主义的本质。[2]美国法上警察的原初含义，无法仅仅通过美国宪法文本的解释获知，需要借助历史、结构、民族精神、先例等多元的宪法论证模式阐释。[3]

"警察"概念由英国殖民承继而来，美国法上警察的原初含义从其想要脱离英国殖民那一刻开启，可将时间点截取为第一届大陆会议。第一届大陆会议中的确出现了警察一词，只不过它不是作为一个独立的词汇，而是与"internal"一词连用，即内务警察（internal police）。1774年9月，宾夕法尼亚州代表约瑟夫·盖洛韦（Joseph Galloway）在第一届大陆会议上提议，在北美的13个殖民地上建立一个与英国议会共同管制北美行政事务的北美议会，在这两个议会之下，每个殖民地将保留其现行宪法，保留在任何情况下管制和治理其内务警察（internal police）的权力。[4]这位温和的亲英派将警察与"internal"相连，认为各个殖民地都拥有属于自己的内务警察的权力，但受制于英国议会与北美议会。虽然约瑟夫·盖洛韦的提议没有成功，但大陆会议在1774年10月同意13个殖民地在"税收和内务政体（internal polity）的任

---

[1] See Markus Dirk Dubber, "The Power to Govern Men and Things: Patriarchal Origins of the Police Power in American Law", *Buffalo Law Review*, 52（2004），p. 1279.

[2] 参见［美］杰克·M. 巴尔金：《活的原旨主义》，刘连泰、刘玉姿译，厦门大学出版社2015年版，第207页。

[3] 参见刘玉姿：《美国征收法中的公用教义》，厦门大学出版社2020年版，第29页。

[4] Worthington Chauncey Ford, *Journals of the Continental Congress: 1774~1789*, Government Printing Office, 1904, p. 49.

何情形中享有自由的和排他的立法权"[1]。从词组来看,"internal"后面的词汇由"police"变为"polity"。"police"是否与"polity"同义？从约瑟夫·盖洛韦"与大不列颠实现持久和解"[2]的提议被否决可以反推,"polity"有着更广泛的含义,"内务政体"（internal polity）意味着地方或国内主权,意味着限制英国议会。大陆会议通过的这项决议与约瑟夫·盖洛韦提议的决议之间的差别在于是否受英国议会限制,大陆会议通过的决议充分体现了13个殖民地争取独立的决心。大陆会议时期的警察概念,核心在于如何与英国议会进行权力对抗,关心的是殖民地的权力范围与强度,警察概念的主体发生位移:从英国议会转移到各州,此时的警察包含了主权的内涵。

在第二届大陆会议时期,内务政体的表述已然不见,没有出现在1776年7月4日通过的《独立宣言》（Declaration of Independence）中,但1776年《邦联条例（草案）》（Articles of Confederation）中出现了内务警察（internal police）。1776年《邦联条例（草案）》第3条是1781年经各州批准的《邦联条例》第2条的前身,它规定"各殖民地应保留并享有其认为适当的现行法律、权利和习俗,并在不干涉《邦联条例》规定的所有事务中,保留其内务警察（internal police）在所有不违反本邦联条款的事务上的唯一和专属的管制和治理"。[3]这意味着内务警察的概念虽极具包容性,但也得受制于邦联条款,警察概念的界限被初步规范化。

随着1776年7月4日《独立宣言》的批准,美利坚合众国宣布独立,此时大陆会议的性质已经发生了翻天覆地的变化,从联合殖民地大陆会议转变为合众国大陆会议。在这一背景下,与拥有内务警察相对的主体已经不再是英国议会,而是邦联。这个时候的警察概念,当然依旧具有主权色彩,但与第一届大陆会议时的主权意涵有所不同,它没有明显的对外性。《邦联条例（草案）》规定的"不干涉《邦联条例》规定的所有事务"以及"不违反本联邦条款的事务"两个要件,显然是对州的内务警察权限的限制,也有了

---

[1] Worthington Chauncey Ford, *Journals of the Continental Congress：1774~1789*, Government Printing Office, 1904, p. 68.

[2] [英] R. C. 西蒙斯：《美国早期史——从殖民地建立到独立》,朱绂等译,商务印书馆1994年版,第447页。

[3] Worthington Chauncey Ford, *Journals of the Continental Congress：1774~1789*, Government Printing Office, 1904, p. 547.

"邦联条款剩余"权的意味,说明警察概念的界限再度被规范化。

《邦联条例》于1777年通过前后,各独立州也相继出台了自己的宪法,"police"与"internal"依旧是固定组合,批量出现在各州宪法文本中,几乎成为一个规范用语,表明内务警察是州内人民固有的权利。部分州宪法的权利宣言部分同时使用"治理和管制内务警察的固有权利"(inherent right of governing and regulating the internal police)的表述。特拉华州和宾夕法尼亚州的宪法的权利宣言部分有关内务警察的规定几乎一致,二者的差别仅在于一个逗号。特拉华州原文表述为"本州人民拥有治理和管制内务警察的唯一的,排他的,以及固有的权利"(That the people of this State have the sole, exclusive, and inherent right of governing and regulating the internal police of the same);宾夕法尼亚州有关内务警察的条款表述为"本州人民拥有治理和管制内务警察的唯一的,排他的以及固有的权利"(That the people of this State have the sole, exclusive and inherent right of governing and regulating the internal police of the same)。[1]特拉华州于1776年8月28日召开会议,参考宾夕法尼亚州的条款,并于9月1日公开发布自己的条款。[2]佛蒙特州于1777年通过的权利宣言部分则完全延续了特拉华州的表述,也只是存在语词顺序的差异,"本州人民……拥有治理和管制本州内务警察的唯一的,固有的,以及排他的权利"(That the people of this State……have the sole, inherent, and exclusive right of governing and regulating the internal police of the same)。[3]南卡罗来纳州和纽约州的规定较为不同,1776年《南卡罗来纳州宪法》序言提到"……为了人民的利益,为了所有政府的初心和目的,为了管制内务政体(internal polity)……",[4]《南卡罗来纳州宪法》序言保留了内务政体的表达。从各州宪法的表述来看,内务政体与内务警察应是同义。1777年《纽约州宪法》序言写道"……必须建立和组成一种新的政府形式和内务警察(internal police)以排除所有外国管辖、统治和控制的一切……"[5]

---

[1] Max Farrand, "The Delaware Bill of Rights of 1776", *The American Historical Review*, 3 (1898), p. 643.

[2] Max Farrand, "The Delaware Bill of Rights of 1776", *The American Historical Review*, 3 (1898), p. 647.

[3] Vermont Constitution of 1777.

[4] South Carolina Constitution of 1776.

[5] New York Constitution of 1777.

警察权概念的变迁

宾夕法尼亚州、特拉华州、佛蒙特州以及南卡罗来纳州的宪法在论及内务警察时，都将本州人民作为主语，或者将"为了人民利益"作为目的状语。这说明，警察概念延续两届大陆会议决定主权意蕴的同时，还具有另外的视角——人民权利，人民主权。大陆会议的警察概念再度延伸，主体发生再次扩容，从属于各州到既属于各州，也属于州内的人民。这也意味着警察概念的内涵已经在美国发生了质的变化，正在内化为真正属于美国法的警察。从之前的维持秩序，维护殖民统治，维护殖民者的利益，转变为了保护人民，为了人民的利益。

内务警察（internal police）在州宪法中成形后，联邦制宪会议上开始出现它的身影，但是各州代表们并没有对这两个词汇给予明确解释。1787年7月17日，当制宪会议就联邦国家立法权的范围进行辩论时，康涅狄格州的代表罗杰·谢尔曼（Roger Sherman）提议，联邦政府无权"干涉各州政府，对州政府的所有内务警察事务（internal police）只能予以尊重，联邦政府也无权干涉与美国共同福利（general welfare）无关的事务"。[1]该提议得到了詹姆斯·威尔逊（James Wilson）的支持，这也许是因为罗杰·谢尔曼的提案中还写道，"很难在一般立法机关（the General Legislature）的权力和留给各州的权力之间划清界限"。[2]但该提议遭到宾夕法尼亚州代表莫里斯（Morris）的反对，莫里斯认为"各州所称的内务警察（internal police）在许多情况下都应该受到干预，比如纸币或其他可能影响他州公民的诡计"。[3]莫里斯的观点毫无疑问代表着大多数代表的意见，占据上风，罗杰·谢尔曼的提议最终以2票对8票被彻底否决。[4]细节委员会（Committee of Detail）后来提出了一项与罗杰·谢尔曼的提议基本相同的提案，但也被否决了。[5]1787年9月

---

[1] Max Farrandy, *The Records of the Federal Convention of 1787* (2), Yale University Press, 1937, p. 21.

[2] Max Farrandy, *The Records of the Federal Convention of 1787* (2), Yale University Press, 1937, p. 25.

[3] Max Farrandy, *The Records of the Federal Convention of 1787* (2), Yale University Press, 1937, p. 26.

[4] See David S. Schwartz, "Recovering the Lost General Welfare Clause", *William & Mary Law Review*, 63 (2022), p. 903.

[5] Max Farrandy, *The Records of the Federal Convention of 1787* (2), Yale University Press, 1937, p. 367.

15日，在制宪会议完善联邦宪法的最终版本时，罗杰·谢尔曼再次提议增加"内务警察"的措辞未果。[1]最终，内务警察的概念没有被制宪会议的起草人采纳，没有出现在联邦宪法文本中。这一有意的制度模糊不可能是因为疏忽或遗漏，更可能是制宪者认为内务警察的权力应由各州保留，联邦宪法不应插手太多。

从功能的角度看，论及殖民地和英联邦的关系、邦联与州的关系、联邦与州的关系时，警察概念总会现身，这时它作为描述性的概念存在，用以指涉总括意义上的主权，旨在确定主权的归属，但"警察"概念最终没有出现在联邦宪法文本中，警察概念的"历史意义来自使用（usage）和适用（application），而不是宪法本身的语言"，[2]但论及联邦宪法文本有关联邦与州关系的教义，追溯联邦宪法绵长的历史，提炼联邦宪法血液中的先贤智慧，我们须臾离不开"警察"的概念。

小　结

本章对警察概念进行了漫长的知识考古，明晰了警察概念在苏格兰地区、英格兰地区乃至殖民地时期的含义。苏格兰地区的警察概念历经内务行政到有经济偏向的管制再到现代的市政警务，英格兰地区的警察概念以布莱克斯通的《英国法释义》为重要资源。通过直接适用英国的法律制度与引进英国学界有关警察研究的成果两条路径，形成美国法意义的警察概念，此时美国法上的警察概念与主权相伴，与政府同义，也有保护人民权利的底色。

---

[1] Max Farrandy, *The Records of the Federal Convention of 1787* (2), Yale University Press, 1937, pp. 629~630.

[2] Harry N. Scheiber, "State Police Power, in Leonard Levy", Kenneth Karst, Dennis Mahoney ed, *Encyclopedia of the American Constitution* (4), MacMillan Publishing Company, 1986, p. 1744.

第二章
警察权概念的合成

殖民地时期的美国承继了 18 世纪英国法中的警察概念，建国初期继续保留，最终在判例中发展出警察权概念。州法院的判例依然囿于英国法的先例，尚未完全进入美国法自己的世界，虽然停留在警察的层面，但其认识已经基本具备了警察权的内核。联邦法院层面，首席大法官马歇尔（Marshall）1827 年在布朗诉马里兰州案的判决中以超凡的智慧创造性地使用警察权术语，宣示警察权概念成形。在后来漫长的司法实践中，警察权的范围变动不居，在扩张、收缩、再扩张中轮回。从警察到警察权的过程，是从立法到司法的过程，马歇尔大法官在"警察权"概念的塑造中厥功至伟。

第一节　从警察到警察权

一、州法院的警察概念之路

在联邦最高法院发展警察权概念的同时，各州法院也不是无所事事，依循着它们的警察概念之路，州法院对警察概念的探索甚至早于联邦最高法院。只不过各州有关警察的用法并不统一，管制、地方法则、公共警察或经济、警察管制、管制警察、内务警察等各种名词满天飞。即便它们还停留在普通法的基础上，但它们对警察概念的探索，已经具备了警察权概念的内核，州法院明确警察概念的地方性，而且已经出现了区分警察管制与征税权、征收权之间的讨论。虽然尚不能确证州法院的判例为联邦最高法院完成警察权的合成奠定基础，但不可否认，州一级的法院与联邦法院在警察权概念的发展上有着莫名的默契。

(一) 确定警察属于各州

从管制与地方法则,到禁令与地方法则,再到管制警察与地方法则,州法院一步步厘清了警察与地方法则之间的关系:警察是地方法则的形态之一,说明警察属于各州。

1795年宾夕法尼亚州的卡莱尔诉贝克案(Carlisle v. Baker)的争点是禁止在门廊或台阶等位置摆放物品的城市禁令是否有效。[1]费城于1790年6月18日颁布一项禁令,规定任何人在任何门廊上、地窖门上或上方放置物品或在顶棚上悬挂物品,这些物品造成向街道延伸超过6英寸的,处以2美元的罚款。该禁令还将对在任何砖块地或石头路面、人行道或马车路的任何部分或上方放置箱子或物品的行为,作同样处罚。贝克在街道的人行道上和他的门廊上放置物品,被控违反了该禁令,市长对其作出处罚。贝克不服提出上诉,初审法院推翻对贝克的处罚。原告不服初审判决,诉至宾夕法尼亚州最高法院。宾夕法尼亚州最高法院认为制定"此类的管制","应是必要且便于城市政府与福利",[2]它能够让"街道摆脱各种妨害,大大有助于居民的健康和城市的美丽"。[3]法院意见解释了限制公民权利或自由的管制的目的是促进城市福利、摆脱妨害,但不是为达目的任意管制,强调管制的必要性与便捷性,要考量管制成本。然而该州在1769年通过的法案规定,任何人不得在50英尺宽或以上的街道上建造或设置任何门廊、地窖门或台阶,其延伸至街道的长度不得超过4英尺3英寸,或延伸至较窄街道的适当距离,违者予以处罚。且该州于1789年通过的议会法案规定,制定禁令不得与州的法律和宪法相抵触。[4]宾夕法尼亚州最高法院认为,费城1790年的禁令禁止公民正当行使立法机关赋予他们的权利,[5]而且进一步说明"这类门廊通常是在1769年法案之前建造和使用的,由所有人充分享有,限制此种合法权利的地方法则(bye-laws)不是善(good)",[6]遂作出有利于贝克的判决。法院又使用新的"地方法则"修辞,以善为判断其合法与否的标准。宾夕法尼亚州最高

---

[1] Carlisle v. Baker, 1 Yeates 471 (1795).
[2] Carlisle v. Baker, 1 Yeates 471 (1795), p. 473.
[3] Carlisle v. Baker, 1 Yeates 471 (1795), pp. 473~474.
[4] Carlisle v. Baker, 1 Yeates 471 (1795), p. 473.
[5] Carlisle v. Baker, 1 Yeates 471 (1795), p. 475.
[6] Carlisle v. Baker, 1 Yeates 471 (1795), p. 475.

法院在该案中没有正面解释管制和地方法则之间的关系，但从前后文的语境可推断，此处的管制与地方法则都有限制公民权利的内涵，善一定包含促进城市福利、摆脱妨害。虽然本案中没有直接出现"警察"一词，但限制公民权利、促进福利与抑制妨害几个要素已经暗示，该管制至少与英国法上的警察概念相似。

宾夕法尼亚州对"地方法则"的使用具有很强的解释力，1799年的宾夕法尼亚州诉杜凯特案（Respublica v. Duquet）中再次出现这一表述，该案的争点是城市禁令是否合宪以及城市法院是否有管辖权。[1]1796年6月6日通过的一项有关费城的城市禁令规定，任何人在指定的城市地区内的任何地段或土地上建造或促使建造任何木制大厦、商店、停车房或马厩，在费城市长法院（Mayor's Court）对他们提起诉讼后，都将被正式定罪，没收所有建筑物并处500美元的罚款。杜凯特在宾夕法尼亚州费城皇冠街的东侧建造了一座木制大厦，位于城市禁令规定的禁区内。首席大法官希彭（Shippen）执笔法院意见，认为1789年3月11日通过的议会法案规定，市政当局有权为了城市的良好管理和福利制定地方法则，并有权审判和确定其中指定的某些罪行。1795年4月18日，立法机关又通过了市长、市议员、市议会有权通过城市特定区域内禁止建设木质建筑等禁令。[2]据此，两个法案赋予城市法院管辖权，并认为"立法机关的法案和所有习惯一样有效"。[3]在判断城市禁令是否违宪时，宾夕法尼亚州最高法院认为立法机关违宪或法律与宪法冲突必须是明显的，法院才可以宣布法律无效。然而，宾夕法尼亚州最高法院在费城城市禁令中"没有看到这种违反行为"，[4]因此作出有利于宾夕法尼亚州的判决，认为城市禁令合宪。地方法则在宾夕法尼亚州的判决中是个高频词汇，其申明地方法则的目的是城市的良好管理与福利。虽然本案中同样没有直接出现警察这个字眼，但是费城禁止木质建筑的禁令与英国法中基于消防目的管制木质建筑的警察概念相似，由此可以看出，警察与地方法则有交集。

随着时间的流逝，警察与地方法则之间的关系在州法院的判决中逐渐明朗。1811年路易斯安那州的拉姆扎伊诉市长案（Ramozay v. Mayor）事关将三

---

[1] Respublica v. Duquet, 2 Yeates 493 (1799).

[2] Respublica v. Duquet, 2 Yeates 493 (1799), p.500.

[3] Respublica v. Duquet, 2 Yeates 493 (1799), p.501.

[4] Respublica v. Duquet, 2 Yeates 493 (1799), p.501.

个独立的许可证合并为一个许可证的行为是否不当。当事人律师在辩词中大量使用"管制警察"（regulating the police）和"地方法则"（bye-laws），并释明管制警察是地方法则的目的之一，"市议会有权为了更好地管理市政当局的事务、为了管制警察和维护城市的和平与良好秩序通过地方法则，地方法则的规定不能违背宪章、联邦宪法或州内法律。他们应有权以他们认为适当的方式，针对前述城市内的不动产和私人地产征收用于照明、铺路等所需的税款……他们的地方法则不得有其他目的，这些一般表述也不会授权随意对酒馆或任何其他职业或行业征税，尤其是作为获得税收收入的手段来实现这些目的……"[1]路易斯安那州最高法院虽然没有在裁决意见中直接回应"管制警察"与"地方法则"之间的关系，但确认将三个独立的许可证合并为一个是不适当的，而且将此类许可证定性为"增加税收"（raise the tax）。[2]路易斯安那州最高法院的判决结果说明当事人律师的观点被间接承认，警察是地方法则的形态之一，受制于联邦宪法与州内法律，警察与征税权是两个范畴。

（二）英国先例基础上的警察

进入19世纪后，州法院较为自如地使用警察修辞，各州有关警察的判例在很长一段时间内都是基于英国先例作出的。

1818年特拉华州的威尔逊诉乔治案（Wilson v. George）事关奴隶主释放奴隶是否应承担社会责任。詹姆斯·克拉克（James Clerk）根据威尔逊的一封律师信，将乔治作为奴隶逮捕。乔治于1816年5月20日递交请愿书，主张自己是自由的，初审法院作出有利于乔治的判决，认为其是自由的，同时要求威尔逊为此支付一定的安全保障费用。威尔逊不服，继续上诉。特拉华州最高法院在讨论奴隶主为解放奴隶支付费用时，表示"我们的法律是为了政府的善和利益而制定的，未经支付安全保障补偿，一些法律限制奴隶主解放奴隶，它们是公共警察或经济法"。[3]特拉华州最高法院进一步解释这类公共警察或经济法的目的："它们不是为了奴隶主的利益，也不是为了奴隶的保护或安全……它们不管制或涉及任何私人利益，也不给予、剥夺、保障或保护任何私人现有既得权利，也不是为任何此类目的而设计。"[4]一连串的否定表

---

[1] Ramozay v. Mayor, 1Mart. (o.s.) 241 (1811), pp. 242~244.
[2] Ramozay v. Mayor, 1 Mart. (o.s.) 241 (1811), p. 265.
[3] Wilson v. George, 2 Del. Cas. 413 (1818), p. 420.
[4] Wilson v. George, 2 Del. Cas. 413 (1818), p. 420.

述说明公共警察或经济法不以"私"为目的，而是以政府利益为目的。显然，"公共警察或经济法"出自布莱克斯通的《英国法释义》，沿袭了其对王国的正当管制和国内秩序的定义，说明此时警察已经与州内秩序或公共安全连接。

1822年索珀诉哈佛大学案（Soper v. President & Fellows of Harvard College）中，马萨诸塞州于1819年通过的一项法案规定，任何车马出租所管理人（livery stable keeper）不得在未经政府在特定情况下授权学校官员同意的情况下，或违反学校制定的规则和管制的情况下，向州内任何一所学校的任何未成年人（undergraduate）授信（give credit），否则将对车马出租所管理人作出处罚。爱德华·T. 吉洛（Edward T. Gillo），是哈佛大学的学生，彼时未成年，在未经任何人员同意的情况下，向车马出租所的管理人索珀赊账15美元，以租用车马出租所的马匹与马车。哈佛大学控告索珀违反了1819年法案的规定，治安官作出不利于索珀的判决，索珀不服，向马萨诸塞州最高法院上诉。马萨诸塞州最高法院"并不怀疑该案所依据的法案合宪，它的目的显然是在立法许可的范围内"。[1]鉴于年轻人往往面临难以抗拒的诱惑，普通法明确未成年人作出的任何承诺无效，否则父母除了在子女教育方面失去希望，还要付出代价。因此，"如案涉法律这样的一般法律，也许是对如此巨大的恶的唯一补救"。[2]但马萨诸塞州最高法院并不认同索珀应被处罚，因为"除非制定了一些关于授信的规定，也除非根据情况，授权某一位官员给予或拒绝给予同意，否则是不会受罚的。在只违反了学院政府的规定时，授信行为一般不构成犯罪"，[3]并最终推翻了治安官的裁决。从马萨诸塞州最高法院的意见来看，法院肯定了1819年有关车马出租所管理人的法案是一项有效的警察管制。

（三）警察与其他主权区隔

州法院对警察概念的研究并不粗糙，不仅关注警察概念本体，而且已经开始区分警察与征税权、征收权等其他主权，说明州法院基本确认了警察的权力要素，是州的主权权力之一。

1818年田纳西州的巴罗诉佩奇案（Barrow v. Page）的争点是巴罗侵入佩奇土地拿走玉米与草料的行为是否构成征收。[4]巴罗是田纳西州民兵组织的

---

[1] Soper v. President & Fellows of Harvard College, 18 Mass. 177 (1822), p.179.
[2] Soper v. President & Fellows of Harvard College, 18 Mass. 177 (1822), p.179.
[3] Soper v. President & Fellows of Harvard College, 18 Mass. 177 (1822), p.179.
[4] Barrow v. Page, 6 Tenn. 97 (1818).

草料主管，因急需草料和玉米，少将卡罗尔（Carroll）命令巴罗提供大量的玉米与草料。巴罗为执行命令，侵入佩奇的土地，践踏佩奇的草场，推倒栅栏，并拿走草料和玉米。佩奇向田纳西州戴维森巡回法庭提出非法入侵诉讼，戴维森巡回法庭作出有利于土地所有人佩奇的判决。巴罗不服上诉，辩称他迫不得已才使用土地所有人佩奇的物资，并且已经向佩奇提交了一份他所拥有的物资数额及价值。田纳西州最高法院在意见中虽然没有使用警察权，但对警察权概念的内涵已经诠释得淋漓尽致，"以极端和不可战胜的公共需要为基础建立的法律，能够证明官员在没有任何先例的法律程序的情况下，使用乃至毁坏私人财产是在促进公共福利"，[1]判决清楚地区分了行使警察职能与征收之间的界限，明确征收由"《权利法案》（Bill of Rights）第 21 条规定，未经议员同意或未经公正补偿，任何人的财产不得征作公用"。[2]田纳西州最高法院进一步明确应由立法机关而非军官来判断"公共需要"，以防止"压迫个人"。[3]按此逻辑，巴罗的行为构成征收，法院最终作出有利于土地所有人佩奇的判决。

1824 年路易斯安那州的布利尼诉多梅农案（Bouligny v. Dormenon）的争点是法官要求在所有人的土地上修建堤坝的命令是否有效。[4]多梅农法官下令在布利尼的土地上修建堤坝，并指定承包商。布利尼诉至路易斯安那州第四地区法庭，声称多梅农法官的前述裁决是在没有履行所在教区法律和警察管制（police regulations）要求的任何程序的情况下作出的，因此要求停止修建堤坝，并取消因多梅农法官裁决确立的契约。第四地区法庭作出不利于布利尼的判决，布利尼不服，遂向路易斯安那州东部地区最高法院提起诉讼。马修斯（Matthews）法官执笔法院意见，其审查了州立法机关于 1807 年和 1813 年制定的关于堤坝的一般规则，认为有关堤坝的建造、修复等权力已经授权给不同教区的警察陪审团（police juries），布利尼所在教区的警察陪审团的确也制定了修建或修复堤坝的具体管制，但从未公布、印刷出版，违背了"1807 年法律要求教区管制应当公布，张贴在教堂门口"的规定，[5]马修斯法官进一步解释"只有依照教区管制，才能强制所有人在其土地上修筑堤坝，

---

[1] Barrow v. Page, 6 Tenn. 97 (1818), pp. 98~99.
[2] Barrow v. Page, 6 Tenn. 97 (1818), p. 99.
[3] Barrow v. Page, 6 Tenn. 97 (1818), p. 99.
[4] Bouligny v. Dormenon, 2 Mart. (n. s.) 455 (1824).
[5] Bouligny v. Dormenon, 2 Mart. (n. s.) 455 (1824), p. 459.

而这些管制在依法颁布之前,不得视为对居民具有约束力"。[1]最终,马修斯法官作出有利于布利尼的判决。

州法院的判例有两个共同特点:其一,没有统一提及警察或警察权,有的州甚至用禁令、管制、地方法则等词汇替代。后世有学者总结,警察权行使有两个面向,一是管制(regulations),一是禁令(prohibitions)。管制是指立法机关有权让本质上不会伤害他人的合法行为常规化(regular);禁令是指立法机关有权禁止本质上伤害他人的不法行为,[2]这两种含义与早期各州的探索不谋而合。而且此时有关警察的认识已经具备了警察权的内核,各州判例共同揭示了警察与公共福利、公共安全、公共健康以及妨害之间的深层次关系。其二,州法院对州立法权给予极大的尊重,州警察管制大都被尊重。

二、联邦最高法院的警察权之路

联邦最高法院走上警察权概念的探索之路比州法院晚了十几年,不是联邦最高法院的法官不想讨论这个问题,而是客观现实让他们早期"无所事事"。早期联邦最高法院的判决十分有限,1790年2月才迎来首次开庭,但在"此次开庭期间以及接下来的两个庭期内,没有案件备审,大法官们几乎无所事事……直到1793年2月大法官们才审理了第一起案件"。[3]这样的局面没有维持多久,1801年马歇尔被任命为联邦最高法院首席大法官,随着1804年马伯里诉麦迪逊案(Marbury v. Modison)的出现,联邦最高法院越来越活跃,有关警察权的讨论也逐渐提上议程。

(一)萌芽:达特茅斯学院诉伍德沃德案

尽管达特茅斯学院诉伍德沃德案(Trustees of Dartmouth College v. Woodward)的判词中没有提及警察权,甚至没有出现警察一词,但该案被告方的辩护律师是霍姆斯(Holmes),他在辩护词中两次提及警察,从马歇尔大法官宣告的法院意见来看,他对这一问题有所回应。

1769年,伊利沙·魏洛克(Eleazar Wheelock)在新罕布什尔州捐赠建立

---

[1] Bouligny v. Dormenon, 2 Mart. (n. s.) 455 (1824), p. 462.

[2] Randy E. Barnett & Evan D. Bernick, "No Arbitrary Power: An Originalist Theory of the Due Process of Law", *William and Mary Law Review*, 60 (2019), p. 1669.

[3] [美]伯纳德·施瓦茨:《美国最高法院史》,毕洪海、柯翀、石明磊译,中国政法大学出版社2005年版,第18~20页。

达特茅斯学院（Dartmouth College）并兼任院长。彼时新罕布什尔州尚属英国殖民地，英王向达特茅斯学院签发特许状，规定学院理事会有权补选理事及院长。鉴于伊利沙·魏洛克个人的威望，伊利沙·魏洛克去世后，其子约翰·魏洛克（John Wheelock）继任院长。约翰·魏洛克与学院理事会因教学内容、财务等问题发生冲突，当即寻求州议会的帮助。州议会于1816年6月27日通过一项法律，改变了达特茅斯学院的私立性质。理事会表示不接受该法律，州议会遂作出理事会成员每人罚款500美元的处罚。理事会成员伍德沃德拒绝缴纳罚款，携学院账本等资料一走了之。学院理事会遂控告伍德沃德，同时向法院提出州议会通过的法律无效。

案件最终到了联邦最高法院。本案被告辩护律师霍姆斯在辩词中两次提及"主权州的内部政府和警察"（internal government and police of a sovereign state）"。霍姆斯认为，根据美国《宪法》第1条第10款的规定，各州不得制定任何损害契约义务的法律，英王于1769年向达特茅斯学院授予的特许状是一份符合美国《宪法》第1条第10款规定的契约。而契约涉及的是主权州的内部政府与警察，美国《宪法》赋予联邦最高法院的司法权力没有延伸至政治权力的授予。首席大法官马歇尔在意见中写道："制宪者无意对各州的内部政府（internal government）采用的民事制度的管制加以限制，他们留给我们的文书也应认为不能如此阐释。"〔1〕马歇尔大法官执笔的法院意见与霍姆斯的辩护意见殊途同归，认同联邦无权干涉各州保留的权力的行使。

显然，霍姆斯明示警察归属于各个州，并与"government"即政府属于并列关系。然而，面对霍姆斯提出的州的"内部政府和警察"（internal government and police），马歇尔大法官撰写的法院意见只保留了"内部政府"（internal government）。"和警察"（and police）的消失不可能是遗漏，马歇尔大法官要么认为警察（police）与内部政府（internal government）同义，可省略不写，但这种可能性极小；要么只笃信州的权力范围目前只能用"内部政府"（internal government）表示，对"警察"（police）是否属于州，范围如何尚无定论。马歇尔大法官对警察概念这种谨慎的保留态度说明他已经开始思考"警察"概念。

（二）雏形：吉本斯诉奥格登案

马歇尔大法官在达特茅斯学院诉伍德沃德案中开始思考到了什么是"警

---

〔1〕 Trustees of Dartmouth College v. Woodward, 17 U.S. 518 (1819), pp. 610~613, 629.

察",但欲说还休。在1824年吉本斯诉奥格登案（Gibbons v. Ogden）的判决中，马歇尔大法官开始明确阐释什么是"警察"，甚至力图为警察事务划定边界。

纽约州议会通过法案授予罗伯特·R. 列文斯顿（Robert R. Livingston）和罗伯特·福尔顿（Robert Fulton）在纽约州内的哈德森河上20年的航行排他权，可通航船只的类型为火力驱动或者蒸汽驱动。二人后来将在哈德森河上的航行排他权转让给奥格登，奥格登就此拥有了在新泽西州伊丽莎白镇及其他地方和纽约市水域间的通航权。吉本斯拥有两艘蒸汽船，往返纽约市和新泽西州的伊丽莎白镇搭载乘客。奥格登以吉本斯侵犯自己的航行排他权为由，诉至纽约州法院，州法院作出禁止吉本斯继续通航的禁令。吉本斯不服，根据1793年国会通过的《船只航行许可证法》[1]向联邦最高法院上诉。

马歇尔大法官一改达特茅斯学院诉伍德沃德案中的审慎，大胆使用警察（police）一词，由其执笔的法院多数意见多次提到警察概念。"如果国会许可船只在相同的州从一个港口航行到另一个港口，该法案必然是国会行使明示权力的附带结果，并不意味着国会有权直接管制该州纯粹的州内贸易（internal commerce），或者直接对其警察制度（its system of police）制定法案",[2]国会不能侵犯"州管制其警察（its police）、州内贸易以及管理其公民的权力",[3]马歇尔大法官用"其警察"（its police）直截了当地说明警察事务属于各州，这是对霍姆斯在达特茅斯学院诉伍德沃德案中所作的辩护意见的肯定。而且，马歇尔大法官在这两段表述中还试图为州的权力建立一份清单，这份清单上的权力类别彼此独立。他后两次提及警察是在表明州有权以警察的名义立法，立法有效与否与是否违反国会根据宪法通过的法案有关。"由于在行使管制自己纯粹的内部事务的权力时，无论是贸易还是警察（police），各州有时可以制定法律，而法律的有效性取决于它们是否干预或违背国会根据宪法制定的法律，本院将开始探索纽约州最高法院所阐述的纽约州法律在本案中的适用是否与国会的法案相冲突，以及是否剥夺了一个公民享有该法案赋予他的权利。如果这种冲突存在，这些法律的通过是因为同时拥有'管制与外国和几个州之间的贸易'的权力，还是因为拥有管制其州内贸易和警察（police）的

---

[1] 它本质上是《联邦规制法典》（Code of Federal Regulations）中的一个条款，不是独立成章的法典。

[2] Gibbons v. Ogden, 22 U.S. 1 (1824), p. 204.

[3] Gibbons v. Ogden, 22 U.S. 1 (1824), p. 208.

权力。"[1]马歇尔大法官认为国会立法并未侵犯州有关警察事务的立法权限，州议会的立法违反国会立法，不属于正当管理警察事务。

马歇尔大法官多次论及警察时，一直与"州内贸易"（internal commerce）关联。州内贸易与警察一直并列，表明州内贸易权与"警察"相区隔，警察只是州的主权权力的一个分支。马歇尔大法官甚至倾向于认为警察权只涉及与公共健康和安全有关的法律，他意识到他人使用的"警察"概念更为宽泛，"管制贸易的法律……都被称为警察法"，[2]但他仍坚持认为，"关于检疫法和其他的警察管制遵从的是各州的公共健康，与美国贸易管制的特征不符"。[3]

（三）诞生：布朗诉马里兰州案

马歇尔大法官在吉本斯诉奥格登案中的判决意见说明他对"警察"概念的思考已日趋成熟，"警察权"的概念呼之欲出。在1827年布朗诉马里兰州案的判决中，马歇尔大法官明确提出"警察权"的概念。

马里兰州议会于1821年通过一项法案，要求所有经包装的外国商品、干货，或者葡萄酒、朗姆酒、白兰地、威士忌或其他蒸馏烈性酒进口商，以及销售这类物品的销售商在出售商品前，都应获取许可证，并须为此支付50美元。如因疏忽或拒绝申请销售许可，将予处罚。马里兰州下辖巴尔的摩市一家名为Alexander Brown & Sons的公司在没有许可证的情况下销售外国商品，受到处罚。该公司与马里兰州就该项法案是否有效、是否违宪一路诉至联邦最高法院。塔尼（Taney）大法官和约翰逊（Johnson）大法官坚持认为马里兰州的法案不构成对进口商品施加关税，也没有违反美国《宪法》。他们假设，如果根据国会有权规定出售方式，就推论他们有权规定出售地点，那么"各州为了安全和健康而制定的警察法（police laws）将只能存在于国会的许可之下"，各州将无权管制进口商出售火药等危险品的行为，这将极其危险，最终导致各州无力保护其公民。他们主张，当货物被卸载存放起来时，宪法条款的效力必须停止，否则州及其公民都将被剥夺自我保护的权利。[4]首席大法官马歇尔虽然不同意塔尼和约翰逊的结论，判决州立法违宪，但认同州

---

[1] Gibbons v. Ogden, 22 U.S. 1 (1824), pp. 209~210.
[2] Gibbons v. Ogden, 22 U.S. 1 (1824), p. 26.
[3] Gibbons v. Ogden, 22 U.S. 1 (1824), p. 178.
[4] Brown v. State of Maryland, 25 U.S. 419 (1827), pp. 431~433.

"直接清除火药的权力是警察权（police power）的一个分支，毫无疑问，这种权力仍然属于各州，也应该属于各州"。[1]"警察权"的概念就此诞生。

作为"警察权"概念的助产师，马歇尔大法官继续将警察权与其他权力区隔，主张马里兰州在布朗诉马里兰州案中行使的这种权力是"州的征税权"（the power of the state to tax）[2]、"一般征税权"（the general power of taxation）[3]、"征税权"（taxing power）,[4]征税权不是警察权的子集。马歇尔大法官谈到州的权力作为一个整体时，总是用"剩余主权"（residual sovereignty）指代"州权"（State power）[5]或者"保留在各州的权力"（powers which remain in the states）。[6]如果马歇尔大法官想让警察权涵盖整个州的主权而非作为其中的一个子集，那么他在每次提及州主权时就不会使用前几种表述。这说明，马歇尔大法官一直认为"警察权"尽管宽泛，但依然有其边界。但警察权的边界究竟止于何处，是马歇尔大法官没有完成的思考。

第二节 警察权合成的基本背景与原理

美国接受来自大洋彼岸的警察概念，它不仅没有像海的那边将警察概念发展为警察科学，反倒是形成了真正属于这片土地的警察权，有着鲜明的国别特色。美国法上的警察概念演化成警察权概念有着深刻的历史背景，内涵丰富。

一、独立革命的桥梁功能

美国的独立革命为英国警察传统和美国联邦最高法院的州主权教义之间提供了一个重要的联系。虽然独立革命带来了新的主权理论，但美国各州仍然有责任维护社会秩序和安全，就像英国君主一样。[7]独立革命告诉我们美国人不喜欢被管制，但他们对治安不无疑虑。美国人不反对一个人管制另一个

---

[1] Brown v. State of Maryland, 25 U. S. 419（1827）, p. 443.
[2] Brown v. State of Maryland, 25 U. S. 419（1827）, p. 441.
[3] Brown v. State of Maryland, 25 U. S. 419（1827）, p. 439.
[4] Brown v. State of Maryland, 25 U. S. 419（1827）, pp. 439, 442.
[5] Brown v. State of Maryland, 25 U. S. 419（1827）, p. 435.
[6] Brown v. State of Maryland, 25 U. S. 419（1827）, p. 441.
[7] M. Rhead Enion, "Constitutional Limits on Private Policing and the State's Allocation of Force", *Duke Law Journal*, 59（2009）, p. 534.

人的概念，或者更确切地说是一个由其他人组成的共同体管制他人的概念。[1]独立革命结束的是英国人对美国的统治，结束的是君主的警察统治，但没有结束美国人对这片土地的统治，而且恰恰是重新开启了这种统治。问题的关键在于，殖民地在脱离英国君主立宪制后，继承了英国王室和议会共同享有的政府权力的 13 个州应该如何组建新的国家，应如何行使权力治理新的国家。

革命一代的美国人没有经受过封建思想的侵蚀，他们在革命胜利后，又摇身一变成为新国家的治理者，他们拒绝将英国王权作为主权的基础，独立革命是对英国政府与其美国臣民之间既定关系的否定。他们认为主权权力要么来自人民，要么来自各个州，并在宪法辩论中充满了对主权权力和维护安全与秩序的关切。[2] 1787 年各州代表齐聚费城修订《邦联条例》，代表们对即将诞生的共和国有着深切的担忧。独立厅外，鲍威尔夫人（Mrs. Powell）曾经向本杰明·富兰克林（Benjamin Franklin）提问："我们应当建立一个共和国还是一个君主国？"本杰明·富兰克林回答道："一个共和国，如果你能使其存在下去。"[3]从《联邦党人文集》的内容来看，维系共和也是它的主题。在维系共和的路上，联邦对州作出让步与妥协，警察恰恰藏在让步与妥协的可以拉伸的地带。

二、联邦制的必然结果

联邦制的目的是将国家固有的主权权力分离在两个权威主体之间，肯尼迪（Kennedy）大法官在 1995 年的美国术语有限公司诉桑顿案（United States Term Limits, Inc. v. Thornton）的协同意见中，曾对联邦制作过精彩的解释："联邦制是我们国家自己的探索。制宪者分隔了国家主权。他们的天才想法是，我们的公民将拥有两种政治能力，一种是州的政治能力，一种是联邦的政治能力，每一种政治能力都受到另一种政治能力的保护。由此产生的宪法在形式上和设计上创造了一个前所未有的法律体系，建立了两种政府秩序，

---

[1] See Markus Dirk Dubber, "'The Power to Govern Men and Things': Patriarchal Origins of the Police Power in American Law", *Buffalo Law Review*, 52 (2004), p. 1329.

[2] M. Rhead Enion, "Constitutional Limits on Private Policing and the State's Allocation of Force", *Duke Law Journal*, 59 (2009), p. 534.

[3] 参见 [美] 文森特·奥斯特罗姆：《美国联邦主义》，王建勋译，上海三联书店 2003 年版，扉页。

警察权概念的变迁

每一种秩序都有自己的直接关系（direct relationship），自己的相互关系（privity），自己和维护它和受它统治的人民的相互权利和义务。"[1]

联邦制的概念源于联邦政府拥有有限的权力，而且这些有限的权力是由各州移交给联邦的，移交给联邦的剩余的权力属于各州或人民。原初理解州和人民之间的区别仅仅意味着，作为一个州的宪法问题，一个州的人民可以在联邦宪法非常低的基线之上确立权利。[2]《联邦党人文集》是最能说明该界限的。麦迪逊（Madison）在《联邦党人文集》第39篇中试图通过解释联邦政府的"权限只限于某些列举的对象，而把对于所有其他对象的其余不可侵犯的权力留给各州"，[3]以此减轻纽约人民对他们新政府制度的恐惧。汉密尔顿（Hamilton）在《联邦党人文集》第32篇中解释，"只在于局部的联合或合并，各州政府显然要保留它们以前所有的、按照条款并未专门委托给合众国的一切主权"。[4]就最基本的逻辑来说，联邦制的思想是授予联邦政府就真正国家性质的问题制定政策的权力，并将制定地方政策的所有权力保留给各州。正如麦迪逊在《联邦党人文集》第45篇中的名言："新宪法授予联邦政府的权力很少而且有明确的规定。各州政府所保留的权力很多但没有明确的规定。前者行使的对象主要是对外方面的，如战争、和平、谈判和贸易；征税权多半与最后一项有关。保留给各州的权力，将按一般的办事程序扩充到同人民的生命、自由和财产，以及州的治安、改良和繁荣等方面有关的一切对象上。"[5]因此，"保留"给各州的权力是各州最初拥有主权时所拥有的所有权力，减去宪法赋予联邦政府的权力或宪法拒绝给予它们的权力。

制宪者认为警察是各州在制定宪法之前拥有的一种政府权力，通过联邦党人的前述机制，制宪者将警察纳入联邦下各州保留的主权，[6]包括健康、

---

[1] U. S. Term Limits, Inc. v. Thornton, 514 U. S. 779 (1995), p. 838.

[2] Randy E. Barnett, *Restoring the Lost Constitution: The Presumption of Liberty*, Princeton University Press, 2004, p. 321.

[3] [美]汉密尔顿、杰伊、麦迪逊：《联邦党人文集》，程逢如、在汉、舒逊译，商务印书馆1980年版，第226页。

[4] [美]汉密尔顿、杰伊、麦迪逊：《联邦党人文集》，程逢如、在汉、舒逊译，商务印书馆1980年版，第177页。

[5] [美]汉密尔顿、杰伊、麦迪逊：《联邦党人文集》，程逢如、在汉、舒逊译，商务印书馆1980年版，第274页。

[6] Santiago Legarre, "The Historical Background of the Police Power", *University of Pennsylvania Journal of Constitutional Law*, 9 (2007), p. 779.

安全、福利和道德等传统警察权以外的权力。有学者解释道:"我们已经把我们体系中各州所拥有的政府剩余权力——联邦党人的'剩余主权'——进行分类,并对某些部分给予了具体的名称,如征税权、征收权等。然后,也许是因为缺乏一个更好的术语,把剩下的权力叫作'警察权'。"[1]从这个意义上来说,警察权作为一个概念在美国法律中被定义和区分的过程类似于布莱克斯通对警察的定义——它是残余的。事实上,美国法中的它是双重剩余——它是一个州的剩余主权权力的剩余类别。[2]

三、司法机关作为政府的协调机构

警察权不是一个理论性的法律概念,而是一个在司法实践中得出的有实际功用的概念。在早期的州判例中,立法机关很少受到限制或者抨击。在联邦政府成立前,确认与州宪法不一致的立法无效的首个司法判决是1780年新泽西州的霍姆斯诉沃顿案(Holmes v. Walton),该案的争点是新泽西州立法机关通过的由6人组成特别陪审团的法案是否违背了该州宪法第22条的规定。[3]鉴于当时英国军队占领了与新泽西州相邻的州岛,新泽西州立法机关于1778年10月8日通过一项法律,规定任何人在英国的臣民或军队所控制的防线、营地或任何地方夺取或者获取企图携带或运送的给养、货物和商品都是合法的。根据该规定,沃顿少校指控霍姆斯和凯查姆(Ketcham)在英国军队的防线内携带货物,并没收了他们大量货物。1779年5月24日,治安官作出有利于沃顿的判决,霍姆斯以陪审团只由6人而非12人组成违背州宪法的规定为由,上诉至新泽西州最高法院。新泽西州最高法院最终判决原告胜诉,推翻下级法院的判决,恢复霍姆斯的所有权利。[4]

就公民个人角度而言,州立法机关的权力是有限制的,但几乎所有的州宪法都规定立法、司法、行政权力要相互独立,直到1825年宾夕法尼亚州的

---

[1] Walter Wheeler Cook, "What is the Police Power?", *Columbia Law Review*, 7 (1907), p. 329.

[2] Vincent Stark, "Public Morality as a Police Power After Lawrence v. Texas and Gonzales v. Carhart", *Georgetown Journal of Gender and the Law*, 10 (2009), p. 177.

[3] Scott James Brown, *Judicial Settlement of Controversies between States of the American Union*, Oxford University Press, p. 99.

[4] Scott James Brown, *Judicial Settlement of Controversies between States of the American Union*, Oxford University Press, pp. 99~101.

埃金诉劳布案（Eakin v. Raub），该案的争点是有关财产继承的法案是否合宪。[1]吉布森（Gibson）大法官在异议意见中表示："立法机关只能保存人民认为适合的主权……这是在承认普通和必要的司法权力不延伸到废除立法机关的法案。"[2]他对该州立法的合宪性作出说明："三十年来，这个州的宪法经受住了强烈的政党冲击。在此期间，没有一个立法机关的法案被宣布违宪。"[3]这种对宪法的卓越遵守不是司法机关恐惧控制立法机关，而是由立法机关对"人民的责任产生的"。[4]因此，吉布森大法官坚持州宪法的目的不是赋予法官和司法机关对抗行政和立法机关的职能，而是让人民自己在频繁的选举中成为他们自己宪法的监护人，这是将司法认可为行政分支的观点。吉布森大法官的观点似乎说明法院的这种权力并非制宪者所考虑的，而是作为一种事后思考和必要而发展起来的。对州的权力的限制逐渐进入法院的视野，由警察权生发出的各种管制也逐渐进入法院视野，为法院成为合成警察权的角色提供契机。

小　结

州法院早于联邦最高法院接触警察概念，警察属于州主权，以促进政府福利为目的，以管制和禁止为手段，以必要为限度，但州法院没有形成系统的概念体系。联邦最高法院完成了警察权的合成，警察权代表了一种独特的美国概念，在形成和发展的过程中承担着宪法功能，即处理各州和新的国家政府通过联邦宪法建立的关系，同时处理州和人民的关系。

---

[1] Eakin v. Raub, 12 Serg. & Rawle 330 (1825).
[2] Eakin v. Raub, 12 Serg. & Rawle 330 (1825), p. 347.
[3] Eakin v. Raub, 12 Serg. & Rawle 330 (1825), p. 355.
[4] Eakin v. Raub, 12 Serg. & Rawle 330 (1825), p. 355.

第三章

警察权范围的界定

布朗诉马里兰州案后,警察权概念沉睡了十余年,直到 1837 年纽约市长诉米尔恩案(Mayor of City of New York v. Miln)才被联邦最高法院唤醒。州法院接受警察权概念后,大大丰富了 19 世纪前半叶警察权概念的内涵。19 世纪末,随着实质性正当程序的全面适用,联邦最高法院找到了发展警察权概念的引擎,自洛克纳诉纽约州案(Lochner v. New York)开始限缩警察权的概念空间。联邦最高法院在 20 世纪 30 年代后的新政时代被抨击,不得不回归谦抑的角色定位,警察权概念再次扩张。

第一节 警察权的重生与成熟:前洛克纳时代的广义警察权

布朗诉马里兰州案后,警察权(police power)短语并未完全取代内务警察(internal police)等传统表达,警察权概念昙花一现后即归沉寂。直至 1837 年,联邦最高法院才再次在纽约市长诉米尔恩案中使用警察权概念,并在 1842 年的普里格诉宾夕法尼亚州案(Prigg v. Commonwealth of Pennsylvania)中再度提及这个说法,警察权概念从此长驻普通法系和美国宪法史。[1]

一、州和联邦如何分权:美国内战前期作为剩余主权的警察权概念

1837 年的纽约市长诉米尔恩案后的警察权概念远超马歇尔时代的理解,巴伯尔(Bourbon)大法官将警察权从马歇尔时代州的权力的一支拓宽至与州的剩余主权同义,提出了最宽泛的警察权概念。

---

[1] Hastings, "The Development of Law as Illustrated by the Decisions Relating to the Police Power of the State", *Proceedings of the American Philosophical Society*, 39(1900), p. 372.

巴伯尔大法官对警察权的定义并非异想天开。州的剩余主权概念最早源于《联邦党人文集》，该书曾明确提及"各州剩余的主权"概念，[1]即各州政府以前所有的、按照条款未专门委托给合众国的一切主权。[2]将目光回溯至大陆会议，还可以发现巴伯尔大法官所说的警察权与1774年10月第一届大陆会议同意13个殖民地在"……内务政体（internal polity）的任何情形中享有自由的和排他的立法权"相近，[3]以及与1776年《邦联条例（草案）》第3条提及的"内务警察（internal police）在所有不违反本邦联条款的事务上的唯一和专属的管制和治理"内涵相似。[4]纽约市长诉米尔恩案以后的系列案件中，联邦最高法院将警察权构造为除征收（eminent domain）、征税（taxation）、司法行政（administration of justice）等州主权之外的权力。[5]警察权等同于州的剩余主权，意味着警察权只是州主权之外的非整全性的权力，是在去除征税权、征收权、司法行政权力之后，州所剩余的那些权力的总称。库克（Cook）据此认为警察权是美国《宪法》赋予各州政府的非分类的剩余权力。[6]也就是说，警察权不再是州立法机关的一个特别部分或者专门领域，而是被用作区分州权力与联邦政府权力范围的一个专业术语，黑斯廷斯言简意赅地将警察权比喻为"一个用来表达联邦主义者关于州在联邦体系中的功能的观点的简短公式"[7]。

（一）警察权=州的剩余主权

1837年纽约市长诉米尔恩案[8]中，1824年2月，纽约市立法机关通过的一项法案规定，任何从国外或者纽约州外的其他州进入纽约市港口停泊的

---

[1] [美]汉密尔顿、杰伊、麦迪逊：《联邦党人文集》，程逢如、在汉、舒逊译，商务印书馆1980年版，第260页。

[2] [美]汉密尔顿、杰伊、麦迪逊：《联邦党人文集》，程逢如、在汉、舒逊译，商务印书馆1980年版，第177页。

[3] Worthington Chauncey Ford, *Journals of the Continental Congress: 1774-1789*, Government Printing Office, 1904, p. 68.

[4] Worthington Chauncey Ford, *Journals of the Continental Congress: 1774-1789*, Government Printing Office, 1904, p. 547.

[5] Hastings, "The Development of Law as Illustrated by the Decisions Relating to the Police Power of the State", *Proceedings of the American Philosophical Society*, 39 (1900), p. 405.

[6] Walter Wheeler Cook, "What is Police Power", *Columbia Law Review*, 7 (1907), p. 329.

[7] W. G. Hastings, "The Development of Law as Illustrated by the Decisions Relating to the Police Power of the State", *Proceedings of the American Philosophical Society*, 39 (1900), p. 372.

[8] Mayor, Aldermen and Commonalty of City of New York v. Miln, 36 U. S. 102 (1837).

船舶，船长必须在停泊的 24 小时内以书面形式向当局报告每位乘客（包括中途上船或在其他地方下船的乘客）的姓名、年龄以及最后的法定住所。米尔恩认为纽约州立法构成对州际贸易的违宪管制。纽约市长认为，系争制定法的目的是防止贫民和罪犯流入，意在保护公共安全与健康，属于州警察权的范围。案件最后到了联邦最高法院。

　　巴伯尔大法官执笔的法院多数意见以马歇尔大法官在吉本斯诉奥格登案中的裁判意见为依据，认为"管制自己的内务警察并谨防危及联邦是各州的一般性权利"，[1]"州能够且有必要采取措施预防穷人、游民以及可能的罪犯带来的道德瘟疫；也能够且有必要采取措施预防通过进口不健康的和有传染性的物品或通过船舶引发的生理瘟疫"。[2]巴伯尔大法官将系争的制定法完全纳入吉本斯诉奥格登案和布朗诉马里兰州案中阐述的旨在保障公共健康与安全的警察权范围来讨论，他接着阐发自己有关警察权的概念："我们选择站在我们认为不可逾越的立场上。这些立场是：州对其领土范围内的所有人和物拥有与外国国家相同的不可否认的和毫无限制的管辖权，这种管辖权没有让渡或受限于联邦宪法。因此，州不仅有权力而且有义务与庄严的责任通过立法来促进人民的安全、幸福和繁荣，并为他们提供一般福利……所有这些权力仅与市政立法（municipal legislation）有关，或者能够更恰当地称为内务警察（internal police），所以这些权力不能让与或受限制……"[3]巴伯尔大法官将促进人民安全、幸福、繁荣与提供一般福利的权力等同于内务警察的权力。从某种程度上来说，所有的立法都与安全、幸福、繁荣和一般福利有关，巴伯尔大法官对警察权的界定意味着警察权概念吞噬州的全部剩余主权，这一理解成为后来联邦最高法院讨论警察权绕不开的"前见"。

　　尽管巴伯尔大法官在纽约市长诉米尔恩案的判决中极大拓宽了马歇尔大法官时代警察权的概念，但巴伯尔大法官出言谨慎，一直交叉使用警察权、内务警察管制（regulation of internal police）、内务警察（internal police）概念，对于是否选择警察权这个短语代表州的剩余主权充满戒慎和恐惧。但在 1842 年普里格诉宾夕法尼亚州案中，[4]联邦最高法院的法官们讨论警察权时

---

[1] Mayor, Aldermen and Commonalty of City of New York v. Miln, 36 U. S. 102 (1837), p. 142.
[2] Mayor, Aldermen and Commonalty of City of New York v. Miln, 36 U. S. 102 (1837), pp. 142~143.
[3] Mayor, Aldermen and Commonalty of City of New York v. Miln, 36 U. S. 102 (1837), p. 139.
[4] Prigg v. Commonwealth of Pennsylvania, 41 U. S. 539 (1842).

已不再闪烁其词，而是大胆使用警察权概念表示州的剩余主权。马里兰州公民普里格将宾夕法尼亚州的一名黑人妇女带至马里兰州，以关押、出售和处置为目的，将她作为终身奴隶，后来，该黑人妇女逃走。宾夕法尼亚州于1826年通过的一项制定法规定，任何以武力或暴力、欺诈或虚假借口试图带走或引诱任何黑人或黑人与白人的混血儿，以出售、处置、保留或扣押为目的将其作为终身或任意期限的奴隶的人，以及所有协助或教唆他人的人，一经定罪，都应处以重罚。该案的争点是马里兰州的法律是否违宪，普里格认为系争法律与国会关于该问题的法案相抵触，因此是无效的。斯托里（Story）大法官撰写的法院意见也认为系争的法律违反了联邦的《逃奴法》（Fugitive Slave Law），但进一步提出法院的行为不应"以任何方式被理解为怀疑或干涉属于各州的作为一般主权的警察权。警察权延伸到该州领土范围内的所有公民，从未让予联邦"，"奴隶主的权利和其他财产所有人的权利一样受警察权制约"，"但是干预或妨碍奴隶主根据联邦宪法追回其奴隶的正当权利的任何管制都不被允许"。[1]虽然塔尼大法官、汤普森（Thompson）大法官和丹尼尔（Daniel）大法官都在协同意见中否定了国会对逃亡奴隶的专属立法权，麦克莱恩（Mclean）大法官也不正面回答这个问题，法官们不能就国会是否享有逃亡奴隶领域专属的排他立法权达成一致，但法官们使用的警察权概念却惊人一致，都用其表示州的剩余主权。就在纽约市长诉米尔恩案的同年，塔尼大法官执笔查尔斯桥梁公司诉沃伦桥梁公司案（Proprietors of Charles River Bridge v. Proprietors of Warren Bridge）多数意见，判词中再次明确警察权是州的剩余主权："我们不能因此处理保留给各州的权力；不能通过法律意图解释和纯粹的技术推理，剥夺它们对自身内务警察（internal police）和改善福利的任何权力，因为这些权力对它们的幸福和繁荣是非常必要的。"[2]

1852年摩尔诉伊利诺伊州案（Moore v. People of State of Illinois）的判决循着普里格诉宾夕法尼亚州案的思路，[3]进一步强化警察权就是州的剩余主权这一判断。伊利诺伊州的一项法律规定，任何人不得窝藏奴隶，也不得阻止奴隶主将逃亡奴隶带回，无论他们是否居住在伊利诺伊州。这一立法是否

---

[1] Prigg v. Commonwealth of Pennsylvania, 41 U. S. 539 (1842), p. 625.

[2] Proprietors of Charles River Bridge v. Proprietors of Warren Bridge, 36 U. S. 420 (1837), p. 552.

[3] Moore v. People of State of Illinois, 55 U. S. 13 (1852).

因侵犯针对奴隶立法的国会专属立法权而违宪？格里尔（Grier）大法官撰写的法院意见明确支持普里格诉宾夕法尼亚州案形成的教义，并认为系争法律是"约束和惩罚犯罪、维护其公民健康和道德以及公共安全的内政管制，各州从未放弃或者受制于联邦宪法。在行使这一被称为警察权的权力时，州有权在其领土范围内将引入穷人、罪犯或者逃亡奴隶的行为确定为刑事犯罪，并处罚那些通过窝藏、隐藏或藏匿的方式妨碍该政策实施的人"。[1]伊利诺伊州的法律最终被联邦最高法院支持，认定其为警察权行使。

警察权于1837年在联邦最高法院重生后，直到1852年摩尔诉伊利诺伊州案判决，逐渐被定义为州的剩余主权，有两个方面的原因。一是联邦最高法院的大法官大换血。1834年至1837年，塔尼成为联邦最高法院首席大法官，韦恩（Wayne）取代了约翰逊（Johnson）的位置，巴伯尔接替了杜瓦尔（Duval）。在联邦和州的分权问题上，这些新任法官的立场明显倾向于支持各州，按照斯托里大法官的说法，那些马歇尔时代被判决违宪的州立法，以塔尼为首的新法院认为都是适当的。[2]二是奴隶问题纷繁复杂，联邦最高法院不想在奴隶制问题上开罪各州，以免自己深陷泥潭，不得不借壳马歇尔时代曾经昙花一现的警察权概念，这无意中又拓宽了警察权的概念空间，警察权概念日臻成熟。

（二）警察权＝州的固有权力

警察权等于州的剩余主权，但州的剩余主权包括哪些？美国《宪法》列举的不属于联邦的权力当然属于各州，这是剩余主权概念的题中之义。但如果我们继续追问，州的剩余主权包括哪些？美国《宪法》只列举了联邦的权力。于是，联邦最高法院在判决中又使用"州的固有权力"概念，警察权与"州的固有权力"互释，最典型的判例是1847年的许可证系列案（The Licensing Cases）。

1847年的许可证系列案涉及三个州的酒精许可法。[3]首席大法官塔尼执笔的法院多数意见支持州法律，认为州法律并不违反国会管制州际贸易的权力，并阐释了警察权的含义："什么是州警察权呢？它们只不过是在其领土范围内的每一个主权固有的政府权力（the powers of government inherent in every

---

[1] Moore v. People of State of Illinois, 55 U. S. 13 (1852), p. 18.

[2] Collins Jr. Denny, "Growth and Development of the Police Power of the State", *Michigan Law Review*, 20 (1921~1922), p. 176.

[3] Thurlow v. Massachusetts, 46 U. S. 504 (1847).

sovereignty)。"[1]明确警察权的主权属性后,塔尼大法官开始列举警察权的范围:"无论一个州是否通过检疫法,或是否通过惩罚犯罪的法律,或是否设立法院,或是否要求记录某些文书,或是否在自己的范围内管制贸易,在每一种情况下,它都行使同样的权力,即主权的权力,正是凭借在其统治范围内管理人(men)和事务(things)的权力,它才得以立法管制。"[2]塔尼大法官提出,联邦宪法构成州警察权的外部限制,这也是联邦主义对警察权施加的唯一限制。

1876年芒恩诉伊利诺伊州案(Munn v. People of State of Illinois)的判决援引许可证系列案,联邦最高法院在该案中宣称,警察权"不过是每个主权固有的政府权力,也就是说,管理人和物的权力"。[3]该案的争点是在联邦宪法对各州立法权的限制下,伊利诺伊州议会能否通过法律限制芝加哥和该州居民人数不少于10万的其他地方的仓库中储存谷物的最高收费。首席大法官韦特(Waite)执笔的法院多数意见支持该制定法,认为将"披着公共利益外衣"的私营业务纳入警察权的范围是正当的。[4]"警察权=州的剩余主权=州的固有权力"的连等式完成,大致界定了警察权的概念边界。

二、警察权概念在州法院的演变:从抑制妨害到州立法权

事实上,联邦最高法院创造出警察权后,州法院迟迟未采用该术语,而是继续沿用"警察管制权"(power to make police regulations)或"内务警察事务的控制"(control of matters of internal police),他们坚持古老的普通法教义,坚守英国先例。[5]直至警察管制"大爆炸"时代,州法院才不得不接过联邦法院手中的警察权概念,州最高法院在判决的案件中小心翼翼地探寻警察权的范围和边界,州法院对警察权的理解又反哺联邦最高法院,联邦最高法院在后来的屠宰场系列案(Slaughter-House Cases)中参考了州法院对警察权的理解,并在法院意见中引用1851年马萨诸塞州和1855年佛蒙特州的两

---

[1] Thurlow v. Massachusetts, 46 U.S. 504 (1847), p. 583.
[2] Thurlow v. Massachusetts, 46 U.S. 504 (1847), p. 583.
[3] Munn v. People of State of Illinois, 94 U.S. 113 (1876), p. 125.
[4] Munn v. People of State of Illinois, 94 U.S. 113 (1876), p. 126.
[5] Hastings, "The Development of Law as Illustrated by the Decisions Relating to the Police Power of the State", *Proceedings of the American Philosophical Society*, 39 (1900), pp. 413~414.

个州最高法院的判例。[1]

（一）警察权＝抑制妨害

范德比尔特诉亚当斯案（Vanderbilt v. Adams）和科茨诉纽约市长案（Coates v. Mayor, Aldermen & Commonalty of N. Y）是警察权短语合成后最早和最重要的州案件。纽约州最高法院在两个案子中都以主权为由支持管制权，并在法院意见中援引普通法妨害原则的意涵，即使用自己的财产时不得损及他人的财产界定其范围。詹姆斯·L. 哈夫曼（James L. Huffman）观察了该原则在英国法和美国法的适用过程，认为该原则首先是私人妨害的基础，然后是公共妨害的基础，最后才是警察权的基础。[2]

布朗诉马里兰州案在联邦最高法院落下帷幕两个月后，纽约州最高法院对范德比尔特诉亚当斯案作出裁决，该案的争点是该州管制纽约市港口船舶停靠的权力能否延伸到私人码头。[3] 纽约州于1820年通过一项法案，规定港务局长有权在纽约市的范围内，管制停留在码头以及停泊在河流东部和北部的所有船舶；为了给装卸货物的其他船舶腾出空间，有权要求不用于装卸货物的船舶移走，对拒绝或忽视港务局长命令的行为处50美元的罚款。范德比尔特的船位于纽约市港口的一个私人码头，为了让另一艘船舶停靠，港务局长要求范德比尔特移走他的船，范德比尔特因不服从港务局长的命令被处以50美元的罚款。纽约州最高法院认为："所讨论的制定法是为了维护港口的良好秩序而通过的。这看起来是一项必要的警察管制（police regulation），并非无效，尽管在某种程度上它可能会干涉个人权利……根据该法案，港务局长对所有私人码头拥有管辖权……警察管制是合法且有约束力的，因为它是为了公共利益，而且不会损害任何适当意义上的权利。"[4] 纽约州最高法院进一步认为这种授予一般管制的权力"依赖于最高权力通过法定管制来保护所有人的隐含权利和义务，因此，总的来说，所有人的利益都得到了促进"。[5] 这其实是对私有财产适用警察管制的一般性定义。纽约州最高法院再次强调

---

[1] Slaughter-House Cases, 83 U. S. 36（1872）.

[2] James L. Huffman, *Private Property and the Constitution: State Powers, Public Rights, and Economic Liberties*, Palgrave Macmillan Press, 2013, p. 31.

[3] Vanderbilt v. Adams, 7 Cow. 349（N. Y. Sup. Ct. 1827）.

[4] Vanderbilt v. Adams, 7 Cow. 349（1827），p. 351.

[5] Vanderbilt v. Adams, 7 Cow. 349（1827），p. 352.

警察权概念的变迁

港务局长的这种权力"对于保护所有相关方的权利是必要的",[1]因为"拥挤的船舶"和"拥挤的人群"[2]要求通过警察管制维系秩序,警察管制能够减少码头空间的过度竞争和竞争对手之间的成本溢出。更具体地说,"在进行广泛贸易活动的地方","如果没有控制,就会导致混乱。"[3]因此,该警察管制合法有效。

科茨诉纽约市长案是布朗诉马里兰州案发生半年后裁决的,不同于范德比尔特诉亚当斯案,纽约州最高法院在该案的意见中明确使用了"警察权"一词,但也只出现一次,更多的时候是警察管制的表述。[4]该案的争点是市议会发布的墓地禁令是否侵犯了原告的财产权,是否构成违宪的征收。1823年10月7日召开的市议会通过的一项禁令规定,任何人不得在任何墓地、公墓、教堂墓地或市运河街由北至东线路南面的任何地方挖掘或开掘任何坟墓,或在上述范围内存放或安置任何遗体,对违反该规定的行为处250美元的罚款。科茨是圣三一教堂的教堂司事,在圣三一教堂内的墓地安葬遗体,被控违反1823年市议会通过的法律。科茨辩称,1697年5月6日,威廉三世签发的一份法律文书确认圣三一教堂内墓地的权利、费用、额外津贴、利润等归属圣三一教堂,该市禁令侵犯了圣三一教堂的财产权。初审法院作出有利于该市禁令的判决,科茨上诉。纽约州最高法院承认该市禁令破坏了圣三一教堂的财产权,但认为这种破坏并不构成违宪征收。纽约州最高法院认为:"每一项权利,从绝对所有权到仅仅是地役权,都是在受到限制的情况下购买和持有的,行使时不得损害他人。"[5]纽约州最高法院认为,土地使用随着时间的推移可能被证明是有害的,这种风险应该由土地所有者承担,教堂墓地在遥远的17世纪当然是无害的,但在今天,它的附近已经成为其他许多人的住所,继续作为墓地会对他人造成妨害,[6]圣三一教堂应当承担土地继续作为墓地构成妨害的负担,纽约州最高法院最终维持了初审法院有利于该市禁令的判决。

范德比尔特诉亚当斯案和科茨诉纽约市长案从两个维度说明彼时州法院

---

[1] Vanderbilt v. Adams, 7 Cow. 349 (1827), p. 351.
[2] Vanderbilt v. Adams, 7 Cow. 349 (1827), p. 351.
[3] Vanderbilt v. Adams, 7 Cow. 349 (1827), p. 351.
[4] Coates v. Mayor, Aldermen & Commonalty of N. Y, 7 Cow. 585 (1827), p. 605.
[5] Coates v. Mayor, Aldermen & Commonalty of N. Y, 7 Cow. 585 (1827), p. 605.
[6] Coates v. Mayor, Aldermen & Commonalty of N. Y, 7 Cow. 585 (1827), p. 605.

界定的警察权范围,既有宣布某些财产用途构成妨害的权力,也有保护共同体免受个人财产有害使用的权力,其本质都是抑制妨害。

州法院随后在抑制妨害基础上,进一步扩大警察权的范围。在1846年马萨诸塞州诉图克斯伯里案(Commonwealth v. Tewksbury)中,州法院不仅直接援引"使用自己的财产时不得损及他人的财产"(sic utere tuo ut alienum non loedas),[1]将警察权的范围从抑制妨害的范围扩大到保护公共权利,同时为警察权等同于立法权埋下伏笔。

马萨诸塞州诉图克斯伯里案的争点是马萨诸塞州通过的禁止移动海滩砂石的禁令是否适用于土地所有人,若适用,是否违宪。马萨诸塞州于1845年通过的一项法律规定,任何人无论是通过陆路还是水路从切尔西市的任一海滩拿走、运走或移走任何石头、砂砾或沙子都将被处以不超过20美元的罚款。图克斯伯里从切尔西市的海滩上运走大量的沙子和砾石,被控违反马萨诸塞州的规定。图克斯伯里辩称,他是这块土地的所有人,该法不得禁止所有人从自己的土地上开采砾石。若该法适用于土地所有人,那就是违宪和无效的。大法官肖(Shaw)执笔法院意见,认为"在很多情况下,在特定的地点或特定的事实状态下所做的事情是有害的,当环境改变的时候,相同的行为又是无害的……立法机关有权干预,并通过积极立法禁止在特定情况下使用会损害公众的财产"。[2]鉴于海滩是公共港口和通航河流的天然堤岸,对海滩的保护和维护对公众显然是非常重要的,[3]对土地所有人的限制是正当的,立法机关有权作出限制,判决适用的法律有效。大法官肖进一步明确,"所有财产的获得和持有都有一个默认的条件,即不得用于损害他人的平等权利,或破坏、严重损害共同体的公共权利和利益;根据普通法的准则,即使用自己财产时不得损及他人的财产(sic utere tuo ut alienum non loedas)",[4]大法官肖对警察权范围的解释已经扩大到共同体利益,为警察权从普通法抑制妨害向立法权过渡给予司法上的认可。

(二)警察权=州立法权

1852年的摩尔诉伊利诺伊州案后,警察权等同于州的剩余主权这一理解

---

[1] Commonwealth v. Tewksbury, 52 Mass. 55 (1846), p. 57.
[2] Commonwealth v. Tewksbury, 52 Mass. 55 (1846), p. 57.
[3] Commonwealth v. Tewksbury, 52 Mass. 55 (1846), p. 58.
[4] Commonwealth v. Tewksbury, 52 Mass. 55 (1846), p. 57.

已成范式,"警察权的实际范围必然随着审查州法案有效性的案件演进"。[1]这些案件大都涉及州根据警察权实施的管制是否有效的问题,这就容易让人认为警察权是一种管制权。工业革命在促进城市飞速发展的同时,也带来诸多隐患,催生各种各样的警察管制,什么是有效的警察管制开始成为法院重点关注的问题,与这一问题相关的是警察管制的范围。州法院讨论的管制问题多与州立法相关,在系列案件中,州法院确认警察权是宪法赋予的立法权,这些立法权保留在各州的立法机关,立法机关可据此对公民个人和私有财产施加负担。

在19世纪州法院有关警察权的判例中,最主要的是1851年马萨诸塞州诉阿尔杰案(Commonwealth v. Alger)。[2]该案后,警察权概念在州法院的判决中频繁现身。马萨诸塞州诉阿尔杰案涉及马萨诸塞州通过的禁止在波士顿港建造或放置任何码头材料的法律是否违宪。除讨论公共信托教义的适用性和范围外,法院重点讨论了州警察权范围有多大的问题。大法官肖认为马萨诸塞州的这项法律是警察权的有效行使,他肯定地说:"我们认为这是一项源于秩序良好的公民社会性质的既定原则,每一个财产所有人,无论其所有权多么绝对和无限制,都有责任对他的使用进行如此管理,既不得损害享有平等财产权的其他人的平等享受,也不得损害共同体的权利。财产权同所有其他社会权利和传统权利一样,在享受时受到合理的限制,以防止其遭受损害,并受到立法机关根据宪法赋予立法机关的权限制定的法律的合理限制和管制,这是必要和有利的。"[3]大法官肖认为警察权即"宪法赋予立法机关制定、颁布和建立各种健全和合理的法律、制定法以及法令的权力,……被判定有利于(马萨诸塞州)共同体的利益(good)和福利(welfare)"。[4]首席大法官肖的定义更倾向于将警察权认定为宪法赋予立法机关的权力,源自制定法而不是普通法。

---

[1] Benjamin D. Barros, "The Police Power and the Takings Clause", *University of Miami Law Review*, 58 (2004), p. 478.

[2] Commonwealth v. Alger, 61 Mass. (7 Cush.) 53 (1851). 该案的首席大法官肖的传记作者伦纳德·利维(Leonard Levy)称,毫不夸张地说,马萨诸塞州诉阿尔杰案的意见是宪法中最有影响力和最常被引用的意见之一。See Leonard W. Levy, *The Law of the Commonwealth and Chief Justice Shaw*, Harvard University Press, 1957, pp. 247~248.

[3] Commonwealth v. Alger, 61 Mass. (7 Cush.) 53 (1851), pp. 84~85.

[4] Commonwealth v. Alger, 61 Mass. (7 Cush.) 53 (1851), p. 85.

1855年佛蒙特州的索普诉拉特兰&伯灵顿铁路公司案（Thorpe v. Rutland & Burlington R. R. Co.）[1]的判决沿袭上述思路，同样将警察权理解为州的立法权。1849年佛蒙特州的一项法律规定，所有的铁路公司都有义务在它们的铁路线上筑起围栏，并在所有的十字路口设置岗位看守牲畜。拉特兰&伯灵顿铁路公司声称其已于1843年获得只需维护轨道和设备的特许，当时的许可并不要求设置围栏，也不要求在十字路口设置岗位看守牲畜，因此其没有履行州法律新增要求的义务。首席大法官雷德菲尔德（Redfield）提出，铁路公司并不比个人享有更多的权利，在建造、装备和维护铁路以及收取旅客通行费方面被授予的特许权平等，如果要赋予公司任何特权，必须是出于特殊考虑，而且要明示。法院在判决中明确说明警察权是州的立法权："我们认为立法机关控制现有铁路的权力可能会被认定为一般的州警察控制，它保留在所有自由州的立法权中，并经由州《权利法案》第5条明确宣布永久且不可剥夺地保留于立法机关，这也许只不过是阐明了适用于所有自由州的一般原则。"[2]首席大法官雷德菲尔德进一步描述了警察权的广度，"州警察权延伸到保护所有人的生命、身体、健康、舒适和安宁，以及保护州内所有财产"，[3]并认为："就我所知，美国立法机关在立法方面具有与英国议会同样的无限权力，这一点从来没有人质疑过，除非这些权力受到成文宪法的限制。"[4]雷德菲尔德大法官还认为州可以利用警察权，通过立法对个人和财产施加负担，"州的一般警察权使个人和财产受到各种限制和负担，以确保州的共同舒适、健康和繁荣。就自然人而言，立法机关拥有绝对的权力去做任何事情是毫无疑问的，也是公认的普遍原则"。[5]

19世纪后期的州法院判例，基本延续了之前的态势，继续广义地解释警察权范围，主张警察权在州立法权的范围内。1897年的威斯康星州诉伯奇案（State v. Burdge）最为典型，[6]威斯康星州诉伯奇案事关州卫生委员会要求儿童提供接种证明进入校园的规定是否合宪。威斯康星州最高法院判决州卫

---

[1] Thorpe v. Rutland & Burlington R. R. Co., 27 Vt. 140 (1855).

[2] Thorpe v. Rutland & Burlington R. R. Co., 27 Vt. 140 (1855), p. 149.

[3] Thorpe v. Rutland & Burlington R. R. Co., 27 Vt. 140 (1855), p. 149.

[4] Thorpe v. Rutland & Burlington R. R. Co., 27 Vt. 140 (1855), p. 142.

[5] Thorpe v. Rutland & Burlington R. R. Co., 27 Vt. 140 (1855), p. 150.

[6] State v. Burdge, 95 Wis. 390 (1897).

生委员会的规定无效,理由之一是该权力属于警察权,警察权属于立法机关,不属于州卫生委员会,"由于警察权对个人的自然权利和私人权利施加限制和负担,它必然依赖于法律的支持……都是由法律的积极规定保证的"[1]。1899年明尼苏达州的比克诉瓦格纳案(Beek v. Wagener)的判决再次认定警察权属于州立法权的范围,[2]进一步补强了索普诉拉特兰&伯灵顿铁路公司案确立的教义。明尼苏达州最高法院认为:"对私人权利施加限制的权力通常是所有人的共同福利的必需。州在行使其警察权时……立法机关必然拥有很大的裁量权,不仅可以决定公共利益需要什么,而且可以决定保护这些利益的必要措施是什么。"[3]

各州最高法院的众多判决试图说明州警察权的范围。总体上,各州最高法院倾向于支持作为警察权有效行使的各种管制令。19世纪末和20世纪初是州最高法院有关警察权的判例井喷的时代,许多判例都有里程碑式的意义,一些关于警察权概念的名著都在这一时期写成出版。[4]总体上看,州最高法院对警察权的行使较为宽容,多支持警察权的有效行使,州法官不约而同地支持"健康管制;建筑法;有害贸易管制;星期天法;街道和公路规则;码头、堤坝和排水法;限制'受公共利益影响'或享有特权或垄断的个人或公司的收费;工厂管制",[5]不一而足。

归纳起来看,联邦最高法院在系列案件中从纵向角度处理了警察权的归属,认为警察权属于各州,等于州的剩余主权,等于州固有的权力;州法院则从横向角度,认为警察权属于州立法机关。此时,警察权的性质基本定型,警察权在权力结构中的位置已经基本明确。但警察权的范围仍会变化,这种变化源自警察权目的范围的开放与闭合。联邦最高法院和州法院均认为警察权的范围非常宽泛,从抑制妨害扩展到涉及对健康、安全、经济等事项的管制,只要没有逾越宪法的边界,警察权的行使都是正当的。

---

[1] State v. Burdge, 95 Wis. 390 (1897), p. 399.

[2] Beek v. Wagener, 77 Minn. 483 (1899).

[3] Beek v. Wagener, 77 Minn. 483 (1899), p. 494.

[4] Christopher Tiedeman, *A Treatise on The Limitations of Police Power in The United States*, The F. H. Thomas Law Book Co., 1886; Ernst Freund, *The Police Power: Public Policy and Constitutional Rights*, Callaghan & Co., 1904.

[5] Howard Gillman, *The Constitution Besieged: The Rise and Demise of Lochner Era Police Powers Jurisprudence*, Duke University Press, 1993, p. 61.

第二节　警察权概念的瘦身：洛克纳时代列举式的狭义警察权概念

洛克纳时代通常被视为法院大力发展实质性正当程序的时代，联邦最高法院运用手段–目的分析方法，推崇契约自由，曾判决许多经济管制违宪。在实质性正当程序的达摩克利斯之剑之下，警察权的概念被重构，范围被重塑。联邦最高法院在洛克纳诉纽约州案中限缩警察权的范围，认为警察权不等同于包容性的主权概念，仅限于列举的权力：警察权的存在仅仅是为了某些有限的目的，即促进公共健康、公共安全和公共道德，经济目的并不在列。洛克纳诉纽约州案的判决对警察权的限缩给州的警察权立法带来了巨大的冲击。据统计，1868 年至 1912 年，联邦最高法院审查的有关警察权立法只有 6% 被判违宪；1913 年至 1920 年，7% 的有关警察权立法被判违宪。然而，到 1921 年至 1927 年时，被判违宪的比例急剧攀升至 28%。[1]也就是说，到了 20 世纪 20 年代，警察权立法在联邦最高法院被判违宪的比例超过 1/4，警察权的概念不再无所不包。[2]

一、联邦最高法院的苏醒

与州最高法院总体上支持警察权的行使，宽泛界定警察权的倾向不同，联邦最高法院的倾向左右摇摆。联邦最高法院的摇摆立场固然与警察权属于各州不属于联邦以及联邦最高法院有时不想自陷泥潭有关，但更重要的原因是，警察权需要法院建构，但联邦享有的宪法明确规定的州际贸易管制权、征税权也需要通过司法发展教义，再叠加联邦和州的分权问题，很少有法官的立场能始终如一。总体上看，《宪法第十四修正案》的通过是其中的一个分水岭，联邦最高法院前后的立场区别明显。

---

〔1〕　Ray A. Brown, "Due Process of Law, Police Power, and the Supreme Court", *Harvard Law Review*, 40 (1927), pp. 944~945.

〔2〕　Charles Warren, "A Bulwark to the State Police Power-The United States Supreme Court", *Columbia Law Review*, 13 (1913), pp. 667~695; Robert Eugene Cushman, "The National Police Power under the Commerce Clause of the Constitution", *Minnesota Law Review*, 3 (1919), pp. 289~319; Thomas Reed Powell, "Current Conflicts Between the Commerce Clause and State Police Power", *Minnesota Law Review*, 12 (1928), pp. 321~340.

《宪法第十四修正案》通过前，联邦最高法院很难找到武器置喙各州立法，一般承认各州有管理其公民的广泛权力，[1]随着各州对《宪法第十四修正案》的批准，联邦最高法院越来越多地审查州立法。联邦最高法院越来越愿意超越对法律的机械解释，开始审查立法目的的正当性，认为立法权本质上受到合法政府建立的目的的限制，立法机关既不能剥夺人们的既得财产权，也不能更普遍地限制他们的生命、自由或财产，除非是为了保护共同体，或促进普遍福祉。[2]联邦最高法院由此发展出了实质性正当程序的概念，正当程序不再仅仅是程序，还关涉实体，为联邦最高法院介入州警察权打开了大门。于是，联邦最高法院在很大程度上抢先于州法院解决警察权问题，但在州一级，这一阶段的警察权定义却几乎没有发生重大变化。[3]虽然联邦最高法院利用实质性正当程序审查州立法，但实质性正当程序源自州法院判例——1856年的怀尼哈默案（Wynehamer v. People）。[4]怀尼哈默因违反纽约州酒类管制被控有罪，纽约州上诉法院最终撤销了对怀尼哈默的定罪，认为该规定在没有正当程序的情况下剥夺了怀尼哈默的财产权。康斯托克（Comstock）大法官在法院多数意见中写道，法院拒绝"探究立法权的范围"，[5]而是专门考虑针对财产权限制的正当程序的"阐释、执行和适用"。[6]被告出售酒类属于"绝对的私人权利"，[7]已经超出警察权管制的范围。大法官约翰逊在协同意见中再次强调法官不应该评估"被审查的法律是否明智"，[8]而是支持立法行动的目的只需保护公共福利，为保护公共福利而选择的手段应予合宪推定。[9]由此而来，法官们对该案意见不一，实质性正当程序的最初概念其实聚讼纷纭，这也给联邦最高法院按照自己的理解发展实质性正当程序预留了可能。

从19世纪90年代开始，联邦法院开始积极地以《宪法第十四修正案》

---

〔1〕 New York v. Miln, 36 U. S. 102 (1837).

〔2〕 Randy E. Barnett & Evan D. Bernick, "No Arbitrary Power: An Originalist Theory of the Due Process of Law", *William and Mary Law Review*, 60 (2019), p. 1636.

〔3〕 See Scott M. Reznick, "Empiricism and the Principle of Conditions in the Evolution of the Police Power: A Model for Definitional Scrutiny", *Washington University Law Quarterly*, 1 (1978), p. 22.

〔4〕 Wynehamer v. People, 13 N. Y. 378 (1856).

〔5〕 Wynehamer v. People, 13 N. Y. 378 (1856), p. 383.

〔6〕 Wynehamer v. People, 13 N. Y. 378 (1856), p. 383.

〔7〕 Wynehamer v. People, 13 N. Y. 378 (1856), p. 387.

〔8〕 Wynehamer v. People, 13 N. Y. 378 (1856), p. 411.

〔9〕 Wynehamer v. People, 13 N. Y. 378 (1856), pp. 421~422.

的名义审查各州有关警察权的立法,这与联邦最高法院大法官的更迭换代也有关联,1888 年富勒(Fuller)大法官取代韦特大法官,极端保守的布鲁尔(Brewer)大法官于1889 年进入联邦最高法院,[1]洛克纳诉纽约州案时代即将来临。不同的大法官在警察权范围的认定上也存在差异,警察权概念的变迁与联邦最高法院法官的任命和退休其实有着千丝万缕的联系。有数据统计,1862 年至1866 年,联邦最高法院每个周期平均审理240 个案件;1886 年至1890 年,联邦最高法院每个周期平均审理的案件数飙升至1124 个,[2]大部分都与警察权的行使相关。

二、前洛克纳时代的预演

洛克纳诉纽约州案的出现绝非偶然,联邦最高法院在19 世纪后期裁判的一系列案件已经为该案埋下了伏笔。

1876 年的芒恩诉伊利诺伊州案为联邦最高法院适用实质性正当程序开了一个小口子。执笔法院意见的首席大法官韦特直言,"直到《宪法第十四修正案》通过的时候,人们并不认为管制私有财产的使用,甚至价格制定法必然构成不经正当法律程序剥夺所有者的财产",[3]"为了防止立法机关滥权,人民必须诉诸投票,而不是诉诸法院"。[4]芒恩诉伊利诺伊州案的意义在于,联邦最高法院在阐释正当程序的时候不再采用绝对化的严格表述,措辞上有些松动,开放了经由实质性正当程序保护公民财产权的可能。

1885 年巴比尔诉康诺利案(Barbier v Connolly)的判决是联邦法院采用实质性正当程序审查州警察权的重要判例。在斯蒂芬·菲尔德(Stephen Field)大法官执笔的意见摘要中,实质性正当程序的概念占半壁江山。[5]他指出,《宪法第十四条修正案》虽然并不"旨在干涉州有时被称为警察权的权力——促进健康、和平、道德、教育和人民的良好秩序的管制",[6]但其所确立的实

---

[1] [美]亨利·J. 亚伯拉罕:《法官与总统——一部任命最高法院法官的政治史》,刘泰星译,商务印书馆1990 年版,第134 页。

[2] Morton Keller, *Affairs of State: Public Life in Late Nineteenth Century America*, The Belknap Press of Harvard University Press, 1977, pp. 356~357.

[3] Munn v. People of State of Illinois, 94 U. S. 113 (1876), p. 125.

[4] Munn v. People of State of Illinois, 94 U. S. 113 (1876), p. 134.

[5] Barbier v. Connolly, 113 U. S. 27 (1885).

[6] Barbier v. Connolly, 113 U. S. 27 (1885), p. 31.

质性正当程序"保障不应任意剥夺生命或自由，不应任意掠夺财产"，警察权"不应妨碍任何人的追求，除非是为了保障其他人在类似情况下的同样追求"。[1]具有里程碑意义的是 1887 年的穆勒诉堪萨斯州案（Mugler v. Kansas），联邦最高法院在该案判决中明确表示，可以对有关警察权立法进行司法审查。该案涉及一项禁止在本州制造或销售酒精的州法律是否违反《宪法第十四修正案》。联邦最高法院指出，"州警察权属于政府的立法部门，主要决定哪些措施对保护公共道德、公共健康或公共安全是适当的或必要的"。[2]联邦最高法院的判决采用列举性的表达，将警察权限定在公共道德、公共健康或者公共安全的范围内，只是尚不能确定对公共道德、公共健康或者公共安全采取广义还是狭义解释，是否与剩余主权或固有主权等表述同义。有关警察权行使的限度，联邦最高法院认为："警察权不能超出为防止在特定情形中妨害或威胁公共福利的恶所必须和合理的限度，而且，立法机关不能以该权力为幌子打击无辜的职业并破坏私有财产，为完成必须的改革而破坏私有财产不合理，也没有必要。"[3]同时指出，若手段与目的之间缺乏实质关系，那么根据《宪法第十四修正案》的正当程序条款，该警察权的立法无效。

联邦最高法院在 1894 年劳顿诉斯蒂尔案（Lawton v. Steele）的判决中明示警察权正当行使的两个要件，即①"公众的利益与特定阶层（particular class）的利益不同，需要这种干预"；和②"手段对于实现目的来说是合理且必要的，并非对个人的过度压迫"。[4]在劳顿诉斯蒂尔案的判决中，联邦最高法院将 1887 年穆勒诉堪萨斯州案的教义向前推进，明确法院对警察权行使的司法审查功能，"警察权的适当行使不是最终的或决定性的，受制于法院的监督"，[5]"不能以保护公共利益为幌子，任意干涉私人企业或者对合法职业施加不寻常和不必要的限制"。[6]

在穆勒诉堪萨斯州案和劳顿诉斯蒂尔案的判决中，联邦最高法院以《宪法第十四修正案》为依据，限缩了警察权的范围——警察权的行使必须基于

---

[1] Barbier v. Connolly, 113 U. S. 27（1885），p. 31.
[2] Mugler v. Kansas, 123 U. S. 623（1887），p. 661.
[3] Mugler v. Kansas, 123 U. S. 623（1887），8 S. Ct. 273, p. 291.
[4] Lawton v. Steele, 152 U. S. 133（1894），p. 138.
[5] Lawton v. Steele, 152 U. S. 133（1894），p. 138.
[6] Lawton v. Steele, 152 U. S. 133（1894），p. 137.

保护公共道德、公共健康或公共安全的目的，经济管制不在警察权的范围内；解释了警察权行使的限度——适当和必要，不能对私人形成不必要的限制。

三、洛克纳诉纽约州案对警察权概念的限缩

联邦最高法院对警察权立法进行司法审查在洛克纳诉纽约州案达到顶峰，限缩的警察权概念时代开启。1905年的洛克纳诉纽约州案事关纽约州颁布的一项限制工作时间的法律是否违宪。1897年纽约州的一项制定法规定，面包房雇佣面包师的工作时间应限制在每周不超过60小时和每天不超过10小时，案件的争点是纽约州这项限制面包师工作时间的法律是否侵犯了雇主与雇员之间的契约自由，是否超出了警察权的范围。佩卡姆（Peckham）大法官认为，"契约自由是受《宪法第十四修正案》保护的个人自由的一部分"。[1]纽约州限制面包师工作时间的法律以警察权为前提，但佩卡姆大法官认为到目前为止缺乏警察权的明确定义，"在联邦的每一个州的主权中都存在着某些权力，有些被模糊地称为警察权，法院还没有对其进行准确的描述和限制"。[2]佩卡姆大法官接着提出了自己对警察权的说明，本案所涉法案不能理解为警察权的行使，"目前，没有试图对公众的安全、健康、道德和一般福利进行更具体限制的立法，[3]……州行使强制权时，给财产和自由的享有强加了（所谓）'合理'的条件"，并认为这不符合《宪法第十四修正案》的原意，因为《宪法第十四修正案》的目的不是干预公民的财产和自由。[4]佩卡姆大法官进一步声称，立法规定"州有权防止个人在超出州规定的一定时间内劳动或签订任何类似劳动契约"，这与雇主和雇员的契约自由冲突。[5]"对面包师工作时间的限制不是'健康法'的要求，而是对个人权利的非法干涉，无论是雇主还是雇员，都有权按照他们认为最好的条款签订劳动契约。"[6]联邦最高法院对洛克纳诉纽约州案的判决意味着，公共健康、安全、福利和道德不仅仅是警察权的列举，也是警察权的范围。联邦最高法院对警察权的越界充满

---

[1] Lochner v. New York, 198 U.S. 45, (1905), p.53.
[2] Lochner v. New York, 198 U.S. 45, (1905), p.53.
[3] Lochner v. New York, 198 U.S. 45, (1905), p.53.
[4] Lochner v. New York, 198 U.S. 45, (1905), p.53.
[5] Lochner v. New York, 198 U.S. 45, (1905), p.54.
[6] Lochner v. New York, 198 U.S. 45, (1905), p.65.

戒备,"我们不可能对这样的事实视而不见:许多号称是在警察权下通过的旨在保护公共健康或者福利的法律,实际上是出于其他动机通过的"。[1]这清楚地表明,在联邦最高法院看来,用于州内管制的警察权不再是无所不包的主权,也不再是开放的概念。

洛克纳诉纽约州案后,联邦最高法院在1907年西图夫·阿斯恩诉格林伯格案(Western Turf Ass'n v. Greenberg)的判决中将警察权的概念边界外扩,认为警察权"不仅可以为公共卫生、公共道德和公共安全行使,而且可以为公众或共同利益(general or common good)、人民的福祉(well-being)、舒适(comfort)和良好秩序(good order)行使"。[2]相对于洛克纳诉纽约州案,联邦最高法院尽管外扩了警察权概念的边界,但仍然认为警察权的行使范围是可以列举的。在1919年达科塔中心电话公司诉南达科他州案(Dakota Cent. Tel. Co. v. South Dakota ex rel. Payne)的判决中,联邦最高法院进一步区分了警察权的两种含义,一种是全面的,实质上包括整个州权领域;另一种是狭义的,只包括处理人民健康、安全和道德问题的州权力。[3]用于州内管制的警察权属于后一种,前一种警察权只用作跟联邦的分权。这意味着,联邦最高法院仍秉持边界明确的、限缩过的警察权概念。

在联邦最高法院作出洛克纳诉纽约州案的判决后,州法院步其后尘,不再支持宽泛的警察权概念,先后判决马蹄业管制、[4]规定肉类加工厂关闭时间的立法、[5]要求在私人物业经营的街头小贩须获得许可证的立法、[6]限制理发店营业时间的立法、[7]限制虚假广告的立法违宪。[8]甚至在1937年洛克纳时代落幕后,州法院仍在包括职业许可和价格控制在内的经济事务领域继续以实质性正当程序为由,判决州的制定法和管制违宪。据相关数据统计,州最高法院通过实质性正当程序保护经济自由的案件数量在20世纪50年代

---

[1] Lochner v. New York, 198 U. S. 45, (1905), p. 65.
[2] Western Turf Ass'n v. Greenberg, 204 U. S. 359 (1907), p. 363.
[3] Dakota Cent. Tel. Co. v. South Dakota ex rel. Payne, 250 U. S. 163 (1919), pp. 185~186.
[4] In re Aubrey, 36 Wash. 308 (1904), p. 317.
[5] Brown v. City of Seattle, 150 Wash. 203 (1928), p. 216.
[6] City of Seattle v. Ford, 144 Wash. 107 (1927), pp. 114~115.
[7] Patton v. City of Bellingham, 179 Wash. 566 (1934), pp. 572~573.
[8] City of Seattle v. Proctor, 183 Wash. 293 (1935), pp. 296~298.

超过20世纪40年代的类似案件数量,直至20世纪60年代才有所下降。[1]州警察权不包含州对经济的管制,警察权应该有清晰的边界,这一概念渐成共识。

第三节　警察权概念的扩容:新政时代对警察权概念的再扩张

罗斯福当选总统后,开启了新政时代,罗斯福一直"想办法重新回到那些古老的、但有点被人遗忘的理想中去"。[2]新政时期的各项措施无不彰显着政府积极为公民谋取福利的精神,距离公民最近的州立法机关成了保护公民福祉的主要机构之一。与之相应,法院整顿计划实施,联邦最高法院的法官迭代,洛克纳时代结束,警察权概念再度扩张。新政时代的警察权再次使用主权州在其领土范围内所固有的政府权力表述,同时在公共健康、公共安全和公共道德的基础上明示增加公共福利,而且对公共福利做广义解释。更为重要的是,公共健康、公共安全、公共道德以及公共福利不是在界定或者限定警察权,而是对警察权的一般性描述,几乎与19世纪后期的警察权概念同义。

一、联邦最高法院法官的立场变化

警察权行使是否适当是法院需要判断的问题。联邦最高法院内部的自由与保守之争也是助力警察权概念变迁的重要因素,警察权概念发生变化的每一个关键节点几乎都与联邦最高法院法官的任命变动有关。洛克纳时代于20世纪30年代后期结束,与联邦最高法院成员改变立场同样相关。[3]罗斯福总统向国会提交了法院整顿计划,虽然国会并未通过,但对法官的立场有所影响。

---

[1] See Anthony B. Sanders, "The 'New Judicial Federalism' Before Its Time: A Comprehensive Review of Economic Substantive Due Process Under State Constitutional Law Since 1940 and the Reasons for Its Recent Decline", *American University Law Review*, 55 (2005), p. 478.

[2] [美] 杰夫·谢索:《至高权力:罗斯福总统与最高法院的较量》,陈平译,文汇出版社2019年版,第24页。

[3] 参见 [美] 理查德·A. 波斯纳:《联邦法院:挑战与改革》,邓海平译,中国政法大学出版社2002年版,第51页。

时任最高法院的9位大法官中，路易斯·布兰代斯（Louis Brandeis）、哈伦·菲克斯·斯通（Harlan Fiske Stone）、本杰明·N.卡多佐（Benjamin N. Cardozo）3位是罗斯福新政的拥护者，查尔斯·E.休斯（Charles E. Hughes）的立场较为模糊，但通常与三人观点相近。威利斯·范·德文特（Willis Van Devanter）、詹姆斯·C.麦克雷诺兹（Jams C. Mcreynolds）、乔治·萨瑟兰（George Sutherland）、皮尔斯·巴特勒（Pierce Butler）4位属于保守派，对新政颁布的社会立法向来采取绝不妥协的立场，后有"四骑士"（four horsemen）之称。[1]罗伯茨（Roberts）大法官进入联邦最高法院后，起初总是与4位保守派的法官一起站在新政颁布的社会立法的对立面，但在1937年的西海岸酒店公司诉帕里什案（West Coast Hotel Co. v. Parrish）中，他一改往日立场，支持女性最低工资法，成就了具有标志意义的1937年西海岸酒店公司诉帕里什案判决。4年后，四骑士相继去世或从联邦最高法院退休，罗斯福终于获得任命机会，联邦最高法院反对新政的呼声从此烟消云散。也就是从这个时候开始，作为抗衡经济管制利器的实质性正当程序式微。[2]在奥尔森诉内布拉斯加州案（Olsen v. Nebraska）中，道格拉斯（Douglas）大法官执笔的全体一致意见认为，"我们并不关心立法是否睿智、必要或适当"。[3]

二、州法院的探雷

一般将1937年联邦最高法院对西海岸酒店公司诉帕里什案[4]的判决作为洛克纳时代终结的标志，最先受理西海岸酒店公司诉帕里什案的是华盛顿州法院。华盛顿州法院推翻洛克纳诉纽约州案的意图早就有迹可循，从它的早期判例便可窥探一二。华盛顿州法院也不是唯一一个试图推翻洛克纳诉纽约州案的州法院，只是因为西海岸酒店公司诉帕里什案具有标志性意义，本书才以华盛顿州法院的判例为例梳理州法院如何煞费苦心地探雷，最终推翻洛克纳诉纽约州案的判决。

---

[1] G. Edward White, *The American Judicial Tradition: Profiles of Leading American Judges*, Oxford University Press, 1976, pp. 178~199.

[2] 参见法治斌：《宪法保障人民财产权与其他权利之标准》，载《政大法学评论》1981年第23期，第14~15页。

[3] Olsen v. Nebraska, 313 U.S. 236 (1941), p. 246.

[4] West Coast Hotel Co. v. Parrish, 300 U.S. 379 (1937).

第三章 警察权范围的界定

20世纪早期，华盛顿州法院遵循劳顿诉斯蒂尔案和洛克纳诉纽约州案的教义，对有关劳工和经济的管制进行严格的司法审查，不支持警察权的概念扩张，但对洛克纳诉纽约州案教义的遵循极为谨慎：只有在受理的案件与洛克纳诉纽约州案非常类似的情形下才适用此案教义。在洛克纳诉纽约州案后的第八年，华盛顿州法院在华盛顿州诉萨默维尔案（State v. Somerville）中迈出推翻洛克纳诉纽约州案教义的试探性一步。[1]华盛顿州通过了一项女性工人每天工作8小时的制定法，该法是否合宪引发争议，华盛顿州最高法院最终支持了系争法律。[2]华盛顿州最高法院的多数意见以州迅速变化的社会和经济状况为背景，阐释判决该制定法合宪的理由："近年来，要求行使警察权的情况和场合以惊人的速度成倍增加，这是因为众所周知的事实，现代社会和经济条件使以前不为人知的机构应运而生，极大地影响了对许多劳动者，尤其是对女性劳动者的健康和身体状况的保护，本案所涉立法的裁量自由应该比以往……更大。"[3]多数意见通过比较性别间的差异，认为女性工人比男性工人更需要保护，最终支持对女性工作时间加以限制的警察权立法。该案的判决颇具"骑墙"色彩：判决结果背离了洛克纳诉纽约州案确立的对劳动时间的限制不属于警察权范围的教义，但所持理由又与洛克纳诉纽约州案的教义接近——保护公民健康尤其是女性的健康是警察权的题中之义。

1913年，华盛顿州最高法院在华盛顿州诉山区木材公司案（State v. Mountain Timber Co.）[4]中继续颠覆洛克纳诉纽约州案的教义，方式更为激进。该案的争点是1911年《华盛顿州工业保险法》（Industrial Insurance Law）的一项规定是否涉及任意干涉私人权利从而违宪，该法要求雇主向事故或保险基金缴款，为在特别危险的工作中受伤的工人及其家属和被抚养人提供固定的和实际的救济，不论工人是否存在疏忽。华盛顿州法院最终判决该法合宪。撰写法院多数意见的查德威克（Chadwick）法官指出，尽管"警察权萌芽于州控制妨害的权力"，但这种权力"并不局限于与公共健康、道德和和平有关的事务"，政府"在公共利益（public interest）需要时"可以干预私人活动。[5]查

---

[1] State v. Somerville, 67 Wash. 638 (1912).
[2] State v. Somerville, 67 Wash. 638 (1912), pp. 646~648.
[3] State v. Somerville, 67 Wash. 638 (1912), p. 643.
[4] State v. Mountain Timber Co., 75 Wash. 581 (1913).
[5] State v. Mountain Timber Co., 75 Wash. 581 (1913), pp. 584~585.

德威克法官援引塔科马市诉布特勒案（City of Tacoma v. Boutelle），指出警察权从保护公共健康和安全转向保护和促进一般福利，[1]直言警察权应该"总是像公共福利（public welfare）一样宽泛，像州的臂膀一样强壮"。[2]华盛顿州法院在该案中明确将警察权的范围拓展至私人权利领域，支持州利用警察权对私人事务加以管制，管制的理由是宽泛的公共福利概念。

华盛顿州诉山区木材公司案的判决顺应了进步时代政府对公共福利的关心，超越了洛克纳时代依靠自由放任理论改善和保护共同体的哲学。[3]在接下来的几年里，华盛顿州最高法院更为激进，几乎搁置洛克纳诉纽约州案的教义，支持度量衡管制、[4]禁止买卖邮票的管制、[5]星期天关闭剧院和商店的管制、[6]对加油站的管制[7]以及对自动售烟机的管制。[8]华盛顿州最高法院还在1930年判决支持政府对水管工的许可，[9]在1935年判决支持对烘焙行业的管制。[10]

1937年华盛顿州最高法院对西海岸酒店公司诉帕里什案的判决，标志着华盛顿州最高法院完全放弃洛克纳诉纽约州案的教义，对警察权概念的界定完全走向另一端。华盛顿州通过了一项立法，规定在华盛顿州的任何行业或职业中雇佣妇女或者未成年人在有害其健康或者道德的劳动条件下工作都是非法的，在华盛顿州的任何行业雇佣妇女，其工资不足以维持她们的生活都是非法的。[11]该案事关该项立法的合宪性。华盛顿州最高法院认为，该立法的意旨是，保护公共福利是州警察权的正当行使。

---

[1] City of Tacoma v. Boutelle, 61 Wash. 434 (1911).

[2] State v. Mountain Timber Co., 75 Wash. 581 (1913), pp. 587~588.

[3] Richard Hofstadter, *The Age of Reform: From Bryan to F. D. R.*, Alfred A. Knopf., 1955, pp. 130~148, 174~178.

[4] City of Seattle v. Goldsmith, 73 Wash. 54 (1913), pp. 56~58.

[5] State v. Pitney, 79 Wash. 608 (1914), pp. 615~616.

[6] City of Seattle v. Gervasi, 144 Wash. 429 (1927), p. 432; In re Ferguson, 80 Wash. 102 (1914), p. 106.

[7] State ex rel. Lane v. Fleming, 129 Wash. 646 (1924), pp. 648~650.

[8] Brennan v. City of Seattle, 151 Wash. 665 (1929), pp. 668~670.

[9] City of Tacoma v. Fox, 158 Wash. 325 (1930), pp. 332~334.

[10] Continental Baking Co. v. City of Mount Vernon, 182 Wash. 68 (1935), pp. 72~73.

[11] West Coast Hotel Co. v. Parrish, 300 U. S. 379 (1937), p. 381.

三、联邦最高法院的转向

州最高法院的判决事实上影响了联邦最高法院的立场。1933 年开始,联邦最高法院对警察权的界定也开始转向,支持了从农业设备到煤气价格等多个领域的州管制立法。若放在过去,联邦最高法院很可能会判决这些领域不属于州的管辖范围,不属于警察权的正当行使。

1934 年的尼比亚诉纽约州案(Nebbia v. People of New York)是联邦最高法院重新定义警察权的重要判例。该案中,联邦最高法院支持了纽约州有关牛奶价格控制的规定,认定该规定为警察权的有效行使。首席大法官罗伯茨执笔的法院多数意见自问自答:"一个州的警察权(police powers)是什么?这些权力或多或少是每个主权州在其领土范围内所固有的政府权力。"[1]警察权再次与州的固有主权相连,一反洛克纳诉纽约州案对警察权的限制性定义。罗伯茨大法官认为,只要一项警察管制与立法目的有合理的关系,既不武断也不歧视,就不会违反正当程序。[2]就在同一年,联邦最高法院还支持了明尼苏达州对抵押贷款的紧急管制,[3]视之为警察权的有效行使。尼比亚诉纽约州案和明尼苏达州抵押贷款案(Home Bldg. & Loan Ass'n v. Blaisdell)后,对洛克纳诉纽约州案中提出的实质性正当程序问题(按照实质性正当程序,有关立法是否"在州警察权范围内"?[4])的答案几乎总是肯定的。自此,洛克纳诉纽约州案确立的限缩的警察权概念在联邦最高法院出现了动摇。

1937 年西海岸酒店公司诉帕里什案的判决意味着洛克纳时代的警察权概念走到了尽头。西海岸酒店公司诉帕里什案从华盛顿州最高法院到联邦最高法院后,首席大法官查尔斯·休斯代表法院宣布推翻自己之前的某些判决,支持华盛顿州有关劳动条件和最低工资的立法。[5]

西海岸酒店公司诉帕里什案后,联邦最高法院在洛克纳诉纽约州案中对实质性正当程序条款的解释被重新定义,联邦最高法院开始转而利用警察权概念,支持政府对经济领域的各种管制。用联邦最高法院 1952 年在 Day-Brite

---

[1] Nebbia v. People of New York, 291 U. S. 502 (1934), pp. 524~525.
[2] Nebbia v. People of New York, 291 U. S. 502 (1934), p. 537.
[3] Home Bldg. & Loan Ass'n v. Blaisdell, 290 U. S. (1934), p. 398.
[4] Lochner v. New York, 198 U. S. 45, (1905), p. 57.
[5] West Coast Hotel Co. v. Parrish, 300 U. S. 379 (1937), p. 400.

照明公司诉密苏里州案（Day-Brite v. Missouri）判决中的多数意见来说，就是"警察权不局限于一个狭窄的范畴；它延伸至……满足所有巨大的公众需求"。[1]包括经济和社会利益在内的一般福利都属于警察权行使的范围。

四、联邦最高法院在伯曼诉帕克案中的再划界

1953年，艾森豪威尔（Eisenhower）任命沃伦（Warren）接替文森（Vincent）的席位，伯曼诉帕克案（Berman v. Parker）的判决出笼。在1954年伯曼诉帕克案中，联邦最高法院支持一项拆除华盛顿特区一个破败地段的城市重建计划。联邦最高法院认为："我们处理的是传统上所称的警察权。试图界定其范围或追踪其外部界限是徒劳的，因为每一种情况都必须依靠个案事实判断。该定义本质上是针对政府目的的立法决定的产物，这些目的既不是抽象的，也不是历史上能够完整定义的。在特定的宪法限制下，当立法机关发表意见时，公共利益已被宣布为几乎是决定性的。在这种情况下，立法机关而不是司法机关，才是社会立法所服务的公众需要（public needs）的主要监护人。"[2]联邦最高法院继续说道："公共安全、公共健康、道德、和平与安宁、法律与秩序——这些都是警察权在内政事务（municipal affairs）的传统应用中的一些较为突出的例子。然而，它们仅仅说明了权力的范围而没有界定它。公共福利的概念是广泛和包容的。它所代表的价值观是精神上的，也是物质上的，是美学上的，也是金钱上的。立法机关有权决定社区应该既美丽又健康，既宽敞又干净，既关系协调（well-balanced）又有人仔细巡逻（carefully patrolled）。"[3]联邦最高法院在伯曼诉帕克案中提出的警察权概念虽然仍用列举式的表达，但已将列举事项扩张到了最大限度，甚至可以包含美学、清洁、精神和关系协调的愿望。联邦最高法院还认为列举的范围不够宽，对警察权的列举不是"界定"警察权，仅仅是对警察权的说明。

联邦最高法院对伯曼诉帕克案的判决成了各州管制立法的隔离墙，一时间，各州借助警察权的管制立法如雨后春笋，步子也越来越大，其中各州对土地利用的管制立法尤其突出。法院对这类管制性立法越来越宽容，叙事越

---

[1] Day-Brite v. Missouri, 342 U. S. 421 (1952), p. 424.

[2] Berman v. Parker, 348 U. S. 26 (1954), pp. 31~32.

[3] Berman v. Parker, 348 U. S. 26 (1954), pp. 32~33.

来越宏大，比如对立法决定的尊重，批评先例对界定警察权的范围徒劳无功等。[1]

第四节 稳与变：现代警察权的再确认与新生

社会生活变动不居，概念的发展总是在闭合与开放之间循环。"立法者尝试，尽可能精确地以概念来容纳典型的生活事实，司法裁判'为适当解决生活事实，就必须再度突破这些概念'。然而，'逆向的发展过程'随即开始，其结果是对概念重新作'改良'的定义，而其不久之后又会显得过于狭隘。由是，在法秩序的实现过程中，我们所作的是'一再地闭合、开放及再次的闭合法律概念'。"[2]警察权概念在法院"一再地闭合、开放及再次的闭合"的过程中慢慢稳定了自己的节奏，进入现代，警察权概念的意义与范围基本定型。

一、稳：警察权属于各州

哈特将元问题"法律是什么"转化为"什么使法律区别于以威胁为后盾的命令""什么是法律义务及它是如何同道德义务相关联"以及"什么是规则以及在多大程度上法律是由规则构成"的三个子问题。[3]那么"警察权是什么"的元问题也可以转化出三个子问题：其一，"警察权的权属性质是联邦的权力还是州的权力，是立法权还是行政权"；其二，"行使警察权的手段是什么"；其三，"警察权行使的目的是什么"。这三个问题的答案分别是：警察权是州的权力，是立法权；禁止和管制是警察权的一般手段；警察权以公共利益为目的，具体的目的列表是：抑制妨害、公共安全、公共道德、公共健康与一般福利。

"重要概念的意义与范围一旦定型之后，就会促使法院按照它们认为这一特殊法律概念的逻辑性质与要件为新案例制作判决。"[4]时至今日，法院仍然

---

[1] Berman v. Parker, 348 U. S. 26 (1954), pp. 30~33.
[2] [德]卡尔·拉伦茨：《法学方法论》，陈爱娥译，商务印书馆2003年版，第15~16页。
[3] 邱昭继：《法学研究中的概念分析方法》，载《法律科学（西北政法大学学报）》2008年第6期，第34页。
[4] [英]丹尼斯·罗伊德：《法律的理念》，张茂柏译，上海译文出版社2014年版，第228页。

警察权概念的变迁

普遍通过列举健康、安全、福利和道德的表述来提及警察权,从宽泛的角度看待警察权概念,正如美国国会研究部在 2004 年出版的《联邦宪法注释》中指出的那样,"各州拥有促进公共安全、健康、道德、公共便利和普遍繁荣的固有警察权……"(states have an inherent "police power" to promote public safety, health, morals, public convenience, and general prosperity),而且"这种权力并不局限于控制侵犯性的(offensive)、无序的(disorderly)或不卫生的(unsanitary)事务",[1]后来的增订本没有修改过该表述。只不过被注入了意义与目的的概念会生发自己的生命力,并因为它们的效力魅影走上许多始料未及的道路,[2]警察权概念也曾"在劫难逃"。法院一度面临的问题是:警察权只存在于各州吗?能否利用贸易条款为联邦借用?

在 20 世纪中叶以前,警察权属于各州毫无疑问,随着联邦不断利用贸易条款干预各州事务,引发了联邦是否也有警察权的问题。美国国会研究部出版的上述《联邦宪法注释》(The Constitution of the United States of America: Analysis and Interpretation)就有"贸易条款是国家警察权的来源"(The Commerce Clause as a Source of National Police Power)的标题,直至 2020 年,该研究部每年在官网上发布的增订部分几乎都包含"国家警察权"(nation police power)的表述。[3]这就引出一个问题:警察权的主体能否扩容?联邦最高法院对联邦能否拥有警察权一直都持否定态度。

1992 年的纽约州诉美国案(New York v. United States)是这一时期的代表性案例,[4]为了解决日益严重的放射性废物处理问题,美国国会于 1985 年通过了《低放射性废弃物政策法》(Low-Level Radioactive Waste Policy Act)。纽约州认为国会制定的《低放射性废弃物政策法》违反了《宪法第十修正案》,侵犯了各州警察权。奥康纳(O'Connor)大法官执笔法院多数意见,认为虽然根据宪法,国会有相当大的权力鼓励各州对其边界内产生的放射性废弃物的处置作出规定,但宪法没有授予国会强制各州这样做的权力,最终支持纽约州的立

---

[1] Congressional Research Service, *The Constitution of the United States of America: Analysis and Interpretation*, U. S. Government Printing Office, 2004, p. 1681.

[2] 参见[英]丹尼斯·罗伊德:《法律的理念》,张茂柏译,上海译文出版社 2014 年版,第 227 页。

[3] Congressional Research Service, *The Constitution of the United States of America: Analysis and Interpretation* (2020 Supplement), U. S. Government Printing Office, 2020, p. 12.

[4] New York v. United States, 505 U. S. 144 (1992).

场，捍卫州警察权。

在1995年的美国诉洛佩兹案（United States v. Lopez）中，联邦最高法院判决根据美国《宪法》贸易条款制定的枪支管制法违宪，这是第一个利用警察权限制联邦贸易管制权的当代案件。[1]伦奎斯特（Rehnquist）大法官为美国诉洛佩兹案撰写的多数意见首先指出，联邦政府的权力是列举的，法院要"以公平的方式进行推理，（讨论）将贸易条款下的国会权力转变为各州保留的那种一般警察权是否可能"，[2]答案当然是否定的。伦奎斯特大法官反复提及联邦贸易权力的外部界限是州的警察权。这种推理方式也在美国诉洛佩兹案的协同意见中出现，托马斯（Thomas）大法官长期以来一直非常关注警察权，他指出，"尽管在过去的60年里，我们被认为适用了实质效果标准，但我们一直拒绝解释贸易条款和允许国会行使警察权的联邦权力范围的关系；我们的案例非常清楚地表明，联邦权力是有限度的。事实上，在这一关键点上，多数意见和布雷耶（Breyer）大法官原则上同意：联邦政府没有接近警察权的东西"。[3]托马斯大法官不仅将警察权作为对联邦贸易权力的限制，而且还将警察权用作说明联邦权力不是什么的概念。[4]

美国诉洛佩兹案的教义在2000年的美国诉莫里森案（United States v. Morrison）中得到发展。该案判决认定同样是根据美国《宪法》贸易条款制定的《反暴力侵害妇女法案》（Violence Against Women Act）违宪。联邦最高法院指出："宪法要求区分真正的国家和真正的地方，没有比这更好的警察权的例子了，不可否认的是，建国之父把警察权留给了各州，并否认会留给中央政府。"[5]联邦最高法院还明确表示，遵从美国诉洛佩兹案的推理逻辑，同意警察权限制国会依据贸易条款享有的权力的教义。[6]

在2012年的美国独立商业联合会诉西贝利厄斯案（National Federation of Independent Business v. Sebelius）中，联邦最高法院继续沿用美国诉洛佩兹案

---

[1] United States v. Lopez, 514 U. S. 549 (1995).
[2] United States v. Lopez, 514 U. S. 549 (1995), p. 567.
[3] United States v. Lopez, 514 U. S. 549 (1995), pp. 584~585.
[4] 苏特（Souter）法官在美国诉洛佩兹案中的异议意见中认为联邦也有警察权，他指出，"正是1887年州际贸易法案的通过，开启了国会依靠贸易条款在国家层面行使一般警察权的新时代"。United States v. Lopez, 514 U. S. 549 (1995), p. 604.
[5] United States v. Morrison, 529 U. S. 598 (2000).
[6] United States v. Morrison, 529 U. S. 598 (2000), p. 618.

的教义,不支持《平价医疗法案》(Patient Protection and Affordable Care Act)的条款是根据联邦贸易权颁布的主张,[1]强化了联邦没有警察权这一结论。联邦最高法院的分析遵循美国诉洛佩兹案和美国诉莫里森案判决的逻辑,认为美国《宪法》第1条关于联邦的权力是列举的,提出警察权是联邦贸易条款不得逾越的界限,"宪法可能会限制州政府——比如,禁止州政府剥夺任何人平等的法律保护。但是在没有禁令的领域,州政府不需要宪法授权就可以采取行动。因此,各州能够并且确实履行现代政府的许多重要职能——处罚街头犯罪、管理公立学校、为开发不动产而分区等等——尽管宪法文本没有授权任何政府这样做。我们的判例将这种由各州而非联邦政府拥有的一般管制权称为'警察权'"。[2]

联邦最高法院的多数意见一直反对联邦拥有警察权,甚至因为担心读者误读联邦最高法院的判决,不惜"狗尾续貂"。罗伯茨大法官执笔2013年美国诉凯博杜斯案(United States v. Kebodeaux)的协同意见,他担心读者粗心,误以为该案的多数意见判定存在联邦警察权,反复向读者解释联邦警察权不影响案件结果,而且本来就不存在联邦警察权。[3]自马歇尔大法官创造出警察权这个概念以来,尽管这一概念百折千回,范围来回伸缩,但警察权属于州,联邦没有警察权,这个立场从未动摇。

二、变:管制权的新装

州警察权常常被作为一种历史上的或者传统的权力,例如1992年的西波隆诉利格特集团公司案(Cipollone v. Liggett Group, Inc.)援引1947年莱斯诉圣达菲电梯公司案(Rice v. Santa Fe Elevator Corp.)中的假设"除非是国会明确的目的,各州历史上的警察权不会被联邦法案所取代"。[4]联邦最高法院会在警察权短语前附加"historic""traditional"等表示历史性、传统性的形容词。[5]从20世纪中期开始,联邦最高法院的裁判文书中开始陆续出现此类表达,在21世纪更为频繁。2000年盖尔诉美国本田汽车公司案(Geier v. American Honda

---

[1] National Federation of Independent Business v. Sebelius, 567 U. S. 519 (2012).
[2] National Federation of Independent Business v. Sebelius, 567 U. S. 519 (2012), p. 536.
[3] United States v. Kebodeaux, 570 U. S. 387 (2013), p. 402.
[4] Rice v. Santa Fe Elevator Corp., 331 U. S. 218 (1947).
[5] Cipollone v. Liggett Group, Inc., 505 U. S. 504 (1992).

Motor Co. , Inc. ）中，联邦最高法院使用"州历史上的警察权"（states' historic police power）的表述；[1]2002 年的哥伦布市诉我们的车库和破坏者服务公司案（City of Columbus v. Ours Garage and Wrecker Service, Inc. ）中，联邦最高法院也大量地使用"州历史上的警察权（historic police powers of the states）"和"历史上的州警察权"（historic state police power）的术语；[2]2005 年的冈萨雷斯诉赖斯案（Gonzales v. Raich）中，联邦最高法院再次使用"传统的警察权"（traditional police power）概念[3]，这一个个案例似乎传递着警察权即将成为历史的信号。21 世纪后，警察权概念消失了吗？显然不是，警察权概念只是以一种新的姿态出现，正慢慢披上管制权的外衣，继续亲历与塑造美国宪法史。"管制权"（power of regulation, regulatory powers）之类的表达倾向于替代警察权，在经济领域尤其如此。[4]乃至于各州法院已经陆续出现管制权与警察权连用的情况，1996 年加利福尼亚州的舒尔曼诉加州水资源管理委员会案（Schulman v. Cal. State Water Res. Control Bd. ）中，加州破产法院在裁决意见中多次、频繁使用"警察或管制权"（police or regulatory power），并解释该词组是指"实施影响健康、道德和安全的州法律"。[5]"or"的连用已经说明警察权和管制权可以互换，紧接着的解释更加确证了二者同义。21 世纪的州法院更是直面管制权取代警察权的表达，2003 年马萨诸塞州的古德里奇诉公共卫生局案（Goodridge v. Dep't of Pub. Health）是有关同性婚姻能否得到承认的案件，[6]首席大法官马歇尔执笔马萨诸塞州最高法院的多数意见，直言"'警察权'是用于州立法的老式术语，现在更普遍地称为州管制权（State's regulatory authority）"。[7]各州法院继续绑定管制权与警察权，与其他权力界分。2003 年新泽西州的美国货运协会诉新泽西州案（Am. Trucking Ass'ns v. State）是有关固体废物运输收费性质的案件。[8]卫斯特（West）法官执笔的

---

[1] Geier v. American Honda Motor Co. , Inc. , 529 U. S. 861 (2000).
[2] City of Columbus v. Ours Garage and Wrecker Service, Inc. , 536 U. S. 424 (2002).
[3] Gonzales v. Raich, 545 U. S. 1 (2005).
[4] Santiago Legarre, "Emergencies Revisited: The Enduring Legacy of the Police Power", *Belmont Law Review*, 8（2021）, p. 410.
[5] Schulman v. Cal. State Water Res. Control Bd. (In re Lazar), 200 B. R. 358 (1996), p. 369.
[6] Goodridge v. Dep't of Pub. Health, 440 Mass. 309 (2003).
[7] Goodridge v. Dep't of Pub. Health, 440 Mass. 309 (2003), p. 321.
[8] Am. Trucking Ass'ns v. State, 180 N. J. 377 (2003).

警察权概念的变迁

新泽西州法院的多数意见区分了几个权力,"出于合宪的目的,州的管制、警察权(regulatory, police power)和它的征税权被区别对待"。[1] 2021年路易斯安那州的罗伯特诉路易斯安那州案(Robert v. State)中,路易斯安那州第四巡回上诉法庭将管制权和警察权用"或"连接,与征收权做区分,"管制或警察权(regulatory or police power),不同于征收权,是用来监管的;征收权是用来从私人手中获得财产的"。[2] 无论是以"or"这一连词连接,还是用逗号连接,不可否认的是,警察权披上管制权的外衣日益普遍。

管制权与警察权同义不是近来才出现的,事实上,"州管制权的实质根源可以在早期的现代警察概念中找到"。[3] 而且,在早期的警察权判例中,联邦最高法院也明确承认过警察权与管制权同义。詹姆斯·肯特在《美国法释义》(Commentaries on American Law)中将"power of regulation"描述为:"即便财产受到保护,仍应理解立法者有权规定使用财产的方式和方法,只要这对于防止滥用权利伤害或妨害他人或者公众是必要的。政府能够通过一般管制禁止会造成妨害以及对公民的生命、健康、和平或舒适造成危险的财产用途。有害身心的贸易,屠宰场,侵害感官的操作,火药保管,蒸汽动力推动汽车的应用,可燃材料的建筑,以及死者的埋葬,都可能被法律禁止。在人口密集的人群中,根据共识和理性的原则,每个人都应该在不伤害他邻人的情况下使用财产,私人利益必须服从共同体的一般利益。"[4] 联邦最高法院在1872年的屠宰场系列案中就曾引用詹姆斯·肯特的这段表述,并认为"这就是所谓的警察权"。[5]

21世纪以来,管制权概念在法院的判决中频繁出现,逐渐超出警察权概念在判决中的使用率,管制权和警察权经常交叉出现在法院的判决中。用管制权概念代替警察权概念,多为修辞的需要,属于"新瓶装旧酒",并没有超出警察权的概念范围。

---

[1] Am. Trucking Ass'ns v. State, 180 N. J. 377 (2003), p. 406.

[2] Robert v. State, 327 So. 3d 546 (2021), p. 559.

[3] William J. Novak, *The People's Welfare: Law and Regulation in Nineteenth-Century America*, The University of North Carolina Press, 1996, p. 13.

[4] James Kent, *Commentaries on American Law*, O. Halsted, 1827, p. 340.

[5] Slaughter-House Cases, 83 U. S. 36 (1872), p. 62.

第三章　警察权范围的界定

小　结

经过漫长的知识学考古，我们可以发现：警察权概念是流动的、可塑的，因应社会、经济和政治条件的需要，能够延展或者限缩为各种形态以回应时代的需求与压力。从最初对警察权作为州主权的宽泛定义到法院转向将它的范围局限于促进公共健康、公共安全和公共道德的狭义概念，随后又回到广义的概念，即促进公共健康、公共安全、公共道德以及一般福利的管制，几乎等同于19世纪后期的剩余主权概念，警察权概念的变迁借助于法院对公共健康、公共安全、公共道德和一般福利的解释立场，与公共健康、公共安全、公共道德和一般福利的含义变化联动，历史又回到了起点。在漫长的概念旅行中，概念自身日趋丰满。

联邦最高法院内部有自由派、保守派和中间派之分，各自有着不同的行事风格，这些不同的行事风格影响了警察权概念不同的变迁方向：他们可能使用相同的修辞，但可以赋予相同修辞完全不同的含义。无论警察权的含义怎样变迁，它始终处于州主权的大背景下，所有扩张与收缩都在这个核心命题之下展开。虽然联邦试图运用贸易条款侵蚀州的警察权，但联邦最高法院一直坚守底线，坚持认为警察权属于而且只属于各州。

第四章
警察权判例中的基本教义

对警察权的任何定义都有阿喀琉斯之踵，也许，警察权只能被描述而不能被定义。产生于司法的警察权概念有极强的解释力，但也容易被滥用，法律必须为警察权的行使划定边界。在历史的长河中，警察权总是与征税权、贸易权、征收权与一般管制权纠缠不清。本章第一节意在探求警察权与征税权、贸易权、征收权与一般管制权的边界，用其他权力的边界定义反推警察权，是"由外而内"的反向解释。另外，警察权立法是否合宪也时常受到追问。本章第二节意在从警察权的主体论、目的论、强度论、限制论四个维度追踪警察权立法是否合宪等问题的答案，从而展开对警察权"由内而外"的正向说明。经过"由外而内"和"由内而外"的解释循环，可以更接近警察权的概念内核。

第一节 警察权与其他权力的甄别

征税权、贸易权、征收权与一般管制权时常与警察权纠缠不清。警察权的概念是流动的，警察权与征税权、警察权与贸易权、警察权与征收权、警察权与一般管制权的界桩随着时间的流淌常常位移，本节以历时性的视角讨论警察权与征税权、贸易权、征收权以及一般管制权之间的关系流变，力图勘定上述概念之间的边界。

一、警察权与征税权的区分

美国《宪法》第 1 条第 8 款规定，"国会有权制定和课征税金、关税、进口税、营业税，以及偿还国债、为联邦提供共同防御和一般福利……"，[1]这是征税权的宪法渊源。征税权不仅属于联邦，而且属于各州。在1819年麦卡洛克诉马里兰州案（McCulloch v. Maryland）的判决中，马歇尔大法官执笔的法院多数意见阐述了联邦和州同时拥有征税权，"征税权是一项至关重要的权力，由各州保留，并不因为宪法授予联邦政府类似权力，州政府的此项权力就被削减。联邦和州同时分别行使此项权力"。[2]那么，对于警察权与征税权的关系就需要从两个层面阐释，第一个层面是警察权与州征税权之间的关系，第二个层面是警察权与联邦的征税权的关系。完整的警察权术语出现较晚，在其诞生之初，联邦最高法院就明确警察权与州征税权都是州主权权力的一支，二者之间的界限相对清晰。警察权与联邦征税权之间的关系较混杂，是讨论警察权与征税权关系问题的核心。在贸易权急剧扩张之前，联邦常常援引征税条款（Taxing Clause）干预各州事务，侵蚀各州警察权。

（一）警察权与州征税权的区分关系：州最高法院的判例

1. 州征税权不是警察权的子集

在警察权刚刚诞生的时候，联邦最高法院就已经阐明警察权与州征税权是两种同属于州的相互区隔的主权权力。吉本斯诉奥格登案和布朗诉马里兰州案是警察权的开山判例，联邦最高法院在其判决中说明警察权不是贸易权，顺便提及了征税权。联邦最高法院并列使用征税权和警察权概念，说明州征税权不是警察权的子集。

吉本斯诉奥格登案和布朗诉马里兰州案的争点是州法律赋予州政府的权力是包含在已经让渡给联邦政府的州际贸易管制权内，还是保留在州的某种其他类型的权力内。在吉本斯诉奥格登案中，马歇尔大法官执笔的联邦最高法院意见认为，只要它是贸易权以外的权力，很明显又不属于联邦的其他权力，那就属于州的权力，没有必要精确地判断它到底是什么性质的州权力。马歇尔大法官将州法律的目的认定为主要促进州内的公共健康和安全，而不是管制州际贸易，因此不属于联邦贸易管制权的行使。[3]布朗诉马里兰州案中，马歇尔大法官明确提及由州保留的单独的征税权。[4]马歇尔大法官认为，

---

[1] U. S. Const. art. I, § 8, cl. 1.
[2] McCulloch v. Maryland, 17 U. S. (4 Wheat.) 316 (1819), p. 425.
[3] Gibbons v. Ogden, 22 U. S. 1 (1824), pp. 80~82.
[4] Brown v. Maryland, 25 U. S. 419 (1827), pp. 440~441.

马里兰州在布朗诉马里兰州案中行使的具体权力是"州征税权"（the power of the State to tax）[1]、"一般征税权"（the general power of taxation）[2]或"征税权"（the taxing power）[3]，且从未说过州征税权是警察权的一个子集。当宽泛地论及作为整体的州权力时，马歇尔大法官仅仅将"剩余主权"（residual sovereignty）称为"州的权力"（State power）[4]或"保留在各州的权力"（powers which remain in the States）。[5]如果马歇尔大法官想让警察权涵盖整个州的主权，那么他根本没有必要使用这些宽泛的术语。结合马歇尔大法官明确提及的各州保留了单独的征税权，说明在马歇尔大法官看来，警察权和州征税权都是州主权的子集，州征税权不是警察权的子集，二者是州主权概念之下的平行概念。

2. 界限：目的标准与合理性标准

警察权与州征税权同属于州的主权权力，同一层面上的权力相对容易界分，州最高法院长期根据权力行使的目的来区分政府依法收取金钱是在行使警察权还是征税权。在判例演进的过程中，州最高法院的法官逐渐意识到仅以目的标准区分警察权与州征税权过于单薄，应辅以合理性标准进行判断。

（1）目的标准：管制还是增加税收收入。

警察权的行使是为了促进公共福利，但其目的始终是管制（regulation）而不是增加税收收入（revenue），[6]征税权的目的是增加税收收入，迥异于警察权的管制目的。

1890年，在密苏里州发生的迦太基市诉罗德案（City of Carthage v. Rhoads），涉及迦太基市通过的一项犬类管制的合宪性问题。该法规定，迦太基市有权对跑窜的狗或猫征税、管制、限制和禁止，并有权处置它们。系争问题是：迦太基市能否以狗的主人或饲养员支付特定金额为条件使其获得在城市范围内饲养狗或者猫的许可证？这是行使征税权还是行使警察权？布雷斯（Brace）大法官执笔的法院多数意见认为："征税（Taxation）可能是为了增加税收收入（revenue），也

---

[1] Brown v. Maryland, 25 U. S. 419 (1827), pp. 440~441.
[2] Brown v. Maryland, 25 U. S. 419 (1827), p. 439.
[3] Brown v. Maryland, 25 U. S. 419 (1827), p. 442.
[4] Brown v. Maryland, 25 U. S. 419 (1827), p. 435.
[5] Brown v. Maryland, 25 U. S. 419 (1827), p. 441.
[6] "Recent Cases, State Regulation—Police Power—City Ordinance—City of Selma v. Till, 42 SO. 405 (ALA.)", *Yale Law Journal*, 16 (1907), p. 446.

可能是为了管制。如果出于管制的目的，则是行使州的警察权。征税权和警察权都是州内共存的不同性质的权力……该法所要求的狗牌税很容易与警察权有关。"[1]布雷斯大法官紧接着分析犬类是否为适当的警察权管制对象："狗是财产……并且根据法律规定，它们已经成为盗窃的对象，但它们……没有市场价值或可评估价值，……从未被视为适当的征税对象。……它们除了取悦主人的心血来潮或任性之外，在拥挤的城市中几乎完全没有价值，它们大多有着半野蛮的本性和掠夺性的性格，会伤害真正有价值的动物，还会带来致命狂犬病……它们是特别适合警察管制的对象。遭受质疑的管制是州警察权的行使，并不违反所引用的宪法条款，该管制的目的不是限制警察权，而是限制州征税权。"[2]

上述判例厘定了用目的标准区分警察权和征税权的基本分析进路：首先考察所涉客体是否具有财产价值，能否产生经济利益；接着考察所涉客体本身的属性，是否会对社会或他人造成妨害。如果所涉客体有财产价值，能产生经济利益，一般属于州征税权的范围；如果所涉客体没有财产价值，不能产生经济利益，可能对社会或他人造成妨害，当符合第二个路径时，一般属于警察权的范围。

（2）目的+金额合理标准。

在目的判断之外，法院往往还依据所征款项的合理性来判断是警察权的行使还是征税权的行使。原则上，行使警察权不应该向公民收取费用，但有时也有例外。即便通过收取费用达到管制目的，收取的费用也应该较少，超过一定费用额度就是不合理的，构成征税而不是警察权的行使。

提出这一标准的是新泽西州的穆伦布林克诉朗布兰奇委员会案（Muhlenbrinck v. Long Branch Com'rs）的判决。[3]该案的争点为朗布兰奇委员会下属的市政公司通过的一项有关销售许可法案是行使警察权还是行使征税权，是否合宪。该法案规定，未经朗布兰奇委员会许可，任何人不得在朗布兰奇委员会的管辖范围内兜售鱼、水果或任何种类的商品，或驾驶任何货车、手推车或用于运送货物的车辆销售任何商品。凡申请销售许可的人，均需支付许

---

[1] City of Carthage v. Rhoads, 101 Mo. 175 (1890), p. 181.
[2] City of Carthage v. Rhoads, 101 Mo. 175 (1890), pp. 181~182.
[3] Muhlenbrinck v. Long Branch Com'rs, 42 N. J. L. 364 (1880).

可费用。凡在申请该许可前的6个月内一直居住在朗布兰奇委员会管辖范围内的居民，每个申请人有权使用一辆用于售卖商品的马车，许可费用为3美元，每增加一辆马车，多缴纳3美元。但若是在申请该许可前6个月，申请人的居住地不在朗布兰奇委员会的管辖范围内，需缴纳的费用为10美元。[1]撰写法院多数意见的克纳普（Knapp）大法官审查市政公司的权限范围，认为市政公司无权对任何类型的贸易征税。克纳普大法官认为，如果收取许可费的目的不是增加税收，而仅仅是管制，的确可以收取许可费用，但不得超过颁发许可证所需的适当费用，只要费用合理，就不构成事实上的征税。[2]为裁量该案的3美元与10美元是否合理，克纳普大法官援引新泽西州法院先前有关征税权与警察权的判例。在基普诉帕特森市案（Kipp v. City of Paterson）中，帕特森市根据城市宪章的授权通过了一项警察权法令，该法令规定，以出售干草、木材、乡村产品或其他通常在公开市场上出售的物品为目的，每次使用帕特森市公共街道都应支付5美分的费用。法院判决帕森特市颁布的法令不是合法的警察权行使，已经构成征税。在新泽西州诉霍博肯市案（State v. City of Hoboken）中，法院判定一项要求土地所有者获得在其房屋前和街道上建造拱顶的许可，需根据拱顶面积支付费用的规定不是行使警察权，已经构成对土地所有者征税。据此，克纳普大法官判定本案中的许可费用不合理，本质上已经构成征税，他写道："它的目的是基于国库的利益而对这些职业征税。它与任何其他理论是不相容的。指导这些人使用公共街道的方式，禁止在公共街道上使用喇叭或铃铛，或禁止摊贩聚众抗议以及施加类似性质的限制是适当的。当要求销售需持有许可证时，可以要求合理的费用，以支付可能的成本。但是，超出此类费用的索取款项，并根据进行的商业交易量计算，无非是对此类业务征税。"[3]法院的判断逻辑就是，收取5美分尚且被判为征税，举轻以明重，3美元与10美元的金额相比更是税收，而不是普通的许可证费用。

一般来说，征税以收入为目的，其收取的金额往往高于普通收费；普通收费的目的是覆盖政府许可等行为的成本，标准低于税收，而且与申请人的

---

[1] Muhlenbrinck v. Long Branch Com'rs, 42 N. J. L. 364 (1880), pp. 364~366.
[2] Muhlenbrinck v. Long Branch Com'rs, 42 N. J. L. 364 (1880), p. 368.
[3] Muhlenbrinck v. Long Branch Com'rs, 42 N. J. L. 364 (1880), p. 369.

收益无关。若法案要求缴纳的金额过高，法院往往倾向于认定其系收益性质，是征税；若法案要求缴纳微不足道的金额，法院往往偏向于认定其为管制，是警察权的行使。

如何区分征税权与警察权，系列教义是在州最高法院的判例中发育出来的。联邦最高法院也大体上遵从上述两个标准判决联邦对州行使的权力是征税权还是警察权，只是审查的强度时严时宽。

（二）法院适用目的标准和金额合理标准的强度：联邦最高法院的判例

宪法从未授予国会就公共健康、公共安全、公共道德和一般福利立法的一般警察权，警察权由各州保留。然而在20世纪，联邦通过法律管制枪支、酒精、赌博和某些类型的性行为，侵蚀了传统上由各州保留的警察权，国会征税条款是国会越权的最初渠道。联邦最高法院对国会利用征税条款就警察权领域的立法行为的态度，经历了从宽松到严格，再到宽松的阶段。

1. 宽松阶段

征税权行使的目的是增加国库收入，怎样判断一项权力的行使目的是不是增加国库收入？联邦最高法院早期的判决认为：只要与增加国库收入存在合理关联，法院都认可国会的陈述，不管一般人看来这种关联度有多大。

（1）目的标准的引入：美国诉金福伊·莫伊案（United States v. Jin Fuey Moy）。1914年，国会通过了《哈里森毒品法》（Harrison Narcotics Act），该法案利用了美国人对吸毒成瘾、性狂热的黑人的恐惧，是联邦政府第一次齐心协力利用征税权通过的道德立法。[1]《哈里森毒品法》规定对所有生产、进口、制造、合成、交易、分发、销售、分销或赠送鸦片、古柯叶及其盐类、衍生物或制剂，以及为其他目的（and for other purposes）的人进行登记，并征收特别税（special tax）。[2]很难解释《哈里森毒品法》有合法的税收目的，因为它要求纳税人每年只支付1美元的税金，作为税收法案备受质疑。[3]《哈里森毒品法》颁布实施后长达15年的时间里，一直受到挑战。第一个案例是

---

[1] David B. Kopel & Trevor Burrus, "Sex, Drugs, Alcohol, Gambling, and Guns: The Synergistic Constitutional Effects", *Albany Government Law Review*, 6 (2013), p. 309.

[2] Harrison Narcotics Act of 1914, 38 Stat. 785.

[3] David P. Currie, *The Constitution in the Supreme Court: The Second Century 1888-1986*, University of Chicago Press, 1990, p. 98.

1916年的美国诉金福伊·莫伊案，涉及《哈里森毒品法》的适用范围。[1]被告被控在明知药物不是用于医疗目的，而是为了供应吸食鸦片的情况下，仍然向没有在美国国内税收署登记，也没有缴纳所需的特别税的他人开出处方。原告认为他违反了《哈里森毒品法》第8条的规定，并声称国会让《哈里森毒品法》看起来像是一项征税措施，是为了给它披上合宪的外衣，但它实际上是一项警察措施。该案的争点为共谋占有是否属于《哈里森毒品法》的禁止范围，该法案第8条管制的主体是否意味着为在美国的任何人。霍姆斯（Holmes）大法官执笔联邦最高法院意见，认为联邦最高法院将该法的适用范围仅限于法律规定设想的那一类人，即"生产、进口、制造、合成、交易、分发、销售、分销或赠送鸦片"的人及"为其他目的"的人。该法案第8条规定，未注册和未缴纳特别税的任何人拥有或控制任何上述药物都是非法的，联邦最高法院限制了第8条的适用范围，因为广义解释第8条将造成很大一部分持有某种鸦片制剂的公民被认定为罪犯，或至少是表面上的罪犯，并受到严厉处罚。霍姆斯大法官解释该法案"既有道德目的，也有税收收入目的（revenue）"，[2]然而联邦最高法院并不认为国会享有道德立法的一般权力。因此，联邦最高法院认同宾夕法尼亚州西部地区法院应狭义解释该制定法的意见，将其适用范围限于"只能通过税收措施并在税收措施的范围内达成的目的"。[3]这就意味着《哈里森毒品法》第8条中管制的主体不能被解释为任何一个美国人（any person in the United States），而是制定法承诺处理的那一类人，即要求注册登记的人。[4]联邦最高法院在《哈里森毒品法》的首个判例中采用了目的论的解释方式，为后续目的审查标准奠定基础。

（2）合理关联教义的厘定：美国诉多雷穆斯案（United States v. Doremus）。1919年，联邦最高法院在美国诉多雷穆斯案中重新审查了《哈里森毒品法》，判决该法案属于国会的征税权范畴，推翻了爱达荷州地区法院的判决。[5]本案中的被告是一名医生，其因向他人出售海洛因，被控违反《哈里森毒品法》第2条的规定。《哈里森毒品法》第2条规定，任何人通过美国国内税收专员

---

[1] United States v. Jin Fuey Moy, 241 U. S. 394 (1916).
[2] United States v. Jin Fuey Moy, 241 U. S. 394 (1916), p. 402.
[3] United States v. Jin Fuey Moy, 241 U. S. 394 (1916), p. 402.
[4] United States v. Jin Fuey Moy, 241 U. S. 394 (1916), p. 402.
[5] United States v. Doremus, 249 U. S. 86 (1919), p. 95.

签发的命令获得任何药物,除非个人在合法经营此类药物的过程中使用、销售或分销,或从事合法职业,否则用于任何目的都是非法的。事实上,早前爱达荷州地区法院以"它不是一项税收措施,是对保留给各州的警察权的侵犯"为由推翻了该法案。[1]当该案进入联邦最高法院后,威廉·戴(William Day)大法官执笔的联邦最高法院意见认为,"对国会征收特许税(excise taxes)性质税种权力的唯一限制是整个美国的地理统一性"。[2]此外,"该法案不得被宣布为违宪,如果这项立法属于国会的征税权限,那就足以维持它"。[3]最后,关于该法是否构成道德立法从而侵犯了州警察权的问题,联邦最高法院认为:"国会在行使联邦权时,也不可能行使完全保留给各州的权力……其他动机也能促使联邦行使征税权,但法院无权对这一事实进行审查。如果制定法与联邦宪法赋予的征税权有某种合理的关系(some reasonable relation),就不能因为假定的动机而使其无效。"[4]在该案中,联邦最高法院适用了非常宽松的目的审查标准,不要求联邦行使征税权只能以增加税收收入为目的,只要行使权力的目的与增加税收收入有关联,只要表面上不染指警察权的范围,就可以视为是征税权的行使。

2. 宽松与严格之间的徘徊阶段

20世纪20年代,随着国会频繁以行使征税权为名达到管制目的,联邦最高法院一改宽松的目的审查标准,转而适用中度目的审查标准,通过贝利诉德雷克塞尔家具公司案(Bailey v. Drexel Furniture Company)和希尔诉华莱士案(Hill v. Wallace)两个判例,其确立了中度目的审查标准。

1922年贝利诉德雷克塞尔家具公司案的争点是国会于1919年颁布的《童工税法案》(Child Labor Tax)是否合宪。[5]德雷克塞尔家具公司在北卡罗来纳州西部地区从事家具制造,于1921年9月20日收到该地区美国国内税收署署长贝利的通知,称它在1919纳税年度雇佣一名14岁以下的男孩在其工厂工作,应缴纳该年度净利润10%的税款。德雷克塞尔家具公司在缴纳相应税款后,以《童工税法案》违宪为由提起诉讼,要求退还税款,北卡罗来纳州

---

[1] United States v. Doremus, 249 U. S. 86 (1919), p. 89.
[2] United States v. Doremus, 249 U. S. 86 (1919), p. 93.
[3] United States v. Doremus, 249 U. S. 86 (1919), p. 94.
[4] United States v. Doremus, 249 U. S. 86 (1919), p. 93.
[5] Bailey v. Drexel Furniture Company, 259 U. S. 20 (1922).

西部地区法院判决德雷克塞尔家具公司胜诉。贝利不服，继续上诉。联邦最高法院最终判决国会的《童工税法案》违宪，"本院的最高职责和职能是拒绝认可或执行那些看似是国会的立法管辖范围，但实际涉及的主题不是授权给国会立法，而是授权州宪法管辖事项的立法"，[1] 首席大法官塔夫脱（Taft）执笔的联邦最高法院意见声称，"不允许国会通过修辞伎俩来扩张其有限的权力，国会没有就某一事项的管制权，却以征税为名行管制之实，如果"赋予'征税（tax）'一词如此魔力，将打破宪法对国会权力的所有限制，彻底消灭各州的主权……立法机关偶尔有对适当主体征税的裁量权，其主要动机是从中获取收入，附带动机是通过施加持续性的繁重的义务对其予以阻止（discouraging）。它们不会因为附带的动机而失去税收的特性。但是，当所谓的税收失去其本身的性质，成为一种仅仅具有管制和惩罚特征的处罚时，它的惩罚特征就会扩大"。[2] 联邦最高法院最终以《童工税法案》的管制与惩罚性更强、收入性目的偏弱，判定《童工税法案》违宪。

希尔诉华莱士案与贝利诉德雷克塞尔家具公司案同年，该案的争点是《期货交易法》（Futures Trading Act）是否合宪。[3] 1921 年的《期货交易法》规定，对所有未来交付的谷物销售合同征收每蒲式耳（bushel）20 美分的税（tax）。商会（Boards of Trade）成员诉请法院发出禁止施行该法案的禁令，联邦最高法院最终推翻了伊利诺伊州北部地区法院驳回商会成员诉请禁令施行的动议。塔夫脱大法官再次执笔的联邦最高法院意见，援引贝利诉德雷克塞尔家具公司案，认为 1921 年的《期货交易法》，"从本质上和表面上看，都是对商会的全面管制，对所有'期货'交易处以每蒲式耳 20 美分的罚款（penalty），以迫使商会及其成员遵守规定。法案的标题明确宣布了这个目的，并且从法案本身规定的效果来看，这个目的也很明确。所涉条款没有任何理由作为有效行使征税权的依据"。[4] 塔夫脱大法官通过阐释 20 美分的实质是罚款，罚款的目的在于让经营者遵守规定，说明该法案的目的不是增加税收收入，不是征税权而是警察权的行使。联邦最高法院一改前期的"合理关联"教义，不考虑法案既有管制的目的也能增加税收收入的情况，而是在管制与

---

[1] Bailey v. Drexel Furniture Company, 259 U. S. 20 (1922), p. 37.
[2] Bailey v. Drexel Furniture Company, 259 U. S. 20 (1922), p. 38.
[3] Hill v. Wallace, 259 U. S. 44 (1922).
[4] Hill v. Wallace, 259 U. S. 44 (1922), pp. 66~67.

增加税收收入之间作"二选一"的判断,认定有管制目的,就不是征税权的行使。

联邦最高法院没有"一条道走到黑",一直沿用严格的目的审查标准,而是适度回撤,宽严适度地适用目的审查标准,我们可以称之为中度审查标准。

3. 回归宽松阶段

胡佛总统在1930年至1932年的四次任命改变了联邦最高法院的法官结构,联邦最高法院在中度审查标准的基础上进一步后撤。联邦最高法院尽管表面上仍坚持目的标准,但再次回归审查宽松阶段。

(1)不审查隐藏动机:松津斯基诉美国案(Sonzinsky v. United States)。联邦最高法院在松津斯基诉美国案中表明不再审查立法隐藏的动机。1934年的《全国枪支法》(National Firearms Act)规定,每个枪支交易商向其开展业务地区的美国国内税收署署长登记,并每年缴纳200美元的特别消费税(special excise tax),进口商或制造商每年纳税500美元;每笔枪支转让征税200美元,由转让方支付。[1]烟酒枪械及爆炸物管理局(Bureau of Alcohol, Tobacco, Firearms and Explosives)认为《全国枪支法》的颁布是国会在行使征税权,但《全国枪支法》的根本目的其实与税收无关,意在遏制枪支交易。国会也认为枪支构成了严重的犯罪问题,因为它们经常被用于黑社会犯罪、情人节大屠杀,但依然认为《全国枪支法》的目的是征税。[2]因为通过征税实际加大了枪支交易成本,客观上可以减少枪支交易。原告松津斯基在没有缴纳税款的情况下交易枪支,被控违反了《全国枪支法》的规定。松津斯基称该法案"不是真正的税收,而是为了抑制某种有毒武器的贩运而实施的处罚,这类管制是由各州保留的权力,没有授予联邦政府……显然是管制而不是征税的立法目的"。[3]哈伦·菲克斯·斯通大法官执笔联邦最高法院意见,认为《全国枪支法》规定的收缴200美元构成征税,至于国会是否隐藏了惩罚的管制目的,"每一项税收在某种程度上都是管制性的……对可能促使国会行使宪法赋予的权力的隐藏动机的审查超出了法院的权限"。[4]联邦最高法院在该案

---

[1] National Firearms Act, 48 Stat. 1236 (1934).

[2] David B. Kopel & Trevor Burrus, "Sex, Drugs, Alcohol, Gambling, and Guns: The Synergistic Constitutional Effects", *Albany Government Law Review*, 6 (2013), p. 314.

[3] Sonzinsky v. United States, 300 U.S. 506 (1937), pp. 512~513.

[4] Sonzinsky v. United States, 300 U.S. 506 (1937), pp. 513~514.

中仍然坚持目的审查标准，但对国会立法目的的判断只从国会的表述入手，只做表面审查，不深挖国会可能隐藏的动机。

（2）增加税收收入与其他目的混合不影响征税权性质：美国诉桑切斯案（United States v. Sanchez）。联邦最高法院在美国诉桑切斯案中认为增加税收收入与其他目的混合不影响征税权性质。联邦最高法院对松津斯基诉美国案发表意见几个月后，国会通过了1937年的《大麻税法》（Marihuana Tax Act）。该法案规定对大麻进口商、制造商、生产者、销售者和分发者征收1美元至24美元不等的税金，但不将拥有或使用大麻定为犯罪。[1]在1950年的美国诉桑切斯案中，美国政府诉请追回桑切斯应支付的8701.65美元的税款和滞纳金，桑切斯认为《大麻税法》系国会违宪行使警察权，目的明显是行使警察权的管制，几乎不会产生税收收入。[2]该案的争点是《大麻税法》是否合宪。大法官克拉克（Clark）执笔的联邦最高法院意见认为，尽管立法历史明确显示了国会控制大麻消费的意图，但《大麻税法》的目的包括："第一，……增加收入，同时使想要非法使用大麻的人获得大麻变得极其困难；第二，……要求经销商公布大麻交易，以便政府有效征税和控制贩运。"[3]联邦最高法院认为，即便所获得的收入明显可以忽略不计，或者征税的收入目的可能是次要的，税收制定法也不一定会因为涉及国会可能无法管制的活动而违宪。[4]在联邦最高法院看来，只要目的包括增加税收收入，就可以视为是征税权的行使，即便附带管制目的。

（3）金额具有惩罚性不影响征税权性质：美国诉卡里格案（United States v. Kahriger）。联邦最高法院在美国诉卡里格案的判决中认为，金额具有惩罚性不影响征税权性质。1951年，国会将《税收法案》（Revenue Act）扩展适用于博彩领域，要求从事博彩业务的人登记并缴税，[5]而且征税额巨大。从事博彩业务的卡里格被征博彩税后，要求审查《税收法案》的合宪性，认为《税收法案》确定的税额明显具有惩罚性质，几乎不加掩饰地侵犯州的警察

---

[1] Marihuana Tax Act of 1937, ch. 553, 50 Stat. 551 (1937), pp. 551~552.

[2] United States v. Sanchez, 340 U. S. 42 (1950), pp. 44~45.

[3] United States v. Sanchez, 340 U. S. 42 (1950), p. 43.

[4] United States v. Sanchez, 340 U. S. 42 (1950), p. 44.

[5] Revenue Act of 1951, ch. 521, 65 Stat. 452 (1951).

权。[1]斯坦利·里德（Stanley Reed）大法官执笔的联邦最高法院多数意见认为，虽然博彩税与其他税种相比金额巨大，但不管管制效果如何，对博彩业征税都会产生收入，[2]"除非有与所有税收需要无关的条款，否则法院无权限制征税权的行使"。[3]斯坦利·里德大法官执笔的多数意见还认为，过度征税的补救措施掌握在国会手中，并不掌握在法院手中。[4]联邦最高法院最终认为即便税金具有惩罚性质，也不能据此认定《税收法案》就是违宪的。

总体上，联邦最高法院对国会征税的司法审查标准相对宽松，首先是因为税收主要通过民主机制控制，法院很难审查一项税收法案的目的和动机，通过目的判断国会行使的是征税权还是警察权，论证负担很重；其次，一项法案的目的往往是多维度的，税收客观上也的确有管制的功能，彼此并不排斥；最后，国会通过行使征税权达到行使警察权目的的情形也不多见，《税收法案》通过的难度通常较大，国会与其通过行使征税权来达到行使警察权的目的，还不如绕道贸易权条款。但警察权与征税权的目的不同，前者服务于管制，后者服务于增加国库收入，联邦最高法院一直没有背离这一教义。

二、警察权与贸易权的区分

美国《宪法》第1条第8款第3项规定，"国会有权管制对外贸易、各州之间以及与印第安部落之间的贸易"，该款常被称为贸易条款（commerce clause）或者贸易权条款（commerce power clause），是国会贸易权的文本依据。从美国《宪法》文本来看，贸易权是有限的列举权。但在实践中，贸易条款常常作为联邦扩权的工具，联邦的权力挤压州的警察权，联邦甚至在行使贸易权的过程中夹杂警察权的"私货"，联邦最高法院有关贸易权与警察权关系的判例浩如烟海。

（一）"州际"贸易属于贸易权的适用范围，"州内"贸易属于警察权的适用范围

联邦政府通过联邦宪法的贸易条款干预市场，甚至干预社会，州通过行使警察权介入公民权利。联邦最高法院在界定警察权的过程中，始终无法回

---

[1] United States v. Kahriger, 345 U.S. 22 (1953), pp. 23~24.
[2] United States v. Kahriger, 345 U.S. 22 (1953), p. 28.
[3] United States v. Kahriger, 345 U.S. 22 (1953), p. 31.
[4] United States v. Kahriger, 345 U.S. 22 (1953), p. 29.

避的问题之一便是警察权与贸易权是否重叠，或者它们的范围是否相互排斥，法院从未放弃将二者归为不同领域的努力。一如前文所述，警察权的界定极其困难，如果能精确解释贸易权，也能将警察权部分隔离出来。

为国家目的，有明确授权或附属于明确授权的贸易管制属于贸易权，否则属于州警察权的范围，贸易权是与州警察权并行的两种权力，这是吉本斯诉奥格登案判决确立的贸易权和警察权关系的基本教义。马歇尔大法官执笔的联邦最高法院多数意见认为，"贸易"（commerce）一词不应被解释得如此严格，[1]以至于把"航行"（navigation）排除在它的范围之外。[2]"贸易，毫无疑问，是交通（traffic），但它更多的是交流（intercourse）。它描述了国家与其部分之间的贸易交流，并受开展这种交流的规则限制。"[3]马歇尔大法官将"贸易交流"进一步定义为"不停止于每个州的外部边界线，能够进入州内部"，[4]国会管理贸易的权力"本身是完整的，可以最大限度地行使，不承认宪法规定以外的任何限制"。[5]马歇尔大法官的意见扩大了联邦政府干预州内和地方活动的权力，但并不意味着贸易条款推翻了《宪法第十四修正案》将警察权赋予各州，联邦没有警察权的教义。马歇尔大法官也认为"州的完全的内部贸易可以被认为是由州本身保留的"，[6]他承认州的警察权是"庞大的立法的一部分，包含州领土内的每一件事，并没有移交给联邦政府：所有这些都可以由各州自己最有利地行使"，联邦政府只能出于"国家目的"（national purposes）触及一个州的内部活动，"它必须是为特殊目的而明确授予的权力，或者明显附属于某些明确授予的权力"。[7]

吉本斯诉奥格登案之后，联邦最高法院坚守贸易权和警察权是两种并行权力的基本立场，但也承认界定二者的区别非常困难，但仍勠力前行，一再强调贸易权只涉及州与州之间的贸易，纯粹的州内贸易不是贸易权的管辖范围。在1827年的布朗诉马里兰州案中，联邦最高法院承认"很难确定联邦贸易权在哪里结束，各州保留的权力从哪里开始，以及它们能够在多大程度上

---

[1] Gibbons v. Ogden, 22 U.S. 1 (1824), p. 187.
[2] Gibbons v. Ogden, 22 U.S. 1 (1824), p. 190.
[3] Gibbons v. Ogden, 22 U.S. 1 (1824), pp. 189~190.
[4] Gibbons v. Ogden, 22 U.S. 1 (1824), p. 194.
[5] Gibbons v. Ogden, 22 U.S. 1 (1824), p. 196.
[6] Gibbons v. Ogden, 22 U.S. 1 (1824), p. 195.
[7] Gibbons v. Ogden, 22 U.S. 1 (1824), pp. 203~204.

并行"。[1]

1869年，在美国诉德威特案（United States v. DeWitt）中，德威特被控违反1867年《国会法案》（Act of Congress）第29条的规定，该条规定任何人混合出售石脑油（naphtha）和照明油，或有意出售或保留出售，或提供出售这种混合油，或将出售或提供出售由石油制成的照明用油，均属轻罪。该案的争点是根据联邦宪法的规定，国会是否有权在一个州的内部禁止贸易。[2] 联邦最高法院判决认为，这项规范销售照明用油质量的联邦法律超出了贸易权的适当范围，因为该制定法是一项旨在触及各州内部贸易的"警察管制"。[3] 州际贸易是一种活动，而不是一种意图，不能以存在"州际贸易"意图为由行使贸易权。在1895年的美国诉E. C. 奈特公司案（United States v. E. C. Knight Co.）中，被告E. C. 奈特公司与其他几家分布在不同州的从事糖的制造与销售的公司签订股票购买合同，共谋限制几个州及州之间的精制糖销售及价格，E. C. 奈特公司被控违反了国会于1890年7月2日批准的一项保护贸易免受非法限制和垄断的法案。联邦最高法院将贸易权和警察权定义为"排他的"（exclusive）权力，[4] 认为"贸易权和警察权的独立性（independence）以及它们之间的界限至关重要，无论有时多么令人困惑，都应该始终得到承认和遵守，因为一个提供了最强有力的联盟纽带，另一个对维护二元政府形式所要求的州自治至关重要"。[5] 联邦最高法院驳回了只要发现制造商有跨州运输货物的意图就可授予联邦政府管辖权的观点；在国会能够管制这些商品或其制造商之前，这些商品实际上必须是"处于贸易中"（in commerce）的。[6] 联邦最高法院警告不要适用更广泛的标准，即将国家权力扩大到"最终结果可能影响州外贸易的所有活动，因为留给州控制的商业运作和事务相对较少"。[7]

但如何判断属于"州内"还是"州际"？依然有很多解释学的作业。联邦最高法院发展出了"实质联系标准"，即只有对州际贸易有直接影响、与州

---

[1] Brown v. Maryland, 25 U. S. 419 (1827).
[2] United States v. DeWitt, 76 U. S. 41 (1869).
[3] United States v. DeWitt, 76 U. S. 41 (1869), p. 45.
[4] United States v. E. C. Knight Co., 156 U. S. 1 (1895), p. 11.
[5] United States v. E. C. Knight Co., 156 U. S. 1 (1895), p. 13.
[6] United States v. E. C. Knight Co., 156 U. S. 1 (1895), p. 13.
[7] United States v. E. C. Knight Co., 156 U. S. 1 (1895), p. 16.

际贸易有"密切实质联系"时,才属于贸易权的管辖范围。

1. "直接影响"标准的提出:谢科特家禽公司诉美国案

联邦最高法院在谢科特家禽公司诉美国案(A. L. A. Schechter Poultry Corp. v. United States)中提出"直接影响"标准,用以划分警察权与贸易权的范围。谢科特家禽公司诉美国案的争点是根据《国家工业复兴法》(National Industrial Recovery Act)颁布的《家禽法案》(Live Poultry Code)是否合宪。该法为了确保纽约市家禽业务的公平竞争,规定了一系列有关屠宰的行为规范。[1]联邦最高法院认为,尽管待屠宰的鸡主要来自州外,是州际贸易的结果,但屠宰场在州内活动,不能由国会管制,国会管制的是州际贸易后的"当前"(current)或"随后"(flow)的活动,[2]虽然对州际贸易有影响,但这种影响是"间接"而非"直接"的,国会不能以此行使贸易权。联邦最高法院还认为,州内贸易对州际贸易的"直接"(direct)影响和"间接"(indirect)影响的区别"对维护我们的宪法制度是基本的,是至关重要的",[3]仅仅对州际贸易有间接影响的活动应该保留给各州的警察权。[4]

2. "实质联系标准"的提出:美国国家劳动关系委员会诉琼斯&拉夫林钢铁公司案

1937年,美国国家劳动关系委员会诉琼斯&拉夫林钢铁公司案(National Labor Relations Bd. v. Jones & Laughlin Steel Corp.)出现。琼斯&拉夫林钢铁公司是一个业务横跨多个州的钢铁制造公司,因工会活动解雇了旗下10名雇员。美国国家劳动关系委员会以琼斯&拉夫林钢铁公司歧视工会成员,违反1935年颁发的《国家劳动关系法》(National Labor Relations Act)为由诉至法院,要求琼斯&拉夫林钢铁公司恢复10名雇员的职务,并补偿他们的工资损失。巡回上诉法院以该诉求超出联邦的权力范围为由驳回美国国家劳动关系委员会的诉求,美国国家劳动关系委员会遂诉至联邦最高法院。[5]首席大法官查尔斯·休斯执笔联邦最高法院多数意见,认为联邦政府可以管制"影响贸易"

---

〔1〕 A. L. A. Schechter Poultry Corp. v. United States, 295 U. S. 495 (1935).
〔2〕 A. L. A. Schechter Poultry Corp. v. United States, 295 U. S. 495 (1935), p. 543.
〔3〕 A. L. A. Schechter Poultry Corp. v. United States, 295 U. S. 495 (1935), p. 548.
〔4〕 A. L. A. Schechter Poultry Corp. v. United States, 295 U. S. 495 (1935), p. 546.
〔5〕 National Labor Relations Bd. v. Jones & Laughlin Steel Corp., 301 U. S. 1 (1937).

(affect commerce),[1]与州际贸易有"密切和实质性关系"（close and substantial relation）的活动，包括完全发生在州内的活动。[2]实质联系标准就此提出。

在随后判决的美国诉洛克皇家合作社案（United States v. Rock Royal Co-Operative, Inc.）中，联邦最高法院再次确认实质联系标准。洛克皇家合作社是纽约州大都市地区的牛奶生产销售商，收购并销售奶农的牛奶。农业部长根据1937年国会通过的《农业销售协议法案》（Agricultural Marketing Agreement Act）发布禁令，要求洛克皇家合作社遵守《农业销售协议法案》。该法案管制该地区牛奶的处理，并规定了牛奶的最低销售价格。洛克皇家合作社认为奶农向某个乡村工厂运送牛奶时的销售价格，是在州际贸易开始之前、已经完成的当地交易中约定好的，法案试图确定牛奶价格是违宪的。该案的争点是农业部长根据1937年《农业销售协议法案》发布的禁令的有效性问题。[3]大法官斯坦利·里德执笔的多数意见认为："纽约的液态奶营销至少与整个国家的乳制品行业有联系……当购买的商品供州以外的地方使用、销售是州际贸易的一部分……当州际运输的销售与州内交易混合在一起时，地方活动的存在并不妨碍联邦政府行使全面检查的管制权。"[4]因此，联邦最高法院再次认为，当州内贸易与州际贸易混合时，只要与州际贸易存在实质联系，联邦政府就有权管制。

3. "合理联系标准"的提出：美国诉达比案

实质联系标准提出不久，联邦最高法院就在美国诉达比案（United States v. Darby）中提出了合理联系标准。该案的争点是国会禁止州际贸易中装运由实际工资低于法定的最低工资或每周实际劳动时间高于法定的最高时间的雇员采伐制造的木材是否合宪，以及国会是否有权禁止以不符合规定的工资和时间雇佣工人生产用于州际贸易的货物。达比在佐治亚州从事获取原生木材并制成成品木材、运输给佐治亚州以外的客户的业务。达比以低于规定的最低工资或超过规定的最长工时雇佣工人装运，且不向工人支付加班工资。达比被控违反国会于1938年颁布的《公平劳动标准法案》（Fair Labor Standards

---

[1] National Labor Relations Bd. v. Jones & Laughlin Steel Corp., 301 U.S.1 (1937), p.32.
[2] National Labor Relations Bd. v. Jones & Laughlin Steel Corp., 301 U.S.1 (1937), p.37.
[3] United States v. Rock Royal Co-operative, Inc., 307 U.S.533 (1939).
[4] United States v. Rock Royal Co-operative, Inc., 307 U.S.533 (1939), pp.550~569.

Act），该法案规定了装运州际贸易中的特定产品和商品的工资和工时标准。[1]大法官哈伦·菲克斯·斯通执笔联邦最高法院意见，认为"国会对州际贸易的权力不仅限于对州际贸易的管制。它延伸到影响州际贸易或国会对其行使权力的州内活动，从而使对这些活动的管制成为实现合法目的的适当手段（appropriate means）……能够选择合理的手段（means reasonably）达到允许的目的，即便这些手段涉及对州内活动的控制……尽管所选择的手段本身不在授予的权力范围内，但被认为是在国家政府承认的权力范围内实现某种目的的适当辅助手段"。[2]联邦最高法院不要求管制手段一定在授权范围，与欲实现的目的有合理关联即可。

4."实质联系标准"的回归：维卡特诉费尔伯恩案

1941年维卡特诉费尔伯恩案（Wickard v. Filburn）的判决将"实质联系标准"再次带回。为了确保农产品的生产和消费之间的平衡，国会于1938年颁布了《农业调整法》（Agricultural Adjustment Act），该法允许农业部对小麦生产面积以及产量配额作出限制，还可以调整农作物的生产、价格和定额。该法要求农场主减产或按联邦划分的定额进行农产品的生产，联邦可采用补贴的方式补助遵守联邦规定的农场主，同时提高产品的价格。农业部部长有权限制小麦总产量，给每位小麦农规定相应数量的限额，任何试图超量生产的小麦农均要受到处罚。费尔伯恩是俄亥俄州的农场主，饲养奶牛与家禽并出售牛奶和鸡蛋，同时种植小麦，一部分用于喂养家禽，一部分制作面粉供自己的家庭食用，还有一部分留待次年播种。这些小麦没有卖给任何人，不仅没有越过州界，实际上也没有离开他的农场。根据《农业调整法》的规定，费尔伯恩在1940年7月收到了次年的小麦种植面积与产量通知，即11.1英亩的小麦分配面积和每英亩20.1蒲式耳小麦的产量。但他实际播种23英亩，多播种的11.9英亩土地共收获239蒲式耳。为此，他不但被农业部部长维卡特处以117.11美元的罚款，而且无权获得由农业部部长签发的上市销售许可证。于是，费尔伯恩向法院提起诉讼，认为留作自用的小麦不应受联邦管制，并提出《农业调整法》违反贸易条款。[3]联邦最高法院超越美国国家劳动关

---

[1] United States v. Darby, 312 U. S. 100 (1941).

[2] United States v. Darby, 312 U. S. 100 (1941), pp. 118~121.

[3] Wickard v. Filburn, 317 U. S. 111 (1941).

系委员会诉琼斯&拉夫林钢铁公司案确立的只有当州内活动与州际贸易有"密切和实质性的关系"时,联邦政府才能进入州内活动的标准。大法官杰克逊(Jackson)执笔联邦最高法院意见,认为"即使被告的活动是地方性的,尽管它可能不被视为贸易,但无论其性质如何,如果它对州际贸易产生实质性的经济影响(substantial economic effect),它仍然可以由国会立法管制"。[1]联邦最高法院裁决认为,尽管所讨论的小麦数量微不足道,但与所有其他处境相似的农民综合起来考虑,对州际贸易的潜在影响是巨大的。[2]即便受管制的小麦永远不会进入贸易流通,但它会与农民在市场上为家人购买的小麦竞争,"刺激贸易是管制的功能之一,就像禁止或限制贸易一样明确"。[3]因此,它会对州际贸易产生影响。维卡特诉费尔伯恩案表明实质联系标准并没有被美国诉达比案提出的合理联系标准湮没。

尽管在20世纪60年代以后,实质联系标准与合理联系标准一度你来我往,但最终还是实质联系标准占据上风。[4]时至今日,联邦最高法院依然坚持实质联系标准来界定贸易权的管辖范围,通过界定贸易权来区隔警察权。当然,实质联系标准本身就是一个极富弹性的标准,法院可以根据不同的经济社会条件,或严格或宽松地认定是否有实质联系。但无论如何,有标准总比没标准好,实质联系标准在多数案件中能基本清晰地界定贸易权的适用范围,从而扫清警察权概念边界中的落叶。

(二) 州际"贸易"属贸易权的适用范围,州内"非贸易"属警察权的适用范围

贸易是一种交易,没有任何交易的行为不是贸易。在美国诉洛佩兹案中,联邦最高法院判决,对一名违反禁止将枪支带入校园的联邦法律的青年定罪违宪。因为将枪支带入校园的行为不涉及州际贸易的渠道、工具、人员或事

---

[1] Wickard v. Filburn, 317 U.S. 111 (1941), p. 125.

[2] Wickard v. Filburn, 317 U.S. 111 (1941), pp. 127~128.

[3] Wickard v. Filburn, 317 U.S. 111 (1941), p. 128.

[4] See Heart of Atlanta Motel, Inc. v. United States, 379 U.S. 241 (1964). Katzenbach v. McClung, 379 U.S. 294 (1964). Perez v. United States, 402 U.S. 146 (1971). Russell v. United States, 471 U.S. 858 (1985). United States v. Lopez, 514 U.S. 549 (1995). 在经过一系列判例后,联邦最高法院终于在1995年的美国诉洛佩兹案中再次确认了实质联系标准,联邦最高法院认为"适当的标准要求分析受管制的活动是否'实质影响(substantially affects)'州际贸易"。United States v. Lopez, 514 U.S. 549 (1995), p. 559.

物，国会也没有证明将枪支带入校园的行为会对州际贸易产生实质性影响。[1]首席大法官伦奎斯特执笔的联邦最高法院多数意见在该案中描述了国会在其贸易权下可以管制的三大类活动，第一类，国会可以规范州际贸易渠道的使用；第二类，国会可以管理和保护州际贸易的工具，或州际贸易中的人或物，即使威胁可能只来自州内，国会也可以管制；第三类，国会的贸易权包括对那些与州际贸易有实质性关系的活动进行管制的权力。[2]随后，联邦最高法院在2000年的美国诉莫里森案中再次主张与贸易无关的活动不在贸易权的管辖范围内，并判决1994年国会颁布的《妇女受暴防治法》（Violence Against Women Act）违宪。弗吉尼亚理工大学的一名女学生声称她在宿舍被弗吉尼亚理工大学足球队成员莫里森性侵，她根据《妇女受暴防治法》的规定，向联邦最高法院对莫里森提起民事救济。[3]首席大法官伦奎斯特再次执笔联邦最高法院多数意见，延续美国诉洛佩兹案要旨，认为《妇女受暴防治法》超越了国会贸易条款授予的权力。联邦最高法院认为，不能淡化受管制活动的经济性质在贸易条款中的作用，[4]《妇女受暴防治法》关注的是所有地方的性暴力，而不是针对州际贸易、州际市场或州际贸易中的事物或个人的暴力。无论是莫里森还是受害人都没有使用州际贸易的渠道或工具，本案所涉行为都不是贸易，性暴力也没有对州际贸易产生实质性影响。[5]

美国诉洛佩兹案和美国诉莫里森案都涉及教育和犯罪，这是两个州而不是联邦的传统责任领域。总体上说，联邦最高法院对国会的经济管制倾向于尊重，如果不是非常明显地超出"州际贸易"的范围，联邦最高法院都会判决国会立法合宪。但如果国会进行的不是经济管制，侵犯了历史上就明确留给各州政策处理的领域，联邦最高法院就会判决国会立法违宪。吉尔·辛菲尔德（Gil. Seinfeld）认为联邦最高法院以经济行为和非经济行为的区别解释贸易是徒劳的，[6]但对联邦最高法院不宜苛责，毕竟许多教义只能在个案中

---

[1] United States v. Lopez, 514 U. S. 549 (1995).
[2] United States v. Lopez, 514 U. S. 549 (1995), p. 559.
[3] United States v. Morrison, 529 U. S. 598 (2000).
[4] United States v. Morrison, 529 U. S. 598 (2000), p. 610.
[5] United States v. Morrison, 529 U. S. 598 (2000), p. 609.
[6] Gil. Seinfeld, "The Possibility of Pretext Analysis in Commerce Clause Adjudication", *Notre Dame Law Review*, 78 (2003), pp. 1251~1328.

把握，不能以此否定标准的一般意义。

（三）贸易权的"警察化"及其限度

联邦层面也会有警察权行使的必要，但联邦没有警察权，于是，联邦时常以贸易权行使警察权的职能，贸易权的警察化现象便出现了。以贸易权行使警察权的职能是否合宪？边界在哪里？贸易权行使客观上能实现警察权的目的，不影响贸易权的性质；如果州的警察权无法实现列表目的，联邦通过行使贸易权实现了该目的，不能认定贸易权行使违宪，这是1903年钱皮恩诉阿莫斯案（Champion v. Ames）确立的教义。钱皮恩诉阿莫斯案的系争问题是禁止州际彩票交易的联邦制定法是否合宪。为阻止彩票在全国及州际市场上流通，国会于1895年颁布的《彩票法》（Lottery Act）规定，将彩票从美国的一州运送至另一个州的行为构成犯罪。原告钱皮恩因通过快递公司将从得克萨斯州圣安东尼奥市购买的彩票运输至加利福尼亚州夫勒斯诺市被捕，钱皮恩以自己的行为不构成州际贸易以及国会不享有禁止彩票州际流通的权力为由，诉至法院。联邦最高法院认为，"广泛流行的彩票瘟疫"已被许多州定为犯罪，它们被认为是"一种如此骇人听闻的恶"，[1]但如果让贸易条款继续休眠（Dormant），那么彩票的州际运输便无法被各州阻止，因此，联邦立法是有效控制彩票销售的唯一选择。联邦最高法院最终判决《彩票法》合宪，认为"明显损害公共道德"（confessedly injurious to the public morals）的项目不是合法的州际贸易，联邦有权管辖。[2]钱皮恩诉阿莫斯案的判决回答了这样一个问题：维系公共道德是警察权的目的，但是不是只有警察权才能维系公共道德？其他权力都不能染指？答案是否定的。跨越州的交易很多都违反公共道德，但州警察权无法有效禁止，而联邦的贸易权可以有效进入。

联邦最高法院在1908年凯勒诉美国案（Keller v. United States）中仍原则上承认维系公共道德属于州警察权的管辖范围，认为保护公共道德的权力"属于公认的警察权的定义范围，通常保留给各州"，[3]但明确表示，超越各

---

[1] Champion v. Ames, 188 U. S. 321 (1903), pp. 357~358.

[2] Champion v. Ames, 188 U. S. 321 (1903), p. 357.

[3] Keller v. United States, 213 U. S. 138 (1908), p. 144. 大法官布鲁尔执笔的联邦最高法院多数意见认为："换句话说，迄今为止一直被认为特别属于各州管辖范围内的大量立法，可能会被国会从各州手中夺走。虽然国会还没有在很大程度上进入这一立法领域，但如果它有权力，它可能会这样做。我们应该面对这个国家内部条件的这种变化，这是制宪者从未梦想过的。" Keller v. United States, 213 U. S. 138 (1908), pp. 148~149.

州界限的贸易如果违反公共道德，由于各州已经无法通过行使警察权遏制，属于贸易权适用的范围。1913年，联邦最高法院判决了霍克诉美国案（Hoke v. United States），该案事关将跨洲运输性交易者入罪的《曼恩法》（White Slave Act）是否合宪。《曼恩法》规定，任何人为卖淫或其他不道德目的，在州际贸易中故意运送或协助运送妇女或未成年女性，构成联邦犯罪。霍克被控故意劝说、引诱一名妇女从路易斯安那州的新奥尔良市前往得克萨斯州的博蒙特市从事以卖淫为目的的州际贸易。霍克以人的流动不属于贸易，性交易属于警察权的管辖范围为由，主张《曼恩法》违宪。[1]联邦最高法院在该案判决中承认了通过管制州际贸易实现了"联邦警察权"的功能，[2]这时，联邦拥有的贸易权与各州在其境内所拥有的警察权类似，但各州不能将在"几个州之间"（among the several States）发生的事情定为刑事犯罪，只能由联邦通过贸易权管辖，《曼恩法》合宪。[3]

总体上看，联邦最高法院在区分贸易权的适用范围和警察权的适用范围时，坚持客观的"实质联系"标准，与州际贸易活动有"实质联系"的活动属贸易权的适用范围，否则可能属于警察权的适用范围，着眼于活动本身而不是活动的动机和目的。如果国会意图实现警察权目的列表中的目的，但其管制的活动确实与州际贸易存在实质联系，联邦最高法院倾向于判决合宪；反之，即便国会并没有实现警察权目的列表中的目的的意图，但其管制的活动与州际贸易没有"实质联系"，联邦最高法院会判决违宪。

三、警察权与征收权的区分

警察权和征收权同是主权性权力，都能够对财产权施加限制与负担，但程度有天壤之别，作为征收理由的"公用标准"和作为警察权行使理由的公共目的也殊不相同。警察权和征收权原本界限清晰，但随着作为警察权和征收权行使理由的公共项目的概念的扩张，警察权和征收权的适用范围交叠，概念上的区隔日益困难。尤其是在罗斯福实行新政后，警察权日益演变为政府建设福利国家的工具，警察权概念逐渐肥大，而作为征收理由的"公用标

---

[1] Hoke v. United States, 227 U.S. 308 (1913).

[2] 联邦最高法院在判决中写道："保留给各州的权力和授予国家的权力，无论是独立行使还是同时行使，都是为了促进一般福利、物质和道德。" Hoke v. United States, 227 U.S. 308 (1913), p. 322.

[3] Hoke v. United States, 227 U.S. 308 (1913), pp. 321~323.

准"又模糊化为"公共目的",警察权概念与征收权概念更加"你中有我,我中有你"。与此同时,管制性征收概念的出现,意味着警察权与征收权仅仅是对财产权的影响程度有差异,要"抓拍"到量变到质变的那一瞬间再迅速定格,并以此区分警察权和征收权,难上加难。有学者曾形象地比喻警察权与征收权之间有一块灰色地带,也就是霍姆斯大法官所称的"走得太远"(too far),二者在这个灰色地带上互相拉扯,各自的范围此消彼长。[1]但警察权和征收权行使的法律后果完全不同,法律人必须建立起一系列标准界分二者的概念视域。也许,每一个区分标准都无法精确,甚至可以被"证伪",但多个标准合致,仍然可以基本清晰地区分警察权概念和征收权概念。

(一) 区分警察权概念与征收权概念的一般标准

1. 渊源区分:起源于司法的概念和来自成文宪法的概念

早在北美殖民地时期,征收权就作为主权性权力广泛应用于土地开发活动中,旨在公正补偿后取得公民财产。那一时代的警察活动深受英国法影响,旨在防止个人侵害其他公民或者公众,警察权概念尚未诞生。征收与警察活动几乎不重叠,征收权的概念早于警察权的概念。

征收权不同于警察权,是成文宪法中的概念,《宪法第五修正案》规定,"未经公正补偿,不得以公用为目的征收私有财产"。征收权是征收(expropriation)和剥夺(take)财产的权力,是与财产权相对的概念,主要集中在财产权领域讨论;警察权是为了公共健康、公共安全、公共福利或公共道德进行管制的权力,是与联邦权力、公民一般宪法权利相对的概念,主要集中在联邦与州的关系领域、管制权与公民一般宪法权利的关系领域讨论。

2. 功能之别:抑制妨害与增加利益

在与财产相关的领域,政府行使征收权还是行使警察权,主要与政府关注的问题有关:政府是否行使征收权取决于政府获得私有财产后计划如何利用;政府是否行使警察权取决于财产权人在政府采取行动之前如何利用自己的财产。[2]简单地说,之所以对财产权行使警察权,是因为财产权"有害"于公众;之所以对财产权行使征收权,是因为财产权"有益"于公众。根据

---

[1] See Lynda J. Oswald, "Property Rights Legislation and the Police Power", *American Business Law Journal*, 37 (2000), p. 531.

[2] Christopher Supino, "The Police Power and 'Public Use': Balancing the Public Interest Against Private Rights Through Principled Constitutional Distinctions", *West Virginia Law Review*, 110 (2008), p. 729.

警察权概念的变迁

《宪法第五修正案》的规定,"未经公正补偿,不得以公用为目的征收私有财产",征收权是将通过征收获取的私有财产充作公用,以便为公众带来利益;警察权的基因是妨害理论,基本功能是抑制妨害。警察权根植于普通法体系,深受"使用自己的财产应不损及他人的财产"(sic utere tuo ut alienum non laedas)这一反妨害(anti-nuisance)概念的影响,詹姆斯·肯特在《美国法释义》中将警察权的前身描述为:"虽然财产受到保护,但立法者有权规定使用财产的方式和方法,只要这对于防止滥用权利伤害或妨害他人或者公众是必要的。政府能够通过一般管制禁止可能造成妨害以及对公民的生命、健康、和平或舒适造成危险的财产用途。有害身心的贸易、屠宰场、侵害感官的操作、火药保管、蒸汽动力推动汽车的应用、可燃材料的建筑以及死者的埋葬,都可能被法律禁止。在人口密集区,根据共识和理性的原则,每个人都应该在不伤害他邻人的情况下使用财产,私人利益必须服从共同体的一般利益。"[1]

警察权和征收权本质上都有管制的功能,但征收权通常不涉及管制普通法上禁止或限制妨害一类的立法活动,[2]预防妨害是警察权的职能。首席大法官马歇尔在1824年吉本斯诉奥格登案中就宣布"使用自己的财产应不损及他人的财产"是一条基本准则,而且规定一个人如何使用自己的财产而不损害他邻人的财产是州议会的事务。[3]联邦最高法院在1887年穆勒诉堪萨斯州案的判决中阐明了警察权和征收权的区分,并确立了"损害/利益"("harm/benefit")标准:旨在通过将私有财产充作公用来获取利益的政府行为是征收权的行使,旨在防止损害公共健康、公共安全、公共福利或公共道德的政府行为是警察权的行使。[4]

19世纪杰出的警察权研究学者恩斯特·弗罗因德清楚阐明了警察权抑制妨害同征收权增加利益的功能之别:"根据警察权,财产权受到损害不是因为它们对公众有用或必要,或者因为无视它们可以获得一些公共利益,而是因为人们认为它们的自由行使有损于公共利益;可以说,州通过征收权征收财产是因为它对公众有用,根据警察权管制是因为它有害,或者正如布拉德利

---

[1] James Kent, *Commentaries on American Law*, O. Halsted, 1827, p. 340.
[2] Lucas v. South Carolina Coastal Council, 505 U. S. 1003(1992), pp. 1029~1030.
[3] Gibbons v. Ogden, 22 U. S. (9 Wheat.) 1 (1824), pp. 53~54.
[4] Mugler v. Kansas, 123 U. S. 623 (1887), pp. 648~681.

(Bradley) 大法官所说,因为'财产本身是公众损害的原因'"。[1]

3. 结果之别:无需补偿与公正补偿

征收与补偿是唇齿条款,有征收必有补偿。事实上,财产权人因公共利益遭受损失获得补偿的权利并不是征收权概念中固有的,而是由宪法和法律的命令强加于主权政府的。[2]政府肯定有不支付补偿获得私有财产的动机,补偿有双重功能:抑制政府的"财政"冲动,将政府取得私有财产的成本"内部化";保护私有财产权,不强迫一个人或者一部分人承受按照公平正义原则本应由公众承受的负担,即财产权人不承受不合比例的负担。[3]

警察权虽然可能会对财产权施加限制,但如果该管制是警察权的有效行使,就无需补偿。行使财产权妨害他人是警察权启动的前提,警察权仅适用于妨害性的私人行为,本质上是调和不同私有财产权之间的冲突,政府并不从中受益。警察权没有剥夺财产权,不需要补偿财产权人因自身妨害行为引发的负担或损失。[4]几乎所有州都宣称,作为其财产法的一个基本要素,所有财产都应符合并服从于州保留的管制保护公共健康、安全、道德和一般福利的警察权。因此,警察权是财产权的固有限制,是州法对财产本身的定义的一部分。[5]所有的私有财产权都有隐含的义务,即财产权人使用财产不得损害公众利益。[6]联邦最高法院在1906年芝加哥、伯灵顿＆昆西铁路公司诉伊利诺伊州案(Chicago, B. & Q. Ry. Co. v. People of State of Illinois)的判决中阐明了行使警察权无需补偿的原因:"如果所诉损害只是为公共利益合法行使政府权力的附带(incidental)结果,那么就不存在因公用征收财产的情况,

---

[1] Ernst Freund, *The Police Power: Public Policy and Constitutional Rights*, Callaghan & Company, 1904, pp. 546~547.

[2] Ross D. Netherton, "Implementation of Land Use Policy: Police Power vs. Eminent Domain", *Land & Water Law Review*, 3 (1968), p. 39.

[3] Armstrong v. United States, 364 U. S. 40 (1960), p. 49.

[4] Christopher Supino, "The Police Power and 'Public Use': Balancing the Public Interest Against Private Rights Through Principled Constitutional Distinctions", *West Virginia Law Review*, 110 (2008), p. 729.

[5] Bradley C. Karkkainen, "The Police Power Revisited: Phantom Incorporation and the Roots of the Takings 'Muddle'", *Minnesota Law Review*, 90 (2006), pp. 830~831.

[6] See Frank I. Michelman, "Property, Utility, and Fairness: Comments on the Ethical Foundation of 'Just Compensation' Law", Harv. L. Rev., 80 (1967), pp. 1165, 1235~1237.

而且根据宪法的规定，也不存在因遭受损害而获得补偿的权利。"[1]2020年南卡罗来纳州地方法院在阳诉多切斯特县案（Yawn v. Dorchester County）中再次引用这段话，并认定被告喷洒杀虫剂造成原告阳的蜜蜂损失"并非故意"（unintentional），因为适当行使警察权也会有"不幸后果"[2]，因正当合法行使警察权引发的"不幸后果"不予补偿。

（二）警察权概念与管制性征收概念的区分

典型的征收与警察权的行使容易区分，典型的征收要遵循严格的征收程序，政府也会作出征收决定。但如果政府管制极度严苛，在客观上达到了征收效果，也会构成管制性征收。管制性征收的"外观"是"管制"，不是"征收"，类似于警察权的行使，这时如何区分征收权与警察权？在财产法领域，"管制性征收"是警察权行使的边界之一，当警察权的行使给财产权造成不合比例的负担时，就构成需要补偿的征收。

随着警察权概念的肥大化，警察权的功能列表不再限于禁止妨害，还可以积极地促进一系列公共目的，与征收权行使的目的合拢。"排除妨害曾被认为是击败财产权的唯一例外，但什么是妨害，却不断出现例外。众多例外不断突破传统妨害理论边界，妨害理论的边界日益模糊"，[3]促进公共福利等系列目标进入警察权的目的列表，过去作为警察权全部目的的禁止妨害淡化为目的之一，正向促进公共安全、公共福利等也被视为警察权的目的。与此同时，征收权的"公用标准"渐趋模糊，"公共目的"开始作为"公用"的权威解释。从目的和功能的层面已经无法区分征收权和警察权，在具体的案例中又必须区分，法院在长期的司法审查实践中累积起了区分警察权和管制性征收的教义。该教义包含三个部分：政府行为的性质——是禁止妨害还是促进政府利益；给财产权造成损害的程度；对合理投资预期的影响程度。政府行为的性质，即政府行为的目的是禁止妨害还是促进政府利益在前一部分已经论述，给财产权造成损害的程度和对财产权人合理投资预期的影响程度可以合称为对财产权的影响程度，因此，这里只讨论对财产权的影响程度。

一般认为，管制性征收的概念起源于宾夕法尼亚煤炭公司诉马洪案（Penn-

---

[1] Chicago, B. & Q. Ry. Co. v. People of State of Illinois, 200 U.S. 561 (1906), pp. 593~594.
[2] Yawn v. Dorchester County, 446 F. Supp. 3d 41 (2020), p. 46.
[3] 刘连泰：《确定"管制性征收"的坐标系》，载《法治研究》2014年第3期，第32页。

sylvania Coal Co. v. Mahon）的判决，如果警察权管制"走得太远"（too far），那么它就相当于构成征收。"走得太远"标准将征收问题简化为一个程度问题以及事实和法律相混合的问题，很像合理性标准。霍姆斯大法官认为，传统的征收和传统的警察权行使之间没有质的区别，只有一个连续体，即既定的财产利益被要求或多或少地屈服于公众需求的压力。[1]在这个连续体中会有一个临界点，越过即超过限度，构成征收。

"走得太远"标准是霍姆斯大法官提出的。霍姆斯大法官在州法院任职时，就已经表现出某种倾向。在1889年赖德奥特诉诺克斯案（Rideout v. Knox）的判决中，霍姆斯大法官就全面地阐述了合法行使警察权和不予补偿的征收（uncompensated takings）之间的区别是"程度的区别"（difference of degree）"，而不是种类（kind）的区别。[2]法院判决马萨诸塞州禁止业主建造高度超过6英尺的围栏的制定法合宪，同时指出，如果再做更多的限制可能违宪。霍姆斯大法官在法院多数意见中说道，警察权和征收权的"区别只是程度上的。如果仔细分析，大多数差异都是如此。无论如何，程度的不同是决定立法机关行使警察权还是征收权的区别之一。为了防止明显的恶，可能会对既存的财产权施加一些小的限制；除非行使征收权，否则不能施加更大的限制"。[3]霍姆斯大法官通过利益衡量标准（balancing test）判决该制定法合宪："总的来说，考虑到伤害的微小性、要避免的恶的性质、被告既存的普通法权利、为恶意目的设置围栏的准偶然性质（the quasi accidental character），以及警察管制以大大降低财产价值的方式限制财产的使用之可能性等事实，我们认为该法案条款是合宪的。"[4]

霍姆斯大法官在1891年的米勒诉霍顿案（Miller v. Horton）中再次重申警察权与征收权的区别在于程度。该案的起因是地方政府官员为防止传染病的传播杀掉了一匹马，事后证明这匹马是健康的。马的主人根据州宪法的征收条款要求补偿。七人法庭中的3名法官拒绝支持补偿要求，理由是该委员会的命令是为了减少妨害的警察权的有效行使。霍姆斯大法官执笔的多数意见支持马的主人获得补偿，他将是否因征收条款要求补偿的问题理解为程度

---

［1］ Joseph L. Sax, "Takings and The Police Power", *Yale Law Journal*, 74（1964）, p. 41.
［2］ Rideout v. Knox, 148 Mass. 368（1889）.
［3］ Rideout v. Knox, 148 Mass. 368（1889）, pp. 372~373.
［4］ Rideout v. Knox, 148 Mass. 368（1889）, p. 374.

警察权概念的变迁

问题，"管理财产时采取的预防措施……和下令毁坏财产之间，存在相当重要的程度差异"。[1]霍姆斯大法官并不认同旨在减少妨害的制定法必须都是有效的规则，他认为妨害类别是空洞的，[2]禁止妨害也可能构成征收。

1922年的宾夕法尼亚煤炭公司诉马洪案正式破除了警察权与征收权在目的维度的"次元壁"，认为二者仅存在程度上的差异。在历史上，征收条款只适用于财产的物理性征收。直到1922年宾夕法尼亚煤炭公司诉马洪案的判决，联邦最高法院认为，一项在实质上和物理性征收具有相同效果的管制，其本身就是一项应予补偿的征收权的行使。马洪拥有一幢房屋，但房屋土地的地下权属于宾夕法尼亚煤炭公司，宾夕法尼亚煤炭公司一直在房屋下采煤。马洪以宾夕法尼亚煤炭公司在其房屋地下开采煤炭或致地面下沉为由，根据1921年的《科勒法案》（Kohler Act）提起诉讼，要求法院颁发禁令。根据《科勒法案》的规定，开采无烟煤不得造成房屋下陷。宾夕法尼亚煤炭公司认为《科勒法案》违宪，案件最后到了联邦最高法院。宾夕法尼亚煤炭公司诉马洪案发生时，霍姆斯已经在联邦最高法院任职。霍姆斯大法官执笔的多数意见延续了他在1889年赖德奥特诉诺克斯案和1891年米勒诉霍顿案中的裁判思路，认为这是一个"程度问题"（question of degree），而且"不能由一般命题来解决"，[3]"尽管可以在一定程度上管制财产，但如果政府管制走得太远，将构成一项征收"。[4]换句话说，霍姆斯大法官执笔的多数意见认为《科勒法案》构成违宪的征收。

宾夕法尼亚煤炭公司诉马洪案是第一个认为行使警察权违反了公正补偿条款的判例，被视为诠释管制性征收概念的基础判例。虽然霍姆斯大法官在提出宾夕法尼亚煤炭公司诉马洪案中的著名意见后拒绝提供任何关于如何确定一项制定法何时"走得太远"的一般性指导，并说"这是一个程度问题——因此不能用一般的主张来解决"，[5]但宾夕法尼亚煤炭公司诉马洪案确立的教义能够被分解为三个层次：第一，管制是否构成一项征收是一个程度

---

[1] Miller v. Horton, 152 Mass. 540 (1891), p.547.

[2] William Michael Treanor, "Jam for Justice Holmes: Reassessing the Significance of Mahon", *Georgetown Law Journal*, 86 (1998), p.843.

[3] Pennsylvania Coal Co. v. Mahon, 260 U.S. 393 (1922), p.416.

[4] Pennsylvania Coal Co. v. Mahon, 260 U.S. 393 (1922), p.415.

[5] Pennsylvania Coal Co. v. Mahon, 260 U.S. 393 (1922), p.416.

问题，主要取决于它限制所有者行使其所拥有的财产权的程度；第二，限制程度的衡量不可避免地要讨论所有者利益的货币价值减少的百分比；第三，只要不要求完全禁止使用，只有一些限定词如"几乎被毁"出现，"走得太远"标准就不可避免是模糊的。[1]征收权与警察权的程度之别体现在对财产权利施加的限制是大是小，警察权只能对与财产相关的权利施加一些小的限制，更大的限制只能通过行使征收权。尽管程度之别的说辞本身就有很大解释空间，但该说法一直被法院在讨论警察权和征收权的区别时援引。后续发展出的"平均利益互惠"其实也是在讨论财产权人受到的损害和享受到的利益之间是否能够大致折抵，如果能，就不构成管制性征收；如果不能，就构成管制性征收。

四、警察权与一般管制权的区分

随着新兴权力的崛起，美国法上警察权概念的活跃度显然不如19世纪和20世纪，近来有关警察权的判例中，警察权概念一般作为定语修饰管制。[2]这是敲响警察权死亡的丧钟吗？警察权仅仅是一个"化石"概念吗？当然不是，它依然是法院分析案件的有力工具。这是因为警察权也具有管制功能，一般管制权又是借着警察权的羽翼成长。警察权与一般管制权尽管时有混用，但二者在多个方面存在差异，一般管制权无法反噬警察权，警察权概念依然具有不可替代的阐释价值和制度功能。

(一) 一般管制权的来源：一般管制权的正当性依据是警察权

一般管制权和警察权都有提高经济效率、促进环境可持续发展、提升道德和公共福利的功能，市场和社会无法总是在自治中完美。但二者并非孪生的概念，管制权根植于警察权的内部，从警察权中脱胎的管制权带有无法抹去的警察权胎记。

警察权经常要讨论的问题是政府为什么干预，管制权则讨论如何干预。警察权涉及正当性，管制权涉及科学性。如果追问管制权的正当性，必须求

---

[1] William B. Stoebuck, "Police Power, Takings, and Due Process", *Washington and Lee Law Review*, 37 (1980), pp. 1062~1063.

[2] Schulman v. Cal. State Water Res. Control Bd. (In re Lazar), 200 B. R. 358 (1996). Goodridge v. Dep't of Pub. Health, 440 Mass. 309 (2003). Am. Trucking Ass'ns v. State, 180 N. J. 377 (2003). Robert v. State, 327 So. 3d 546 (2021).

诸警察权概念。要理解管制权从何而来，必须先明确美国政府的权力来源。美国《宪法》表达了欧洲启蒙价值观及其政治哲学，共和政体和美国《宪法》通常被描述为启蒙运动皇冠上的两颗宝石，美国《宪法》是处理人民与政府、联邦与州关系的最高法律。霍布斯（Hobbes）和洛克（Locke）对建国一代影响巨大，他们的著作时常被当作解读美国《宪法》的钥匙。霍布斯在他的经典著作《利维坦》中写道，人类的自然生存状态是每一个人对每一个人的战争，为了他们自己的自我保护人类自愿签订契约组成政府，并赋予它主权权力来限制人们互相伤害。因此，建立政府的根本目的之一是保护人们免受彼此伤害，即保护公共安全和良好秩序，这为宪法中称之为主权性权力的一般警察权提供了基础。洛克的著作及观点是美国共和党制度实践重要的知识源泉，他对人类状况的看法比霍布斯乐观。洛克认为，人类生来就有生命、自由和财产的自然权利，人类会同意生活在保护其自然权利的政府之下。政府通过警察权保护公民以财产权为首的自然权利。[1]

警察权作为管制权的正当性依据，法院判决早已有之。联邦最高法院在1872年的屠宰场系列案就大段引用詹姆斯·肯特的《美国法释义》。詹姆斯·肯特认为政府有一般管制权，联邦最高法院认为这种一般管制权来源于警察权。"即便财产受到保护，立法者仍然有权规定使用财产的方式和方法，只要这对于防止滥用权利伤害或妨害他人或者公众是必要的。政府能够通过一般管制禁止可能造成妨害以及对公民的生命、健康、和平或舒适造成危险的财产用途。……每个人都应该在不伤害他邻人的情况下使用财产，私人利益必须服从共同体的一般利益。"[2]联邦最高法院在1872年屠宰场系列案的判决中认为"这就是所谓的警察权"。[3]"州管制权的实质根源可以在早期的现代警察概念中找到"，[4]切中肯綮。

联邦最高法院在1876年芒恩诉伊利诺伊州案判决中有关管制权和警察权关系的阐述，几乎是拷贝了启蒙哲学的经典话语："当一个人成为社会的一员

---

［1］ Mark C. Christie, "Economic Regulation in The United States: The Constitutional Framework", *University of Richmond Law Review*, 40 (2006), pp. 953~954.

［2］ James Kent, *Commentaries on American Law*, O. Halsted, 1827, p. 340.

［3］ Slaughter-House Cases, 83 U. S. 36 (1872), p. 62.

［4］ William J. Novak, *The People's Welfare: Law and Regulation in Nineteenth-Century America*, The University of North Carolina Press, 1996, p. 13.

时，他必然会放弃一些权利或特权，作为一个不受他与他人关系影响的个人，他可能会保留一些权利或特权。'一个政治体'，正如《马萨诸塞州宪法》（Constitution of Massachusetts）序言中恰当地定义的那样，'是一种社会契约，全体人民通过它与每一个公民……每一个公民与全体人民签订契约，为了共同的利益，所有人都应受某些法律管理。'这并没有赋予全体人民控制纯粹私人权利的权力，但它确实授权制定法律，要求每个公民使用自己的财产时不损及他人财产。这就是政府的本质，警察权源于此。正如首席大法官塔尼先生所说的那样，'无非是每个主权固有的政府权力。'根据这些权力，政府管制（regulates）公民之间的行为，当这种管制（regulation）对公共利益有必要时，管理每个公民使用自己财产的方式。……本院认为，从未有人成功地认为这种立法属于宪法禁止干涉私人财产的范围。"[1]"根据这些权力"来管制，"这些权力"显然就是警察权。

成文宪法诞生后，联邦没有警察权，联邦的权力限于美国《宪法》明文列举的范围，不能诉诸一般意义上的警察权进行管制。但州有警察权，州宪法与联邦宪法的功能有所区别，州宪法一般并未穷尽列举政府的权力，州也不是总能找到明文列举的权力行使管制权，警察权的概念这时便出场了，在司法中发育出来的警察权概念几乎像一个"宪法公理"一样发挥着阐释功能，证成州可以管制，也划定州管制的边界。例如，在布法罗诉韦伯斯特案（Vill. of Buffalo v. Webster）的判决中，纽约州最高法院维持了一项管制肉类销售的自治市禁令，认为该禁令属于警察权的行使，在"宪法赋予的权力范围内；这本身是合理的，有利于促进公共利益"。[2]再如，在洛弗尔诉格里芬市案（Lovell v. City of Griffin, Ga）的判决中，联邦最高法院言明州管制的权力不能过于宽泛，不能逾越警察权的范围。[3]佐治亚州格里芬市颁布一项禁令，该法令禁止在任何时间、任何地点，未经城市管理者许可，以任何方式分发任何种类的文献。洛弗尔在未经许可的情况下散发了一本宗教传单性质的小册子，被处罚款，因拖欠50美元罚款被判处监禁50天。洛弗尔以新闻自由和宗教信仰自由为由，不服判决，最终诉至联邦最高法院。查尔斯·休

---

[1] Munn v. People of State of Illinois, 94 U. S. 113（1876），pp. 124~125.

[2] Vill. of Buffalo v. Webster, 10 Wend. 99（1833），p. 101.

[3] Lovell v. City of Griffin, Ga, 303 U. S. 444（1938）.

斯大法官执笔法院意见，首先分析该禁令禁止的文献性质："该禁令并不局限于淫秽或冒犯公共道德或宣扬非法行为的'文学作品'。没有迹象表明在本案中散发的小册子和杂志具有那种性质。该禁令包括最广义的'文学'。"[1]然后分析禁止的方式："它不限于可能被视为与维护公共秩序不一致或涉及扰乱治安、骚扰居民或滥用街道或乱扔垃圾的方式。"[2]最后得出结论："本院认为，该禁令明显无效。无论是出于什么动机，它的特点是通过对新闻自由进行许可和审查，打击了新闻自由的基础。"[3]这一判例说明州的管制权再宽泛，也不能打击《宪法第一修正案》规定的权利。

（二）区分联邦的权力和州的权力：州有警察权，联邦没有警察权

联邦和州都有管制权，无法仅用管制概念区分联邦和州的权限范围。即便19世纪的法院在使用"管制"（regulation）一词时极其克制，但在整个19世纪，管制一词在联邦案件中的使用仍极为普遍。据学者统计，在1813年至1845年的联邦案件中，其中80%的案件独立使用"管制"一词。即便有其他词汇限定"管制"，通常都是与一些相对无害的形容词相结合，如"市政"（municipal）、"内部"（internal）或"一般"（general）。"警察管制"（police regulation）和"公共管制"（public regulation）的用法也极其少见，毕竟在1870年之前裁决的2027起使用"管制"一词的联邦案件中，只有60起出现过这种用法。[4]

但企图通过极少的限定词区分联邦与州的权力几乎不可能，而且法院不会一直如19世纪那般克制。进入20世纪后，联邦法院在判决中频繁使用"管制"（regulation或regulate）一词。在1932年的斯迈利诉霍尔姆案（Smiley v. Holm）中，联邦最高法院将美国《宪法》第1条第4款中的"管制"解释为："显然指的是州立法机关有权就国会选举制定的具有同样的一般性质的管制。在行使该权力时，国会可以补充州的这些管制，也可以用自己的管制代替。它可以对违反州法律的行为施加额外的处罚，或者处以独立制裁……但是这种广泛的权力是由与诉争相关的宪法条款所赋予的，并由国会在制定'此类管

---

[1] Lovell v. City of Griffin, Ga, 303 U.S. 444 (1938), p.451.
[2] Lovell v. City of Griffin, Ga, 303 U.S. 444 (1938), p.451.
[3] Lovell v. City of Griffin, Ga, 303 U.S. 444 (1938), p.451.
[4] William J. Novak, "Common Regulation: Legal Origins of State Power in America", *Hastings Law Journal*, 45 (1994), footnote 57, p.1081.

制'时行使,也就是说,如果国会没有否决立法(overruling action),州立法机关可以就同一主题制定此类管制。"〔1〕美国《宪法》贸易条款中使用作为动词的"管制"(regulate),即制定管制(名词性的,regulation)的权力,意指国会管理州际贸易时通过法律的权力。〔2〕在南达科他州诉努斯案(State v. Nuss)中,南达科他州最高法院在意见中多次援引判例,阐明州也有管制权,多依托警察权行使,"立法机关拥有广泛的裁量权来管制任何和所有业务以保护人民的健康、安全、道德和一般福利,这一点不再有太多疑问"。〔3〕"正当程序仍然要求警察权的任何行使都是合理的……立法机关采取的管制手段(regulatory means)必须与某些实际或明显的恶有着真实和实质性的联系。"〔4〕管制是警察权行使的形式之一,法院分析案情时也常常是"管制""禁令""地方法则""警察权"混同使用,〔5〕难分你我。

由此可见,无论有无成文法的约束,无论是联邦案件还是州案件,无论是联邦法院法官的措辞,还是州法院法官的表述,很难在形式上通过寥寥数个单词区分一项权力属于联邦的管制,还是州的管制。但联邦法院和州法院始终坚持警察权属于各州、联邦没有警察权的立场,为解决这一问题提供分析框架:警察权仅仅属于州,只要论证一项联邦的管制属于警察权的行使,就意味着联邦的管制违宪。

例如,在阿梅诉达格南案(Hammer v. Dagenhart)中,联邦最高法院推翻了一项管制童工的联邦法律。〔6〕1916年,国会通过了一项管制童工的联邦法律,该法案规定禁止跨越州界运输在不符合《联邦童工法》(Child Labor Law)的工厂生产的货物。雇佣工人的工厂位于北卡罗来纳州,该州有不允许12岁以下的儿童工作的法案。该案的争点是,联邦法律是否合宪。威廉·戴大法官执笔联邦最高法院多数意见,首先讨论国会与警察权的关系,认为"国会无权要求各州行使警察权以防止可能的不公平竞争"。〔7〕然后解释国会拥有的

---

〔1〕 Smiley v. Holm, 285 U. S. 355 (1932), pp. 366~367.

〔2〕 Paul E. McGreal, "Unconstitutional Politics", *Notre Dame Law Review*, 76 (2001), p. 564.

〔3〕 State v. Nuss, 79 S. D. 522 (1962), p. 527.

〔4〕 State v. Nuss, 79 S. D. 522 (1962), p. 528.

〔5〕 See State v. Nuss, 79 S. D. 522 (1962). In re Mamaroneck, 208 A. D. 330 (1924). Brooklyn Center v. Rippen, 255 Minn. 334 (1959).

〔6〕 Hammer v. Dagenhart, 247 U. S. 251 (1918).

〔7〕 Hammer v. Dagenhart, 247 U. S. 251 (1918), p. 273.

贸易管制权的界限以及州警察权的适用范围，"授予国会关于州际贸易的权力是为了让它能够管理这种贸易，而不是让它有权控制各州对当地贸易和制造业行使的警察权"。[1]最后得出结论，"本院认为，该法案的必要效果是，通过禁止普通商品的州际贸易流通，来管制各州工厂和矿山的童工劳动时间，这纯粹是州政府的权力"。[2]联邦最高法院最终判决该法案违宪。此外，国会于1966年通过了《联邦公路安全法》（Federal Highway Safety Act），该法鼓励各州颁布强制性头盔法规，即要求摩托车驾驶员佩戴防护头盔的法规。随后的统计数据显示，在那些颁布强制性头盔法规的州，摩托车事故造成的死亡人数大幅下降。[3]但是，尽管头盔立法对降低死亡人数功不可没，但此类立法几乎在每个州都受到挑战，被认为是警察权的不合理延伸。[4]

联邦最高法院在后来的以教育为主题的美国诉洛佩兹案和以犯罪为主题的美国诉莫里森案中的判决，更是相继说明了警察权仅仅属于州，只要论证一项联邦管制属于警察权的行使，就意味着联邦的管制违宪。

（三）区分立法和行政：警察权属于立法，一般管制权属于行政

如前文所述，警察权属于州立法机关，讨论政府可以介入社会和市场到何种程度，讨论的是能不能管制的问题。在州的层面，政府管制要有议会立法为依据，议会立法管制的依据是警察权。例如，在布鲁克林中心自治市诉里彭案（Brooklyn Center v. Rippen）中，布鲁克林中心自治市颁布一项法令，在双子湖等湖面上经营的任何船只、摩托艇等，应有许可证，并规定了船行速度、离岸距离、时间等，违反该法令可处不超过100美元的罚款或不超过90天的监禁。里彭在没有按照该法令的要求获得执照的情况下经营船只，被判违反该法令，里彭声称布鲁克林中心自治市没有船只许可权，案件最终诉至明尼苏达州最高法院。明尼苏达州最高法院承认布鲁克林中心自治市有警察权，但对"是否拥有许可船只部分或全部使用其范围内的湖泊"[5]存疑，

---

[1] Hammer v. Dagenhart, 247 U.S. 251 (1918), pp. 273~274.

[2] Hammer v. Dagenhart, 247 U.S. 251 (1918), p. 276.

[3] Harold G. Weinberg, "Police Power in Illinois: The Regulation of Private Conduct", *University of Illinois Law Forum*, 1972, p. 166.

[4] American Motorcycle Ass'n v. Davids, 11 Mich. App. 351 (1968). State v. Craig, 249 N.E. 2d 75 (1969).

[5] Brooklyn Center v. Rippen, 255 Minn. 334 (1959), p. 336.

认为其"管制权不一定包括许可权",[1]"如果管制的活动或主题不具有特殊的地方性质,则一般福利条款规定的管制权不得超出其范围,除非立法机关意图明显"。[2]而且"州立法机关已经颁布了适用于该州10 000多个湖泊的管制和安全划船法令",[3]没有必要再要求船只有许可,明尼苏达州最高法院最终作出有利于里彭的判决。

一般认为当代管制概念是独立管制机构出现以后产生的,尽管独立管制机构混合了立法和行政,但主要是行政。1887年,州际贸易委员会(Interstate Commerce Commission)在国会两院以压倒性多数的支持下成立,这是第一个联邦独立管制委员会。此后,立法机关越来越多地求助于新的体制机制,即管制委员会,无线电委员会、联邦电力委员会以及食品药品监督管理局等相继成立,围绕着这些委员会形成的法案也相继出台。管制的形式和目的随着独立管制机构的出现发生巨大变化,也就此与经典的警察权管制模式分流。[4]但警察权与一般管制权,一个属于立法,一个属于行政,这种分析框架从未坍塌,法院对待二者的审查强度也有显著差异。

法院审查州际贸易委员会命令的第一个案例是肯塔基桥梁公司诉路易斯维尔铁路公司案(Kentucky & I. Bridge Co. v. Louisville & N. R. Co.)。[5]肯塔基桥梁公司拥有并经营横跨路易斯维尔市和新奥尔巴尼市的俄亥俄河上的一架桥梁,并声称自己是州际贸易的公共承运人。肯塔基桥梁公司向州际贸易委员会提交了一份请愿书,声称路易斯维尔铁路公司拒绝与其交换交通或从其桥梁上接收货物,违反了1887年的贸易法案的规定,阻止或阻碍了货物通过桥梁公司的桥梁转移。路易斯维尔铁路公司辩称此处不是只有一架桥梁,其接收和交付货物的主要场地和仓库在路易斯维尔市的第九街和百老汇,在那里它与路易斯维尔桥梁公司互换交通,与肯塔基桥梁公司交换交通会给其带来额外的费用、不便和麻烦,并非歧视肯塔基桥梁公司。州际贸易委员会在听取双方意见,审查全部证据后,认为"申诉人是一名公共承运人;因此,

---

[1] Brooklyn Center v. Rippen, 255 Minn. 334(1959), p. 336.
[2] Brooklyn Center v. Rippen, 255 Minn. 334(1959), p. 337.
[3] Brooklyn Center v. Rippen, 255 Minn. 334(1959), p. 338.
[4] See Robert L. Rabin, "Federal Regulation in Historical Perspective", Stan. L. Rev., 38(1986), pp. 1189~1326.
[5] Kentucky & I. Bridge Co. v. Louisville & N. R. Co., 37 F. 567(1889).

被告受法律约束，有义务给予其与其他公共承运人同等的运输交换便利；被告拒绝接收通过申诉人桥梁向其提供的交通流量不合法"，[1]故"支持该投诉，命令被告停止拒绝接收申诉人和使用其轨道的承运人在前述连接点向其提供的交通流量……并向作为公共承运人的申诉人提供与其他公共承运人在各自线路连接点所提供的同等便利"。[2]但路易斯维尔铁路公司仍然拒绝接收肯塔基桥梁公司的运输，后者向法院提交了诉状。肯塔基州巡回法院直指州际贸易委员会的权限问题，"它对提交给它进行调查的投诉事项的行动或结论，以及立法案指定该委员会作出的'建议'（recommendation）、'报告'（report）、'命令'（order）或'要求'（requirement），既不是最终的也不是决定性的；委员会也没有任何权力执行其决定或裁决"。[3]在此基础上，肯塔基州巡回法院进一步言明州际贸易委员会的权力极其有限："该委员会仅被授予监督和调查的行政权力，这远远不足以使该委员会成为一个法院，或使其行动具有适当意义上的司法性……该委员会的报告或调查结果'此后在所有司法程序中应被视为所认定的每一项事实的初步证据'。"[4]法院对立法一般持尊重态度，司法审查强度较低，与之相应，如前文所述，法院一般尊重警察权的行使；法院对行政的司法审查强度较高，与之相应，法院宣布管制无效的判决并不鲜见。州际贸易委员会的上述命令只能理解为管制，不能理解为警察权的行使，肯塔基州巡回法院对州际贸易委员会的命令进行高强度的司法审查，最终宣布州际贸易委员会的命令无效。1897年，联邦最高法院发布了一系列意见，系统地否定了该独立管制机构的具有警察权性质的决策职能，州际贸易委员会诉亚拉巴马州米德兰铁路公司案（ICC v. Alabama Midland R. Co.）是这一时期的代表性案例。[5]法院对立法的宽容与尊重，对行政的审慎与克制，贯穿了法院对警察权与一般管制权进行司法审查的历史。

（四）区分权力行使的不同面向：警察权可以禁止，管制不能全面禁止

当自由的捍卫者与时代的管制精神结合时，他们不可避免地成为鳏夫。[6]

---

[1] Kentucky & I. Bridge Co. v. Louisville & N. R. Co., 37 F. 567 (1889), p. 575.

[2] Kentucky & I. Bridge Co. v. Louisville & N. R. Co., 37 F. 567 (1889), p. 575.

[3] Kentucky & I. Bridge Co. v. Louisville & N. R. Co., 37 F. 567 (1889), pp. 612~613.

[4] Kentucky & I. Bridge Co. v. Louisville & N. R. Co., 37 F. 567 (1889), p. 613.

[5] ICC v. Alabama Midland R. Co., 168 U. S. 144 (1897).

[6] See Ross Douthat, *Bad Religion: How We Became a Nation of Heretics*, Free Press, 2012, p. 106.

警察权概念脱胎于妨害法，尽管后期肥大化，但禁止的基因一直保留下来。当政府要完全禁止一项活动时，只能行使警察权。例如，在肥料公司诉海德公园案（Fertilizing Co. v. Village of Hyde Park）中，联邦最高法院再次重申了警察权中的妨害法骨血，警察权"建立在这样一个基本原则上，即每个人都应该用自己的方式不去损害或伤害他人。管制和减少妨害是它的（警察权）一个普通职能"。[1]管制和减少妨害意在让立法机关有正当的权力禁止本质上伤害他人的不法行为，如盗窃、谋杀或欺诈，州通过行使警察权阻止普通法认为具有攻击性或有害性的私人行为。

管制最基本的含义是教示如何做，完全禁止不能称之为管制。美国于1993年发布的第12866号行政命令将"管制"（regulation）定义为："具有普遍适用性和未来效力的机构声明，机构希望这种声明具有法律效力，旨在实施、解释或规定法律或政策，或描述机构的程序或实践要求。"[2]就表现形式而言，"控制"（controlling）、"指导"（directing）或"规则治理"（governing by rules）是管制最普遍的形式。[3]也就是说，管制通常不禁止某类活动，是"允许"（enable）、"促进"（facilitate）或"调整"（adjust）活动。[4]从保护工人免受工作场所的歧视和危险，到保护整个共同体免受污染和消费风险造成的损害，不同的管制形式发展不平衡，但都是为市场和社会中的合法行为建立规则。[5]例如，美国食品药品监督管理局在对生物医药行业制定国家政策和标准方面发挥着主导作用，不是禁止生物医药的生产，其功能是管制。[6]州政府可以完全禁止餐厅将油烟排放到隔壁，这不是管制，是警察权的行使。

警察权概念与许多概念都可能交叠，都需要区分。经过归纳判例，我们可以发现最容易与警察权概念交融的是贸易权、征税权、征收权与一般管制权，法院也在不遗余力地区隔上述概念，因为上述五种权力的行使给当事人

---

[1] Fertilizing Co. v. Village of Hyde Park, 97 U. S. 659 (1878), p. 667.

[2] Executive Order No. 12, 866 § 3 (d), 3 C. F. R. 638 (1993).

[3] William J. Novak, "Common Regulation: Legal Origins of State Power in America", *Hastings Law Journal*, 45 (1994), p. 1071.

[4] Barak Orbach, "What is Regulation", *Yale Journal on Regulation Online*, 30 (2012), p. 4.

[5] Peter Gill, "Policing and Regulation: What Is the Difference", *Social & Legal Studies*, 11 (2002), p. 527.

[6] Anna B. Laakmann, "Symposium: Customized Medicine and the Limits of Federal Regulatory Power", Vand. J. Ent. & Tech. L., 19 (2016), p. 286.

造成的负担可能轻重不一,合宪要件不同,法律后果有别,不能以行使一种权力为名实际行使另一种权力。区隔的标准一直在变迁中,我们只能在时间之流中把握概念边界的异动。但任何概念的异动都不是突然发生的,这种"渐进"变化的特质创造了我们理解的可能。因此,上述概念区分尽管不那么"斩钉截铁",但基本的分界仍然是清楚的。

第二节 判断警察权合宪性的基本维度

如前文所述,联邦宪法和州宪法的文本中没有警察权这个术语,没有成文宪法作为定泊之锚,警察权概念看上去飘忽不定。但警察权无所不在,司法审查的历史就是一部捕捉警察权幽灵的历史。在绵长的司法审查史中,法院一直在纠结的问题是:系争管制是否属于警察权的范围?警察权立法是否合宪?对这些问题的回答又绕不开以下几个问题:警察权的行使主体是否适格?警察权的行使是否符合公共健康、安全、道德和一般福利的目的?为实现前述目的而采用的手段与目的之间是否有实质联系?警察权的行使是否超越了宪法规定的边界?是否侵犯了公民享有的宪法权利?本节从主体论、目的论、强度论、限制论四个维度展开,归纳法院对警察权进行司法审查的基本维度。

一、警察权的解释(一):主体论

警察权的典型表达是为了保护公共健康、安全、道德和一般福利而行使的权力,因而在警察权运行的过程中存在三个重要主体,一是行使警察权的主体,二是因警察权行使而受益的主体,三是因警察权行使而受到管制的主体。主体的属性以及相互之间的关系可能影响警察权运作范围的界定,是法院审查警察权是否有效行使、是否属于警察权范围的立法的重要因素之一。

(一) 行使警察权的主体

1. 州作为警察权的主体

警察权是联邦的权力还是各州的权力?当然是州。联邦制催生的警察权,自始至终被奉为州的主权,判定警察权由各州行使毫无疑问。那么警察权是否授予给了联邦?还是继续保留在各州?从宪法文本来看,美国《宪法》第1条列举了联邦的权力,《宪法第十修正案》规定,"未授予合众国、也未禁止各州行使的权力,保留给各州行使或保留给人民行使"。因此,联邦政府只在美国《宪法》规定的权力范围内享有至高无上的权力,警察权不在列举的权力范围内,故联邦不具备行使警察权的资格。如前所述美国联邦最高法院在 1995 年的美国诉洛佩兹案、2000 年的美国诉莫里森案以及 2012 年的美国独立商业联合会诉西贝利厄斯案的判决中,先后论证联邦不具备行使警察权的合法依据。在联邦与州的权力分配中,警察权完全属于州,并最终归属于州立法机关。州立法机关拥有警察权绝非偶然,其被视为拥有充分权力(plenary power)的机关,也被制宪者和建国后的理论家以及法官视为治理的主要机关。[1]因此,虽然联邦拥有使用诸如征税权和征收权之类的权力,但各州并没有将一般的警察权授予联邦政府。联邦政府在州出现几十年之后才逐渐形成,制宪者没有理由赋予联邦警察权。联邦的权力由宪法授予,只享有宪法明确列举的权力。

2. 州内地方政府的警察权

警察权只属于各州还是由州及州内的地方政府共享,抑或地方政府可经由州的授权获得警察权,不同性质或层级的地方政府行使警察权的范围是否有区别?各州的情况有别。

据统计,美国共有 50 个州政府、87 849 个地方政府。在如此数量庞大的地方政府中,县政府为 16 506 个,市政府为 13 522 个,镇政府为 3034 个。[2]在美国,市是最重要的地方政府单位之一。在区域范围上,市政府小于县级政府,但实际拥有的权力和提供的服务更多。[3]州的警察权如何在如此庞杂的地方政府中穿行,最终维护公共健康、安全、道德和一般福利?警察权通常由地方官员来行使,[4]州立法机关能够将警察权授予市(cities)和镇(townships),[5]涉及警察权的授予是否应该严格解释,这取决于各州适用的是"地

---

[1] Daniel B. Rodriguez, "The Inscrutable (Yet Irrepressible) State Police Power", *NYU Journal of Law & Liberty*, 9 (2015), pp. 677~678.

[2] [美]文森特·奥斯特罗姆、罗伯特·比什、埃莉诺·奥斯特罗姆:《美国地方政府》,井敏、陈幽泓译,北京大学出版社 2004 年版,第 2 页。

[3] 参见[美]乔治·S. 布莱尔:《社区权力与公民参与》,伊佩庄、张雅竹编译,中国社会出版社 2003 年版,第 15 页。

[4] William J. Novak, *The People's Welfare: Law and Regulation in Nineteenth-Century America*, The University of North Carolina Press, 1996, p. 13.

[5] Miller v. City of Town & Country, 62 S. W. 3d 431, 437 (Mo. Ct. App. 2001).

警察权概念的变迁

方自治规则"（home rule）还是"狄龙规则"（Dillon Rule），[1]二者是各州授权地方政府警察权范围的重要教义。按照狄龙规则，地方政府的警察权限于州宪法和制定法的授权范围内；按照地方自治规则，地方政府本就是警察权的主体，只要不违反州宪法和制定法，其警察权不限于州宪法和制定法列举的范围。狄龙规则与地方自治规则如何在州适用，几经变迁。20世纪初，狄龙规则占据上风。随着20世纪70年代市政自治运动的爆发，地方自治原则逐渐扭转颓势。

（1）狄龙规则。狄龙规则是19世纪后期形成的教义，在州和地方政府的法律关系范围之外鲜为人知，该教义要求警察权的授予应严格解释，地方政府的权力仅限于州宪法和制定法列举的范围，因狄龙（Dillon）大法官撰写判决，该规则被称为狄龙规则。狄龙规则的原初意图是限制大城市的权力，后来演变为主张地方政府的存在应追溯到州宪法和制定法的授权，认为地方政府是"州的创造物"[2]。狄龙大法官在1868年艾奥瓦州最高法院对克林顿市诉锡达拉皮兹和密苏里铁路公司案（City of Clinton v. Cedar Rapids & M. R. R. Co.）的多数意见中写道，"州立法机关决定建立并赋予城市各种权力。它给予城市生命，没有生命城市就不能生存。州立法既可以创建一座城市，也可以取消一座城市……州立法能够取消一个城市，也可以减少对一座城市的控制。除非宪法对其权力加以限制，假设州立法机关可以通过一项极端愚蠢、极端错误的法律，彻底解散全州所有城市，这些城市也束手无策"，[3]这意味着任何由州授予给地方政府的权力，州都可以通过立法予以剥夺、修改和收回。1903年和1923年，美国联邦最高法院两次确认狄龙规则，从此狄龙规则成为那一时期美国州与地方政府关系的主导性法律规则。狄龙规则极大地限制了地方政府的权力和自由裁量权，[4]这意味着在狄龙规则下，某个州的地方政府能否成为警察权的主体取决于该州制定法或州宪法是否明确列举。

（2）地方自治规则。地方自治规则是在密歇根州最高法院判决的人民地产公司诉胡尔巴特案（People ex rel. Leroy v. Hurlbut）中形成的教义。密歇根

---

[1] Frayda S. Bluestein, "Do North Carolina Governments Need Home Rule?", *North Carolina Law Review*, 84 (2006), pp. 1984~1985.

[2] County Dep't of Public Welfare v. Stanton, 545 F. Supp. 239 (1982).

[3] City of Clinton v. Cedar Rapids & M. R. R. Co., 24 Iowa 455 (1868), p. 475.

[4] Stewart E. Sterk, et. al, *Land Use Regulation*, Foundation Press, 2016, p. 23.

州最高法院首席大法官库利（Cooley）是地方自治规则的拥护者，他在判决中写道："州可以根据其政策或权宜之计来塑造地方机构；但地方政府拥有绝对的权力；州不能将其夺走。"[1]地方自治是"地方自治政府的权力，或者是地方政府无需向州立法机构申请批准就可以处理地方关注的事务的权力，只要它们的行为不与已经确定的州政策相抵触"。[2]按照地方自治规则确立的教义，除非州制定法先于地方立法，否则地方政府就有权对地方关注的事务采取行动。库利大法官指出，《宪法第十修正案》关于那些没有列入联邦政府的权力保留给州和人民的陈述虽然不明确，但是却表明将地方自治的权力保留给人民。而人民只将部分主权授予各州，将包括地方自治的固有权力在内的其余部分保留给自己。[3]尽管库利大法官的理论没有像狄龙规则那样获得联邦最高法院的认可，但在印第安纳州、肯塔基州以及得克萨斯州被适用。[4]典型的地方自治规则经常表述为授权县或市"可在其范围内制定和实施不与其宪章（charter）或一般法律相冲突的警察、卫生和其他管制"，[5]这意味着州的地方政府本就有警察权，"不冲突"规则表明州行使的警察权不限于州宪法和制定法列举的范围，认为警察权的授予不适用严格解释。

地方自治规则与市政自治运动密切相关。市政自治运动起源于联邦试图赋予地方政府对地方事务更多的自主权，许多州宪法和制定法修改，赋予地方政府更多自主权，地方政府警察权膨胀。迄今为止，尽管自治的类型各异，但除了5个州以外的所有州都有某种类型的市政自治。市政自治的范围影响地方政府拥有独立于州立法的警察权的程度。一般来说，地方自治当局赋予地方政府通过地方制定法解决地方问题的权力，这些权力不限于州制定法中明示或默示的权力范围。但当立法机关确定某个问题在全州范围内具有重要意义，

---

[1] People ex rel. Leroy v. Hurlbut, 24 Mich. 44 (1871), p. 108.

[2] Dale Krane & Platon N. Rigos & Melvin B. Hill, Jr., *Home Rule in America: A Fifty-State Handbook*, Congressional Quartedy Press, 2001, p. 495.

[3] [美] 文森特·奥斯特罗姆、罗伯特·比什、埃莉诺·奥斯特罗姆：《美国地方政府》，井敏、陈幽泓译，北京大学出版社2004年版，第12页。

[4] [美] 文森特·奥斯特罗姆、罗伯特·比什、埃莉诺·奥斯特罗姆：《美国地方政府》，井敏、陈幽泓译，北京大学出版社2004年版，第12页。

[5] Idaho Const. art. XII, § 2.

并且州通过了为地方行为提供全州范围框架的立法时，州的立法优先。[1]

地方自治规则赋予州对地方事务的广泛授权，在那些拒绝适用狄龙规则的州，法院给予地方政府广泛尊重。20世纪下半叶开始，各州法院开始慢慢放弃狄龙规则，转而适用地方自治规则，犹他州法院的判决非常典型。1980年，犹他州法院在一份判决中认为，狄龙规则的适用削弱了地方自治背后的立法意图，并"严重削弱了有效的地方政府"，[2]州对各县可以实行概括授权，各县可以通过与法律不抵触的制定法，前提是必须充分地为全县居民提供安全、保持健康、促进繁荣、提升道德、和平、良好秩序、舒适和便利。[3]只有弗吉尼亚州和北卡罗来纳州在宪法或制定法中没有地方自治规则的表述，大多数州都授予某些市政当局地方自治的权力，适用地方自治规则在大多数州没有制度障碍。[4]

迄今为止，狄龙规则和地方自治规则仍然是明确州内地方是否有警察权，警察权范围多大的基本教义，其中，地方自治规则是主要的教义，这就意味着，州内地方有宽泛的警察权。当然，州内地方拥有的警察权不能与州拥有的警察权冲突。狄龙规则确立的地方警察权仅限于州宪法和制定法列举范围的教义已经过时，但州警察权优先于州内地方警察权的教义仍然在发挥作用。

3. 社区是不是警察权的主体尚无定论

对许多城市居民来说，社区（community）不是城市的管辖范围，而是街区（neighborhood）的管辖范围。1837年，联邦最高法院判决查尔斯河桥梁公司诉沃伦桥梁公司案（Charles River Bridge v. Warren Bridge），指出"虽然私有财产权神圣不可侵犯，但我们绝不能忘记，社区也有（注：原文如此）权利［the community also have（sic）rights］；每个公民的幸福和福祉取决于他们的忠实维护"，[5]能否由"社区权利"导出警察权的概念？联邦最高法院将"社区权利"与维护公民的幸福和福祉联系在一起，与警察权"为了促进公共安全、健

---

[1] Lynn A. Baker & Daniel B. Rodriguez, "Constitutional Home Rule and Judicial Scrutiny", Denver U. L. Rev, 86 (2009), pp. 1337~1349.

[2] State v. Hutchinson, 624 Utah (1980).

[3] ［美］杰克·M. 比尔曼：《美国地方政府的法律和政治制度》，解志勇摘译，载《国家行政学院学报》2009年第4期，第142~143页。

[4] Mo. Const. art. VI § 19 (a).

[5] Charles River Bridge v. Warren Bridge, 36 U.S. 420 (1837), p. 422.

康、道德以及一般福利"的表达如出一辙，是否暗示社区也是警察权的主体？

社区有关"警察权"的事实上的"立法"并不鲜见。2006年，新罕布什尔州的巴恩斯特德通过了第一个禁止企业用水私有化的社区权利法案；[1] 2010年，宾夕法尼亚州的匹兹堡通过了第一个全州范围内禁止水力压裂的社区权利法案。[2] 2014年，加利福尼亚州的门多西诺县的选民通过的《门多西诺县水力压裂和用水权利法案》（Mendocino County Community Bill of Rights Fracking and Water Use Initiative）更为全面，明确提及"社区权"（community rights），禁止水力压裂法案侵犯社区权；禁止在该州任何地方开采或出售用于水力压裂的当地水；禁止倾倒有毒压裂废料；禁止通过门多西诺县转移海上压裂石油或废物。[3] 这些法案所宣布的"社区权利"大致相同，通常援引的权利有：享有纯净的水、清洁空气的权利、和平享受家园的权利、享受可持续能源的权利和自然群落的权利。尽管从形式上看，上述"立法"很难说是法律，与其说这些法案是立法，不如说是社区在提出某种法律主张，它们认为"社区权利"源自革命前的地方政府自治历史，并由《独立宣言》和《宪法第九修正案》予以保护；还认为"社区权利"超越现有规范确立的联邦至高无上和联邦拥有的先占权，也超越狄龙规则确立的地方政府从属于州政府的教义。[4]

这些"立法"或者主张是否合宪？目前判例极少，新墨西哥州地方法院曾于2015年判决莫拉县2013年的一项包含"社区权利"的法令违宪，该案当事人没有上诉。[5] 莫拉县于2013年颁布的法令第12条规定，莫拉县人民呼吁修改《新墨西哥州宪法》（Constitution of New Mexico），以明确确保社区对地方自治的权利，如果社区的法律更多保护莫拉县人民的健康、安全和福利以及自然环境、社区和生态系统的权利或标准，州政府不能先发制人。莫

---

[1] Community Environmental Legal Defense Fund, "New Hampshire Community Rights Network Signs the Barnstead Declaration", https://celdf.org/2013/05/press-release-new-hampshire-community-rights-network-signs-the-barnstead-declaration/, quoted from Stephen R. Miller, "Community Rights and the Municipal Police Power", *Santa Clara Law Review*, 55 (2015), p.676.

[2] Stephen R. Miller, "Community Rights and the Municipal Police Power", *Santa Clara Law Review*, 55 (2015), p.676.

[3] Stephen R. Miller, "Community Rights and the Municipal Police Power", *Santa Clara Law Review*, 55 (2015), pp.676~677.

[4] Stephen R. Miller, "Community Rights and the Municipal Police Power", *Santa Clara Law Review*, 55 (2015), p.677.

[5] Swepi, LP v. Mora County, N.M., 81 F. Supp. 3d 1075 (2015).

警察权概念的变迁

拉县的人民还呼吁《新墨西哥州宪法修正案》明确将社区权利提升到公司财产权（corporate property rights）之上。新墨西哥州地方法院在判决中确认法令第12条"没有法律效力……只是……法律建议"，[1]并通过法条之间的关系说明"没有第5条禁令，剩下的法令就是一个空壳……剩余部分不再具有效力"。[2]这就意味着至少在目前，社区作为警察权的主体依据不足。

（二）警察权的受益主体与被管制主体

行使警察权被波及的主体可分为两类，一类是因行使警察权而受益的主体，另一类是受到警察权管制的主体。二者的区别在于一个受益，一个受限。受益主体通常具有公共性与一般性，被管制主体也具有一般性。

1. 受益主体的公共性

一般来说，警察权的目的是促进公共健康、公共安全、公共道德和一般福利，受益主体在公共健康、公共安全、公共道德或一般福利的面向上获益。健康、安全和道德与"public"相连，"public"是用来修饰警察权目的列表的形容词，某种意义上也是警察权的核心。"public"的核心是公众，意味着受益主体不能是私人的，而应当是公共体或共同体。若以人头数为标准，警察权的受益主体应当是复数。"general welfare"中的"general"有一般的、普遍的含义，说明受益主体不是一个个人。司法实践中，"一般福利"通常被解释为"为了财产所有人的共同利益"[3]或"为了全体公众的利益"，[4]再次说明受益主体的公共性特征。

2. 受益主体与被管制主体的一般性

警察权常与"general"连用，经常以"general police power"示人。"general"修饰"police power"，意味着警察权是"一般的"适用，不能是"部分（partial）"适用。适当的警察权行使，不能颁布"部分的"立法，即给某类公民而不是全体公民带来负担或者利益。[5]警察权在实现公共健康、安全、道德和一般福利的过程中，不能偏袒共同体中的个别派别、利益或阶层。

---

[1] Swepi, LP v. Mora County, N. M., 81 F. Supp. 3d 1075 (2015), p. 1211.
[2] Swepi, LP v. Mora County, N. M., 81 F. Supp. 3d 1075 (2015), p. 1211.
[3] Fallbrook Irrigation Dist. v. Bradley, 164 U. S. 112 (1896), p. 163.
[4] Noble State Bank v. Haskell, 219 U. S. 104 (1911), p. 111.
[5] G. Edward White, "Revisiting Substantive Due Process and Holmes's Lochner Dissent", *Brooklyn Law Review*, 63 (1997), pp. 88~89.

1885 年，联邦最高法院在巴比尔诉康诺利案的判决中解释说："禁止歧视某些人和偏袒另一些人的阶层立法（Class legislation），但是，在实现公共目的时，如果在其运作范围内对所有处境相似的人（alike all persons）都有同样的影响，则限制其适用的立法是宪法允许的。"[1] 近十年后，联邦最高法院在劳顿诉斯蒂尔案的判决中阐明，"为了证明国家代表公众干预的警察权权限是正当的，必须证明：首先，公众的利益，与特定阶层的利益不同，需要这种干预；其次，这些手段对于实现目的是合理必要的，而不是对个人的过度压迫"。[2]

首先，受益主体与被管制主体是同一阶层、派别或类型的所有成员。立法机关不能借助警察权偏袒共同体中的个别派别、利益或阶层。美国内战前的 20 年里，州最高法院判决支持对整个公共职业或行业设置许可，出于公共健康或安全目的对产品进行检查，并对某些排放有毒烟雾或气体的特定类别企业实施场所限制。[3] 与此同时，州最高法院推翻州使用征收权或征税权来使个别银行、工厂或铁路受益的立法，除非立法机关能够证明这些权力的行使给整个社会带来好处。直到 1920 年，杰弗逊·B. 布朗（Jefferson B. Browne）仍断言，"有利于某个阶级的立法就像反对某个阶级的立法一样令人厌恶，对某个特定的人或特定的阶层一定没有特别的法律"。[4]

其次，受益主体或被管制主体如果是特定的阶层，就必须具有特定的理由。比如，针对妇女、工人等弱势群体，针对从事危险或不健康职业的群体，如果法律通过警察权对雇主施加特别管制，警察权的行使也被认为合宪。联邦最高法院在霍尔顿诉哈代案（Holden v. Hardy）的判决中支持了一项限定矿工工作时间的法案，系争法案规定矿工每天工作 8 小时，被法院视为一项促进公共健康的措施，不是促进某个阶层或阶级利益的措施，公众的健康和安全是所有公民关心的问题。[5] 在洛克纳诉纽约州案中，佩卡姆大法官考虑的问题是，系争立法的中心目的是维护普通公众的健康或安全，还是维护一类人的健康和安全。[6] 如果立法的目的是通过保护一个特别脆弱的工人阶层来

---

[1] Barbier v. Connolly, 113 U. S. 27 (1885), p. 32.

[2] Lawton v. Steele, 152 U. S. 133 (1894), p. 137.

[3] Harry Scheiber, "Government and the Economy: Studies in the 'Commonwealth' Policy in Nineteenth-Century America", J. Interdisc. Hist., 3 (1972), pp. 135, 137.

[4] Jefferson B. Browne, "The Super-Constitution", Am. L. Rev., 54 (1920), pp. 321, 342.

[5] Holden v. Hardy, 169 U. S. 366 (1898).

[6] Lochner v. New York, 198 U. S. 45 (1905).

促进普遍福利,那么它可以属于警察权的范围,例如矿工工时立法。但是,如果被挑选出来的工人阶级没有特别的脆弱性,这项立法就不再是一项"一般"的健康或福利措施,而是成为针对某一特定阶级的"部分"措施。[1]佩卡姆大法官认为,如果工人相对于其他职业的从业人员没有特殊性,不需要进行特别的保护,那么针对工人的特别保护立法就是违宪的。

二、警察权的解释(二):目的论

警察权的适当范围如何,在不同的时代、不同法官主导的法院发展出了不同的教义,而且警察权的范围一直在变迁,但变迁的规律有迹可循,有万变不离其宗的核心命题:无论是保守派法院还是自由派法官,都承认警察权的目的是"促进公共安全、公共健康、公共道德以及一般福利",[2]这就是警察权的目的清单。当然,根植于普通法的警察权,还有抑制妨害的传统目的。法院围绕这五个目的划定警察权适当行使的范围,要求合法行使的警察权必须有实现目的清单中的某一个目的的明显倾向。

(一)目的之一:排除妨害

排除妨害是警察的原初目的,在警察权目的发展为公共安全、公共健康、公共道德和一般福利的公式之前,妨害理论是警察权有效行使的理论支撑,早期警察权的概念与普通法中的妨害概念相关。[3]1187年拉努尔夫·德·格兰维尔编写的《论英格兰王国的法律和习惯》中就存在有关妨害理论的古老法谚"sic utere tuo, ut alienum non loedas",即使用自己的财产时不得损及他人的财产,可见早期的警察权的目的就是防止这类妨害。尽管霍姆斯大法官对妨害理论颇有微词,认为妨害理论列举的类别是空洞的,妨害教义的核心即使用自己的财产时不得损及他人的财产,是一个"空洞的概括性命题……只教导一种仁慈的渴望",[4]而且并非所有旨在减少妨害的制定法都一定合宪,[5]但

---

[1] G. Edward White, "Revisiting Substantive Due Process and Holmes's Lochner Dissent", *Brooklyn Law Review*, 63 (1997), p. 98.

[2] Samuel Williston, "Freedom of Contract", *Cornell Law Quarterly*, 6 (1921), pp. 365, 375~376.

[3] Morton J. Horwitz, *The Transformation of American Law 1870-1960: The Crisis of Legal Orthodoxy*, Oxford University Press, 1992, pp. 27~28.

[4] Oliver Wendell Holmes, "Privilege, Malice, and Intent", Harv. L. Rev., 8 (1894), p. 3.

[5] William Michael Treanor, "Jam for Justice Holmes: Reassessing the Significance of Mahon", *Georgetown Law Journal*, 86 (1998), p. 843.

早期的法院就是依托妨害理论来界定警察权行使的目的，从而划定警察权的范围。

首席大法官马歇尔在 1824 年吉本斯诉奥格登案的判决中声称，"使用自己的财产时不得损及他人的财产"是一条基本准则，而规定一个人如何使用自己的财产而不损害他人的财产是州议会的事务。[1]州的剩余主权理论下的警察权自然属于州议会事务的一部分，并赋予其排除妨害的意义。妨害的范围十分广泛，涵盖社会生活的方方面面，由此警察权的范围也必然宽泛。1827 年，詹姆斯·肯特在《美国法释义》中描述警察管制的目的就是在妨害理论下展开的，"即便财产受到保护，仍应理解立法者有权规定使用财产的方式和方法，只要这对于防止滥用权利伤害或妨害他人或者公众是必要的。政府能够通过一般管制禁止可能造成妨害以及对公民的生命、健康、和平或舒适造成危险的财产用途。有害身心的贸易、屠宰场、侵害感官的操作、火药保管、蒸汽动力推动汽车的应用、可燃材料的建筑和死者的某种埋葬方式，都可能被法律禁止。在人口密集区，根据共识和理性的原则，每个人都应该在不伤害他邻人的情况下使用财产，私人利益必须服从共同体的一般利益"。[2]佛蒙特州首席大法官雷德菲尔德在 1854 年执笔的法院多数意见中，将使用自己的财产时不得损及他人的财产这一妨害理论的核心描述为州警察权的目的，并将其"扩展到保护所有人的生命、身体、健康、舒适和安宁，以及州内所有财产"。[3]在 19 世纪 50 年代之前，法律人通常不会从固有的州权力概念中得出州对健康、安全和道德的管制权。

19 世纪 50 年代后，依托妨害理论发展出来的警察权概念受到挑战，穆勒诉堪萨斯州案、鲍威尔诉宾夕法尼亚州案（Powell v. Commonwealth of Pennsylvania）以及劳顿诉斯蒂尔案等一步步冲击传统的妨害解释，"排除妨害曾被认为是击败财产权的唯一例外，但什么是妨害，却也不断出现例外。众多例外不断突破传统妨害理论边界，妨害理论的边界日益模糊"。[4]到 19 世纪 70 年代，警察权成为州为了公共健康、公共安全和公共道德的管制权，以抑制妨害为目的的警察权概念式微，被更为工整的公共健康、公共安全、公共道德

---

[1] Gibbons v. Ogden, 22 U. S. (9 Wheat.) 1 (1824), pp.53~54.
[2] James Kent, *Commentaries on American Law*, O. Halsted, 1827, p.340.
[3] Thorpe v. Rutland & Burlington R. R., 27 Vt. 140 (1854), p.148.
[4] 刘连泰：《确定"管制性征收"的坐标系》，载《法治研究》2014 年第 3 期，第 32 页。

和一般福利目的列表所取代。

（二）目的之二：公共安全

19世纪早期，警察权的判例常以公共秩序、和平与安宁作为警察权的目的，大体相当于现代警察权目的列表中的公共安全，即社会秩序与稳定平和的生活状态。公共安全是与市政警务活动联系最紧密的警察权的目的之一，这与市政警务维系社会秩序的功能相关。州政府防止暴乱、控制无序的人群、执行逮捕令或解决僵局、防止爆炸、保护行政人员以及监禁罪犯，无疑都是出于警察权范围内的公共安全目的。

1818年特拉华州的威尔逊诉乔治案事关奴隶获得自由，奴隶主需要向当地政府支付一笔安全保障费，旨在预防获得自由后的没有独立生活能力的奴隶成为社会不稳定因素，增加社会负担。[1]

19世纪中后期的一系列判例反映出保护社会免受损害也是公共安全的重要意涵，以1859年的缅因州诉诺伊斯案（State v. Noyes）最为典型。该案的争点是1858年通过的保障铁路安全和乘客便利的法案是否合宪。[2]诺伊斯是佩诺布斯科特和肯纳贝克铁路的负责人，该铁路在费尔菲尔德镇跨越了根据州法律修建的萨默塞特和肯纳贝克铁路，根据事先声明的时间，两条铁路上的客运列车都会在1859年1月10日下午五点到达费尔菲尔德镇的铁路交叉路口。佩诺布斯科特和肯纳贝克铁路上的列车早于萨默塞特和肯纳贝克铁路上的列车到达交叉路口，但其并没有在铁路交叉路口附近的车站等待其他铁路上的列车，待其乘客上下车后立即启程前往终点站。缅因州于1858年3月26日通过一项保障铁路安全和乘客便利的法案，该法案第5条规定，客运列车应在同一时间到达铁路交叉口，先到达的列车有责任在该交叉点附近的车站等候，另一条铁路上的列车应在20分钟内到站，每辆列车都应为乘客及其行李提供合适的换乘机会。该法案第6条还规定，违反第5条规定的，铁路负责人和违反规定的列车售票员与司机都将被处以罚款。州政府提出萨默塞特和肯纳贝克铁路上的列车在20分钟内到达了交叉路口，佩诺布斯科特和肯纳贝克铁路违背了前述法案，前述法案是立法机关为了保障所有人安全和便利而通过的，私人权利因此受到的限制是合理的。诺伊斯辩称该法案违背联邦

---

〔1〕 Wilson v. George, 2 Del. Cas. 413 (1818), p. 420.

〔2〕 State v. Noyes, 47 Me. 189 (1859).

宪法与州宪法，侵犯其特许权，其公司是根据 1845 年由州立法机关通过的法案建立的，该案最终诉至缅因州萨默塞特郡中区最高法院。

首席大法官坦尼（Tenney）执笔法院意见，提出"人民的福祉是最高的法律"（salus populi suprema lex）[1]是立法机关不应忽视的法律格言，认为这是"保障人民安全的制定法所依据的伟大原则。在所有文明国家的政府中，它是刑法的基础，也是其他有利于人民安全和幸福的法律的基础"，[2]例如火车在接近道路交叉口需响铃，在过路口放置警示牌，雇佣专人看守火车和汽车的平交道口等都是公共安全的范畴。在此基础上，坦尼区分了促进"公共便利"（public convenience）的警察管制与促进公共安全的警察管制。1858 年法案不仅仅是为了乘客的安全，也为了他们的便利。如果 1858 年法案规定的"20 分钟"对乘客安全极为重要，那么更长的时间将是完全必要的。这"20 分钟"的规定，是立法机关希望铁路乘客在两条铁路交叉路口"能够继续不间断、没有任何暂停"，[3]不是出于安全需要。如果铁路乘客能够因便利援引立法帮助，这种权利延伸到所有经营时，将为其他自然人或公司带来极大不便。[4]因此，公共安全的范围是有限度的，它不包括便利。最终，缅因州萨默塞特郡中区最高法院作出有利于诺伊斯的判决。

1892 年的艾伦镇诉西联电报公司案（Allentown v. Western Union Tel. Co.），是与维护公共安全相关的另一个判例。该案的争点是艾伦镇收取电线杆维护费是否为行使警察权。[5]1884 年 9 月 19 日，艾伦镇颁布一项法案，要求艾伦镇内的电报、电话或电灯公司的每一根电线杆都要接受警察局的安全检查，每个电线杆都要有许可证，每根每年支付 1 美元的许可费，许可证从每年 10 月的第一个星期一开始生效。西联电报公司在艾伦镇内有 75 根电线杆，1884 年、1885 年、1886 年和 1887 年连续四年没有缴纳许可费，艾伦镇要求收回西联电报公司欠缴的许可费。西联电报公司被授权在包括宾夕法尼亚州在内的美国各州传递信号与信息，辩称 1884 年法案是对州际贸易的干涉，一根 1 美元的收费是过度的，这不是在行使警察权，而是间接的征税，因此是非法

---

[1] State v. Noyes, 47 Me. 189（1859），p. 212.
[2] State v. Noyes, 47 Me. 189（1859），p. 212.
[3] State v. Noyes, 47 Me. 189（1859），p. 213.
[4] State v. Noyes, 47 Me. 189（1859），p. 214.
[5] Allentown v. Western Union Tel. Co., 148 Pa. 117（1892）.

的。宾夕法尼亚州最高法院认为"市政当局有权力也有义务监督和控制其管辖范围内的电线杆和电线的架设与维护",[1]艾伦镇于1884年发布的法案是在行使警察权,唯一的问题是该项警察权"是否合理",鉴于每根电线杆收取1美元费用的决定是由市议会作出的,拒绝裁定"明显不公正",[2]最终判决该法案是警察权的合理行使。因此,为了保护城市或街道的公共安全和利益,对电报、电话和电灯公司架设线路等检查及收费也是警察权的范围。

1894年的纽约和新英格兰铁路公司诉布里斯托尔镇案(New York & N. E. R. Co. v. Bristol)也是与维护公共安全相关的判例。该案的争点是铁路专员以公共安全为由发布的命令是否有效。[3]康涅狄格州立法机关于1889年通过一项有关平交道口的法案,该法案规定所有城镇的市政官员、城市的市长和市政委员、公路与铁路交叉或被铁路交叉的所有行政区域的市政官员或铁路公司董事,都可以公共安全为由向铁路专员申请改变平交道口,或清除遮挡平交道口视线的障碍物,由此产生的费用因拆除、改建等改变平交道口的方式、时间等因素不同,由州与铁路公司按比例承担。1890年康涅狄格州的铁路专员发布命令,声明纽约和新英格兰铁路公司未在一年内移除或申请移除布里斯托尔镇穿过或被其铁路穿过的公路平交道口,为了公共安全的需要,该公司应拆除平交道口并独自承担由此产生的费用。纽约和新英格兰铁路公司向哈特福德县高等法院提起诉讼,声称1889年法案和铁路专员的命令违反了美国《宪法》和《康涅狄格州宪法》(Constitution of Connecticut),该命令不是维护公共安全必需的命令,构成没有公正补偿的征收。哈特福德县高等法院作出有利于铁路专员的判决,支持由纽约和新英格兰铁路公司出资拆除平交道口。纽约和新英格兰铁路公司不服,最终诉至联邦最高法院。首席大法官富勒执笔联邦最高法院一致意见,认为随着人口的增长,以前安全的路口现在已经不再安全,铁路公司在保护公众免受危险、不公正和压迫的所有必要方面都受立法控制。"1889年6月19日颁布的法案旨在消除对公共安全的威胁,因此属于州警察权的范围",[4]联邦最高法院最终维持判决。联邦最高法院的分析说明,公共安全不是一个静态的概念,消除安全风险与社会发展、人口变迁息息相关。

---

[1] Allentown v. Western Union Tel. Co., 148 Pa. 117 (1892), p. 119.
[2] Allentown v. Western Union Tel. Co., 148 Pa. 117 (1892), p. 119.
[3] New York & N. E. R. Co. v. Bristol, 151 U. S. 556 (1894).
[4] New York & N. E. R. Co. v. Bristol, 151 U. S. 556 (1894), p. 566.

除铁路交通安全外，宾夕法尼亚州于 1885 年颁布的法案规定了公路安全，当由蒸汽推动的机械在公路或高速公路上行驶时，机械所有人或负责人有义务在所有乘车人靠近时，在到达该机械 300 英尺范围内之前，将该机械尽可能地移至道路的右侧或左侧。[1] 1923 年的派珀诉伊肯案（Piper v. Ekern）也是警察权维系公共安全的典型判例，该案的争点是威斯康星州颁布的以防火为目的，限制建筑高度的制定法是否合宪。[2] 该案判决认为消防属公共安全的范围。

除单独讨论公共安全外，一度将公共安全与公共健康连用，这不仅在判例中有所体现，20 世纪初期的一本警察权专著也曾将"公共健康和安全"作为专章标题，以讨论 20 世纪初期以前的各州警察权。[3]

对公共安全较为具体的阐释出现在 1940 年坎特威尔诉康涅狄格州案（Cantwell v. State of Connecticut）的判决中，罗伯茨大法官在谈到州权力时写道："当骚乱、无序或其他对公共安全、和平或秩序的直接威胁呈现明显和现实的危险时，州预防或惩罚的权力是显而易见的，因为保护和平与秩序是政府的首要职责之一。"[4] 1941 年牛奶货车司机联盟诉牛奶场案（Milk Wagon Drivers Union v. Meadowmoor Dairies）中，布莱克（Black）大法官在异议意见中援引坎特威尔诉康涅狄格州案中罗伯茨大法官有关州维系公共安全的权力的观点，[5] 公共安全与社会处于秩序关联的教义渐渐成为通说。

公共安全概念在联邦最高法院 1976 年凯利诉约翰逊案（Kelley v. Johnson）的判决中有了更为明确的解释："促进人身和财产安全是州警察权的核心。"[6] 公共安全的教义更为具体，人身安全与财产安全都在公共安全的概念之下成为警察权的合法目的，公共安全作为警察权行使的目的，渐趋明晰。

（三）目的之三：公共健康

在公共健康法领域，警察权构成了政府为公共利益采取行动的最初权力来

---

[1] Bierly Willis Reed, *Police Power*, *State and Federal*: *Definitions and Distinctions*, *Limitations upon Other Powers*, *Persons and Things Specially Subject to Domestic Economy and Municipal Regulation*, *Persons under Disability*, R. Welsh & Co., 1907, p. 58.

[2] Piper v. Ekern, 180 Wis. 586 (1923).

[3] See Bierly Willis Reed, *Police Power*, *State and Federal*: *Definitions and Distinctions*, *Limitations upon Other Powers*, *Persons and Things Specially Subject to Domestic Economy and Municipal Regulation*, *Persons under Disability*, R. Welsh & Co., 1907, pp. 48~60.

[4] Cantwell v. State of Connecticut, 310 U.S. 296 (1940), 308.

[5] Milk Wagon Drivers Union v. Meadowmoor Dairies, 312 U.S. 287 (1941), pp. 316~317.

[6] Kelley v. Johnson, 425 U.S. 238 (1976), p. 247.

源之一。维护公共健康是警察权的重要目的,"行使警察权实际上是州政府的宗旨,它定义了政府的目的。因此,在州一级,提供和保护公共健康的权力是政府的一项基本的固有权力"。[1]梳理与公共健康相关的判例可以发现,最初的公共健康目标仅限于控制传染病,后来慢慢扩大到保证健康的条件。爱德华·P. 理查兹(Edward P. Richards)教授不免感叹,到20世纪90年代末,在公共健康领域,在几乎所有涉及警察权范围的案件中,州和联邦法院都支持州政府。[2]

1. 由狭义向广义发展的公共健康

公共健康目的最初仅限于控制传染病。公共健康目的与殖民地的形成一样古老,殖民地政府为保障共同体的生存,需要保护公共健康,这一时期的公共健康法律主要限于控制传染病的传染和传播。法律规定对患病个人进行隔离,对其他人进行疫苗接种,并在较小程度上改善导致疾病传播的社会条件。当时,维系公共健康是政府的责任,对传染病的控制对维系公共健康至关重要。[3]1647年,马萨诸塞州颁布了一项防止波士顿港污染的法律。为防范来自西印度群岛的疾病威胁,马萨诸塞州于1648年通过了一项海上检疫法案,这是美国历史上第一次健康立法。因为船员和船上的货物经常携带传染病病毒和细菌,马里兰州、新罕布什尔州、弗吉尼亚州、佐治亚州、康涅狄格州和特拉华州也分别于1784年、1789年、1792年、1793年、1795年和1797年通过了与进港船只有关的检疫法。[4]

独立战争后,各州根据警察权管理的公共健康事项不仅仅局限于预防和控制传染病或危险疾病,[5]而是包括健康、废物处理、供水污染、职业许可和管理以及伤害预防等事项。[6]各州政府纷纷立法,要求检疫和疫苗接

---

[1] Frank P. Grad, *The Public Health Law Manual*, American Public Health Association, Inc., 1990, p. 10.

[2] Edward P. Richards, "The Police Power and the Regulation of Medical Practice: A Historical Review and Guide for Medical Licensing Board Regulation of Physicians in ERISA-Qualified Managed Care Organizations", *Annals of Health Law*, 8 (1999), p. 201.

[3] Wendy Parmet, "Health Care and the Constitution: Public Health and the Role of the State in the Framing Era", Hastings Const. L. Q., 20 (1993), pp. 267, 281.

[4] James G. Hodge, jr., "The Role of New Federalism and Public Health Law", *Journal of Law and Health*, 12 (1998), pp. 325~326.

[5] 39A C. J. S. Health and Environment § 5 (1976).

[6] Tom Christoffel & Stephen P. Teret, *Protecting the Public: Legal Issues in Injury Prevention*, Oxford University Press, 1993, pp. 25~28.

种；[1]规定检查商业和住宅场所；消除和减少不卫生条件或其他健康危害；规范空气和水污染物的水平，限制公众进入受污染的水域；消灭害虫；给城市供水加氟以控制蛀牙；对某些职业施加限制，以消除对工作范围内的从业人员或一般公众的健康风险。这些立法还授权州卫生当局在维护公共健康的过程中无偿没收或者毁坏私人财产。[2]为了在警察权下维持健康的环境，立法还授权政府要求私人更新或修缮其卫生系统、管道或其他与生活条件有关的设施。公共健康的含义已经极为广泛，2005年，有学者称，警察权包括所有直接或间接旨在降低人口发病率和死亡率的法律和管制。[3]

2. 法院对以公共健康为名行使的警察权的司法审查

随着地方卫生委员会的成立，州公共健康法律和管制在18世纪末和19世纪初变得非常普遍。起初，法院高度尊重州以维系公共健康为名行使的警察权，几乎支持了地方卫生当局所有为了维护公共健康而制定的合理的规则和管制。保护公共健康所需的法律或管制被认为是地方和州卫生当局的立法问题，不在司法审查的范围内。法院认为，司法审查的范围主要限于确定卫生官员是否在其允许的管辖范围内行事，是否滥用职权。[4]法院判决都假定公共健康利益高于个人权利，地方政府和卫生当局有权行使警察权，为了公共健康限制个人权利。在很多的州判例中，州最高法院都认为警察权管制不受合宪性审查，"当警察权在其适当范围内启动时，法院没有管辖权以干涉立法部门的权力"，[5]一些州最高法院对以维系公共健康为目的的警察权几乎到了盲从的地步。

1909年，南卡罗来纳州最高法院判决了柯克夫人诉怀曼案（Kirk v. Wyman）。一名患有麻风病的老年妇女柯克夫人被州卫生委员会隔离，事实上她"几乎没有任何传染的危险"，[6]且已经在社区生活多年，参加教堂礼拜，在学校教书，并融入社会生活，从未传播过这种疾病。柯克夫人不服州卫生委员会的隔离

---

[1]　Zucht v. King, 260 U. S. 174（1922）.

[2]　39 Am. Jur. 2d Health § 22, 25, 26, 33（1968）.

[3]　See Jennifer S. Bard, "How Public Health Informed Lawmaking Would Address the Rising Synthetic Opioid Death Toll", *Brooklyn Law Review*, 87（2022）, Footnote 126, p. 676.

[4]　James G. Hodge, jr., "The Role of New Federalism and Public Health Law", *Journal of Law and Health*, 12（1998）, pp. 326~328.

[5]　McBride v. Superior Court, 174 P. 973, 976（1918）.

[6]　Kirk v. Wyman, 65 S. E. 387（S. C. 1909）.

决定，为此诉至法院。南卡罗来纳州最高法院认为，"考虑到这种疾病令人痛苦的性质"，州卫生委员会"显然是在其职责范围内要求隔离"。[1]尽管柯克夫人的疾病是不可治愈的，隔离几乎没有限期，但法院还是尊重了州卫生委员会以公共健康为名行使的警察权。法院对警察权阐述的唯一限制是：柯克夫人的隔离必须在城外的隔离场所完工后再开始执行，完工以前，不应在距离城市垃圾场100码范围内的非隔离场所隔离。在1913年康涅狄格州诉拉科夫斯基案（State v. Rackowski）的判决中，[2]康涅狄格州最高法院认为，卫生官员不仅有义务制定一切必要和适当的管制来防范疾病的传播，而且有义务尽最大努力执行这些管制，判断一个人是否患有猩红热，只需要提出"常识"（common knowledge）证据，地方政府和卫生当局就可以依据警察权对患者采取公共卫生措施。[3]

一些州虽然总体上尊重地方政府和卫生当局以公共健康为名行使警察权，但同时在判决中阐明了对警察权的一般限制，1905年雅各布森诉马萨诸塞州案（Jacobson v. Massachusetts）的判决就是典型例子。1902年2月27日，马萨诸塞州颁布一项制定法，授权地方卫生委员会为了公共健康或安全，在必要时可以强制要求公民接种疫苗。疫苗接种将免费，任何拒绝接种的人都可能被处以罚金。剑桥市卫生局根据该规定要求市内所有居民接种天花疫苗，雅各布森因不愿接种疫苗被处罚款，为此诉至法院。[4]雅各布森声称强制接种疫苗侵犯了美国《宪法》赋予他的自由权，甚至构成"对其人身的侵犯"。[5]马萨诸塞州最高法院在该案判决中阐释了对州警察权的限制。首先，以公共健康为名的管制不能严重损害任何特定个人健康，不能侵害个人的一般行为自由；其次，公共健康法律的执行手段必须与保护公共健康和公共安全有某种"真实或实质性的关系"。[6]马萨诸塞州最高法院认为，天花疫苗接种有助于限制疾病的传播和影响，手段和目的之间有真实的实质性联系；雅各布森不能证明他不是"合适的疫苗接种对象"或接种疫苗会对他的健康造成严重损害，[7]或可

---

[1] Kirk v. Wyman, 65 S. E. 387 (S. C. 1909), p. 390.
[2] State v. Rackowski, 86 A. 606 (Conn. 1913).
[3] State v. Rackowski, 86 A. 606 (Conn. 1913), p. 681.
[4] Jacobson v. Massachusetts, 197 U. S. 11 (1905).
[5] Jacobson v. Massachusetts, 197 U. S. 11 (1905), p. 27.
[6] Jacobson v. Massachusetts, 197 U. S. 11 (1905), p. 31.
[7] Jacobson v. Massachusetts, 197 U. S. 11 (1905), p. 37.

能导致他死亡，也无法证明强制接种疫苗对他的一般行为自由构成不合理限制。马萨诸塞州最高法院最终支持了剑桥市卫生委员会的管制，认为依据警察权，州可以颁布"与完全在其领土内的事务有关，且不会影响其他州人民的所有法律"，[1]这些法律当然包括"各类健康法"。[2]雅各布森诉马萨诸塞州案的判决在随后的几年里常被州最高法院和联邦最高法院援引，[3]尽管法院一般会尊重地方政府和卫生当局以公共健康为名行使的警察权，但以公共健康为名行使警察权应该受到个人健康和个人一般行为自由的限制，管制措施与公共健康之间应该存在"真实的实质性联系"，这一教义逐渐得到认同。有意思的是，洛克纳诉纽约州案和雅各布森诉马萨诸塞州案出自同一时代，甚至是同一批法官之手，只不过前者中持异议意见的 4 名法官站在了后者的多数阵营中，然而前者已经封存在宪法史中，后者成为登堂入室的宪法教义。在 2020 年的南海湾联合五旬节教会诉纽瑟姆案（S. Bay United Pentecostal Church v. Newsom）中，[4]罗伯茨大法官依旧援引雅各布森诉马萨诸塞州案作为支持加州因新冠疫情颁布限制礼拜场所出席人数禁令的理由。[5]

（四）目的之四：公共道德

"public morals"可以拆分为"public"和"morals"两个词汇，前者译为公共的、公众的，后者是道德的意思，"public"用来修饰或限制"morals"。梳理联邦最高法院的判例可以发现，"public"有公共性与公开性两个层面的含义；"morals"指社会习俗、传统和价值观。[6]梳理法院对政府以维系公共道德为名行使警察权进行的司法审查可以发现，作为警察权目的之一的公共道

---

[1] Jacobson v. Massachusetts, 197 U. S. 11（1905），p. 27.

[2] Jacobson v. Massachusetts, 197 U. S. 11（1905），p. 27.

[3] Zucht v. King, 260 U. S. 174（1922）.

[4] S. Bay United Pentecostal Church v. Newsom, 140 S. Ct. 1613（2020）.

[5] 当然，对于雅各布森诉马萨诸塞州案作为新冠疫情暴发期间解决有关宗教自由、堕胎、旅行权等其他情况争议的先例，有学者持否定态度，认为法官现在遵循的是雅各布森诉马萨诸塞州案的变体，这种错误应归咎于联邦最高法院，因为其通过 1927 年的巴克诉贝尔案（Buck v. Bell）、1963 年的谢伯特诉维尔纳案（Sherbert v. Verner）以及 1973 年的罗伊诉韦德案（Roe v. Wade）确立了雅各布森诉马萨诸塞州案这一无法压制的"神话"。See Josh Blackman, "The Irrepressible Myth of Jacobson v. Massachusetts", *Buffalo Law Review*, 70（2022），pp. 131~269.

[6] Joshua A. Slone, "Comment: Whose Morality is it Anyway?: Recognizing the Tension Between Morality Laws and the Establishment Clause", *Georgetown Journal of Law and Public Policy*, 13（2015），p. 63.

德经历了与其他目的混同到单独作为理由的阶段。

1. 与其他目的混同的公共道德

国家以道德为基础的管制规范早在1672年就已经在普通法中出现,[1]有悠久的历史渊源。只不过在早期判例中,公共道德总是与其他目的的阐释夹杂,难以从中分离出单独的教义。

吉本斯诉奥格登案的判决是法院首次承认以公共道德为名行使警察权合宪。首席大法官马歇尔撰写的法院多数意见提到了公共道德,指出专利法和版权法只是"'保障'一项权利,只意味着如果任何机构被允许享有该权利,专利权人应单独享有该权利。但专利权人从未打算无视州法律。这些法案没有规定政府有权确定将要出版的书籍或版画的性质,以及许可专利是否安全,是否符合良好的社会秩序和公共道德","必须接受这种有限的解释,否则国会的法律将超越宪法的权力",[2]这是法院首次在与警察有关的判例中提及公共道德。随着时间的推移,法院逐渐明确支持公共道德立法是警察权的合法行使。在纽约市长诉米尔恩案中,联邦最高法院将公共道德等同于旨在维护社会秩序和公共安全,"排除罪犯和贫民的法律是……这对于保护人民的道德不受腐败是必要的"。[3]在盖洛韦诉马萨诸塞州案(Thurlow v. Massachusetts)中,联邦最高法院再次将道德与健康连用,"如果一件商品或物品对共同体的健康或道德有害,州可以行使作为其繁荣基础的强大而保守(conservative)的警察权禁止出售它"。[4]与公共健康、安全等目的相比,法院在19世纪前半叶审理的只涉及公共道德的案件数量较少,对公共道德的内涵与外延提供的解释资源也较为有限,但不可否认,联邦最高法院此时已认可公共道德是警察权的目的之一。

2. 作为核心目的的公共道德

19世纪中叶后,涉及公共道德的案件增多。彩票案、酒馆案、性犯罪等判例都是对政府以公共道德为名行使警察权的司法审查,更详细地阐明了作为警察权目的的公共道德。

公共道德中的"公共性"(public),意味着道德影响的不是一个人,会引

---

[1] Murphy v. California, 225 U.S. 623 (1912).
[2] Gibbons v. Ogden, 22 U.S. 1 (1824), pp. 55~56.
[3] Mayor of New York v. Miln, 36 U.S. 101 (1837), p. 161.
[4] Thurlow v. Massachusetts, 46 U.S. 504 (1847), p. 592.

发社会公众的关注。公共道德的公共性要件可以追溯至布莱克斯通的警察概念，布莱克斯通勾勒的警察概念没有使用"公共道德"这个表述，但确实包含了有关公共道德的内容。布莱克斯通认为（非法的）暗中结婚（Clandestine marriages）、重婚（Bigamy）、奢侈（Luxury）以及赌博（Gaming）等违反公共道德。[1]布莱克斯通还将道德分为公共道德和私人道德，认为前者属于警察的管辖范围，后者属于上帝的管辖范围。"根据英国的教会法，与前夫或前妻共同生活的第二次婚姻完全是无效的……立法机关将其定为重罪，因为它严重侵犯了一个秩序井然的国家的公共经济和体面";[2]"公共的和私人的恶习都会受到永恒正义的报复，公共的恶习还要受到人类法庭的暂时惩罚，私人的恶习会受到上帝的惩罚"。[3]在19世纪末，可以说"公共道德的管制在19世纪的美国生活中发挥了绝对核心的作用。在一个管制良好的社会中，道德警察仍然是政府的现实义务之一"。[4]

以公共道德为名行使警察权，意味着"个人在家中的隐私行为，不涉及或影响其与他人的法律关系，一般不受警察权的约束"。[5]当行为发生在个人家中，而"公众"（public）被排除在外时，在公共场所可能被宣布为非法的行为不一定属于警察权的范围。保护公共道德并不等同于对私人行为实施刑事制裁。[6]在不对第三方造成伤害的情况下，不得仅仅出于对纯粹私人行为的道德反对而援引警察权。一个例子是家庭种植少量大麻供个人消费。例如，禁止在家里种植少量大麻供个人消费，禁止在个人家中吸食大麻超出立法权的范围。[7]

一项管制是否事关公共道德，通常容易判断。但博彩是否与公共道德相

---

[1] William Blackstone, *Commentaries on the Laws of England*, University of Chicago Press, 1979, p. 761.

[2] William Blackstone, *Commentaries on the Laws of England*, University of Chicago Press, 1979, p. 163.

[3] William Blackstone, *Commentaries on the Laws of England*, University of Chicago Press, 1979, pp. 41~42.

[4] William J. Novak, *The People's Welfare: Law and Regulation in Nineteenth-Century America*, The University of North Carolina Press, 1996, p. 49.

[5] Ernst Freund, *The Police Power: Public Policy and Constitutional Rights*, Callaghan & Company, 1904, p. 225.

[6] See Ernst Freund, *The Police Power: Public Policy and Constitutional Rights*, Callaghan & Company, 1904, pp. 483~485.

[7] Ravin v. State, 537 P. 2d 494 (1975).

关？风化管制是否正当？这都是通常容易引发诉讼的场域，梳理这两方面的判例，可以管窥法院对公共道德的一般解释。

(1) 博彩事关公共道德。

1850年的费伦诉弗吉尼亚州案（Phalen v. Virginia）是有关彩票发行是否违反公共道德，政府能否以公共道德为名行使警察权的判例。联邦最高法院认为，"取缔对公共健康或道德有害的妨害是政府最重要的职责之一"，[1]1903年钱皮恩诉阿莫斯案的判决[2]强化了联邦最高法院的这一立场。后来，与彩票密切相关的赌博，同样被联邦最高法院认为可以以公共道德为由进行管制，"在过去的许多年里，赌博在这个国家被普遍视为一种罪恶，为了公共道德的利益，应该加以预防和制止"。[3]赌博的恶"部分在于通过浪费和无利可图的支出而变得贫穷，部分在于不努力就获得的收益所产生的令人沮丧的影响，以及它所养成的依赖机会而不是劳动来获取财富的习惯"，[4]联邦最高法院认为赌博因为上述原因会对公众产生巨大的吸引力，从而危及公共道德。

(2) 风化管制符合公共道德要求。

归纳现有判例，有关风化管制的判例主要集中在酒类管制、风月场所管制和性管制。

对酒精的管制令在19世纪中叶后激增，许可证系列案、[5]巴特尔迈耶诉艾奥瓦州案（Bartemeyer v. Iowa）、[6]啤酒公司诉马萨诸塞州案（Beer Company v. Massachusetts）[7]等相继问世，法院在系列判例中认为，酒馆是公众高度关注的场所，酒馆的知名度、作为集会场所和公共论坛的功能，使酒馆极有可能作为煽动叛乱的温床，危及公共道德，政府可以公共道德为名依据警察权管制。[8]

---

[1] Phalen v. Virginia, 49 U. S. (8 How.) 163 (1850), p. 168.

[2] Champion v. Ames, 188 U. S. 321 (1903).

[3] Marvin v. Trout, 199 U. S. 212 (1905), p. 224.

[4] Ernst Freund, *The Police Power, Public Policy, and Constitutional Rights*, Callaghan & Company, 1904, p. 173.

[5] The Licensing Cases, 46 U. S. (5 How.) 504 (1847).

[6] Bartemeyer v. Iowa, 85 U. S. (18 Wall.) 129 (1873).

[7] Beer Company v. Massachusetts, 97 U. S. 25 (1877).

[8] William J. Novak, *The People's Welfare: Law and Regulation in Nineteenth-Century America*, The University of North Carolina Press, 1996, pp. 172~173.

19 世纪末 20 世纪初，政府有关卖淫和风月场所的管制与禁令普遍存在。1900 年，联邦最高法院在洛特诉新奥尔良市案（L'Hote v. New Orleans）的判决中支持了路易斯安那州限制妓女居住地的一项规定，[1]认定这是维系公共道德的警察权的有效行使。

同性恋、同性婚姻以及禁止堕胎一直是聚讼纷纭的主题。同性恋、同性婚姻、堕胎是否合法，可以仁智互见，但政府可以公共道德为名管制同性恋和同性婚姻以及堕胎已渐渐成为共识，劳伦斯诉得克萨斯州案（Lawrence v. Texas）和冈萨雷斯诉卡尔哈特案（Gonzales v. Carhart）是两个颇为经典的案例。在劳伦斯诉得克萨斯州案中，政府将公共道德作为管制同性恋的正当目的的做法备受质疑，冈萨雷斯诉卡尔哈特案确立了公共道德作为管制堕胎的目的的正当性，基本已成共识。

劳伦斯诉得克萨斯州案发生于 1998 年，该案的争点是将同性之间的性行为入罪的州制定法是否违宪。因有人报案声称在劳伦斯的私人寓所内发生械斗，休斯敦警方立即出警。当休斯敦警方进入劳伦斯寓所后，发现劳伦斯正与另一名成年男性加纳（Garner）发生性行为。根据得克萨斯州制定法的规定，同性间的某种特定性行为构成犯罪。休斯敦警方当即逮捕劳伦斯与加纳并控其有罪，劳伦斯与加纳主张得克萨斯州的制定法违宪。州法院认为根据《宪法第十四修正案》的正当程序条款，该制定法并不违宪。联邦最高法院发出调卷令，最终于 2003 年以 6 比 3 的比例判决得克萨斯州的制定法违宪，并推翻先例鲍尔斯诉哈德威克案（Bowers v. Hardwick）。肯尼迪大法官执笔的多数意见认为，法院的义务是定义自由，而不是将自己信奉的道德准则强加于人。受宪法保护的自由允许同性恋者选择在其住宅和私人生活范围内建立关系，并仍然保留其作为自由人的尊严。多数人的道德选择不构成某项法律有效或者无效的充分理由，而且其他国家也已经确认同性恋人的亲密行为是合法的。[2]奥康纳大法官出具的协同意见认为，根据平等保护条款，对某个群体的道德反对不构成合法的政府利益，因为合法的分类必须不能是"由法律对某个群体施加不利负担为目的"。[3]得克萨斯州援引公共道德反对同性恋，

---

[1] L'Hote v. New Orleans, 177 U. S. 587 (1900).
[2] Lawrence v. Texas, 539 U. S. 558 (2003), p. 571.
[3] Lawrence v. Texas, 539 U. S. 558 (2003), p. 583.

并认为这是合法的州利益，这只不过说明得克萨斯州希望将同性性行为定为犯罪。但是平等保护条款防止州"为了自己的利益而对人进行分类"。得克萨斯州有关同性性行为的制定法"提出了一个不可避免的推论，即强加的不利条件源于对受影响人群的敌意"。〔1〕联邦最高法院据此判决得克萨斯州规定同性性行为构成犯罪的立法违宪。兰迪·E. 巴内特（Randy E. Barnett）对肯尼迪大法官的裁判意见给予了肯定评价，认为该判决含蓄地否定了警察权是无限的观点。他从原旨主义的立场出发，认为被称为州"警察权"的权力与人民所保留的权利相去甚远，保护个人权利是州警察权的核心才是适当的解释，州可以保护他人权利为目的限制自由来为其法律辩护。〔2〕

不过，斯卡利亚（Scalia）大法官在劳伦斯诉得克萨斯州案中发表的异议意见可圈可点，成为后来类似案件的多数意见。斯卡利亚大法官在异议意见中表示，"国家治理中的多数人认为某项性行为是'不道德或不能被接受的'信念构成管制的合理基础……将同性恋者与其他传统的'道德'犯罪区分开来是不可能的"，"法律是建立在道德观念基础上的，而且如果所有本质上代表道德选择的法律都根据正当程序条款被判决为无效，那么法院将会非常忙碌"。〔3〕

斯卡利亚大法官的异议意见后来成为 2007 年冈萨雷斯诉卡尔哈特案判决的多数意见的基本支撑，〔4〕该案事关 2003 年国会颁布的《部分出生堕胎禁止法案》（Partial-Birth Abortion Ban Act）是否违宪。〔5〕美国第八巡回上诉法院和第九巡回上诉法院确认了地区法院有利于被告、堕胎医生和堕胎倡导团体的判决，认定 2003 年国会颁布的《部分出生堕胎禁止法案》违宪，美国司法部长冈萨雷斯要求联邦最高法院重审前述案件，并申请继续执行《部分出生堕胎禁止法案》。肯尼迪大法官继续执笔该案的多数意见，强调了公众对禁止的做法的关注。选择终止妊娠的权利是罗伊诉韦德案赋予的具体权利，是政

---

〔1〕 Lawrence v. Texas, 539 U. S. 558（2003），p. 583.

〔2〕 Randy E. Barnett, "The Proper Scope of The Police Power", *Notre Dame Law Review*, 79（2004），p. 493.

〔3〕 Lawrence v. Texas, 539 U. S. 558（2003），pp. 583，590.

〔4〕 冈萨雷斯诉卡尔哈特案中，斯卡利亚大法官加入协同意见，表示"赞同法院的意见，因为它准确地运用了当前的判例"。Gonzales v. Carhart, 550 U. S. 124（2007），p. 169.

〔5〕 Gonzales v. Carhart, 550 U. S. 124（2007）.

府不能侵犯的私人权利。[1]然而,部分出生堕胎导致胎儿死亡的特殊方法引起了公众的特别关注。"部分出生堕胎程序受到公众关注后,随之而来的,对部分出生堕胎的禁令激增。到斯滕贝格案(Stenberg)作出裁决时,大约有30个州已经颁布了旨在禁止这一程序的禁令。"[2]国会对这一程序的关注是基于其认定已经达成"道德""伦理"及"医学"共识,即部分出生堕胎是"一种令人毛骨悚然和不人道的程序,从医学上讲是没有必要的,应该被禁止"。[3]这也表明此类堕胎对公共社会及道德的潜在危害显而易见:"该法案禁止堕活胎的规定进一步推动了政府的目标。没有人会质疑,标准的晚期堕胎做法本身对很多人来说就是一种充满了贬低人类生命的权利的程序。尽管如此,国会可以得出结论,该法案所禁止的堕胎类型需要具体的规定,因为它牵涉到额外的伦理和道德问题,因此需要特别禁止。国会认定,它所禁止的堕胎方法'与杀害新生婴儿有令人不安的相似之处',因此它关注的是'划清堕胎和杀婴的界限'。"[4]在肯尼迪大法官看来,国会的目的是合法的,即通过保护社会免受"充满贬低人类生命的权利"的做法来防止社会的道德沦丧,更重要的是,这些做法与杀害新生婴儿有着"令人不安的相似之处"。[5]国会通过立法在堕胎和杀害婴孩之间划出界线,以表现出对人类生命的尊重。肯尼迪大法官还肯定国会的禁令能够防止行使堕胎权的妇女遭受明显的道德伤害,"对人类生命的尊重最终体现在母亲对孩子的爱的纽带上。该法案也承认这一现实。是否堕胎需要一个艰难而痛苦的道德决定。虽然我们没有找到可靠的数据来衡量这一现象,但似乎可以得出这样的结论:一些女性开始后悔自己曾经创造和维持的婴儿生活",[6]又说明国会试图保护妇女免受的伤害也是一种道德上的伤害。在肯尼迪大法官看来,国会的管制表达了道德上的反对,有通过劝阻来教育和保护社会关注部分出生堕胎的道德含义,"可以合理推断,该管制及其所传达的知识有鼓励一些妇女将胎儿带至足月,从而减少晚期堕胎的绝对数量的效果。此外,医学界可能会找到不同的、不那么令人震

---

[1] Gonzales v. Carhart, 550 U. S. 124 (2007), pp. 145~146.
[2] Gonzales v. Carhart, 550 U. S. 124 (2007), p. 141.
[3] Gonzales v. Carhart, 550 U. S. 124 (2007), p. 141.
[4] Gonzales v. Carhart, 550 U. S. 124 (2007), p. 158.
[5] Gonzales v. Carhart, 550 U. S. 124 (2007), p. 158.
[6] Gonzales v. Carhart, 550 U. S. 124 (2007), p. 159.

惊的方式在妊娠中期堕胎从而满足立法需求。政治和法律系统、医疗专业、孕妇和整个社会更好地了解选择晚期堕胎决定的后果的对话，会促进国家尊重生命的利益"。[1]金斯伯格（Ginsburg）大法官在该案的异议意见中也指出："交付一个完整但不可存活的胎儿应该受到谴责。"[2]综上所述，联邦最高法院认为，此类堕胎可能损害公众集体道德的损害，警察权的行使是正当的，最终推翻了下级法院判定该法案违宪的裁决。

肯尼迪大法官对劳伦斯诉得克萨斯州案和冈萨雷斯诉卡尔哈特案的分析还是回到了一个原初的问题，即一种行为如果是私下单独实施的，法院一般不予理会，但如果是公开实施的，那么其恶的一面则容易受到谴责。联邦最高法院会以公共道德为由，尊重公众的道德情感。

（五）目的之五：一般福利

恩斯特·弗罗因德于1904年将一般福利分为三个部分：一是主要的社会利益（安全、秩序和道德），二是经济利益，三是非物质和政治利益。[3]根据他的解释，一般福利与警察权的其他几个目的彼此交叉，甚至一般福利包含其他几个目的。与公共健康、安全和道德几个目的相比，一般福利概念出现得更晚，最早在土地利用管制中单独作为警察权行使的理由。

20世纪前，土地所有权受到的管制不多，土地所有人几乎可以随心所欲地利用他们的土地。随着经济的快速发展，土地利用的冲突加剧，政府对土地利用的管制兴起，针对此类管制的诉讼日盛，法院开始"努力解决私人财产权与要求某种土地用途管制的新兴社会利益之间的协调问题"。[4]私有财产权的自由面向被通过使用土地造福公众的社会需要削弱了，"如果一条新的道路要通过一个私人的土地修建，它可能对公众有广泛的好处；但法律不允许任何人或一群人在未经土地所有人同意的情况下这样做"，[5]唯有政府管制才能达成这一目标。此外，日益变化的城市功能的复杂性也呼唤新的法律管制

---

[1] Gonzales v. Carhart, 550 U. S. 124 (2007), p. 160.

[2] Gonzales v. Carhart, 550 U. S. 124 (2007), p. 182.

[3] Ernst Freund, *The Police Power: Public Policy and Constitutional Rights*, Callaghan & Company, 1904, p. 207.

[4] Gitleman Morton & Nolan John & Salkin Patricia & Wright Robert, *Land Use: Cases and Materials*, West Publishing, 2004, p. 21.

[5] Gitleman Morton & Nolan John & Salkin Patricia & Wright Robert, *Land Use: Cases and Materials*, West Publishing, 2004, p. 21.

土地利用，立法机关开始制定全面的分区条例。土地利用应受到何种管制？土地用途分区的正当性何在？这就是政府在土地利用领域行使警察权的正当性问题。早期法院对公共健康、公共安全、公共道德的定义都非常狭义，难以证成土地利用管制，诉诸"一般福利"概念救场，政府也以"一般福利"为由证明土地利用管制的正当性。这就引出一个问题：一般福利是不是与公共健康、公共安全和公共道德相互区别的平等的目的？20 世纪上半叶，由于界定困难，法院在支持基于一般福利的警察权时左右摇摆。随着土地利用管制日益频繁，联邦最高法院开始明确支持一般福利作为警察权的独立目的之一。

欧几里得诉漫步者房地产公司案（Euclid v. Ambler Realty Co.）是联邦最高法院支持一般福利作为警察权行使正当目的的第一个判例。该案事关一项土地利用管制是否构成没有补偿的征收问题，就政府将一般福利作为土地用途分区管制目的的正当性，法院认为，"将维系一般福利纳入警察权是必要的"，[1]乔治·萨瑟兰大法官解释道，警察权与社会演变有着重要的关系，警察权的适用范围必须"为满足新的和不同的条件扩大和缩小"。[2]在欧几里得诉漫步者房地产公司案的判决中，法院明确一般福利是警察权行使的一个正当目的，但什么是一般福利？纽约上诉法院在马克斯·伍尔夫松诉约翰·伯登案（Max Wulfsohn v. John Burden）中作出了经典的解释，警察权"不限于旨在促进公共健康、公共道德或公共安全或镇压冒犯性、无序或不卫生行为的管制，可以延伸到处理生存的条件，通过促进公共便利或繁荣，使人民获得最大福利"。[3]自此，一般福利概念几乎可以支持改善共同体生活条件的一切宽泛的警察权的行使。共同体生活条件的改善到底指什么？生活条件又包括哪些？法院在后续判例中逐渐丰富列举的种类，有些目的是否能作为一般福利，争议巨大。

争议最大的莫过于美学价值能否作为一般福利的子项。20 世纪初，法院不愿意支持政府基于美学考虑的管制，认为对外观、呈现、美和美学的诠释过于主观。但从 20 世纪 30 年代开始，法院转向支持政府以美学价值为由行

---

[1] Euclid v. Ambler Realty Co., 272 U.S. 365 (1926).
[2] Euclid v. Ambler Realty Co., 272 U.S. 365 (1926), p. 387.
[3] Max Wulfsohn v. John Burden, 241 N.Y. 288 (1925), p. 298.

使警察权，最经典的案例是伯曼诉帕克案。联邦最高法院认为："一般福利的概念是广泛的和包容的……它所代表的价值既可以是精神上的也可以是物质上的，既可以是美观上的也可以是金钱上的。立法机关有权决定社区既要美丽又要健康，既要宽敞又要干净，既要平衡又要安全。"[1]"在本案中，国会及其授权机构作出的决定考虑了各种各样的价值。本院无权重新评价他们。如果那些管理哥伦比亚特区的人决定国家的首都应该既美丽又卫生，那么《宪法第五修正案》中就没有什么阻碍了。"[2]不过，州法院与联邦最高法院对美学价值的态度在时间上有一定差异。在1962年的巴赫曼诉阿肯色州案（Bachman v. State）中，阿肯色州最高法院认为，禁止汽车墓地和不允许道路沿线的墙壁或栅栏隐藏墓地的制定法超出了警察权的范围。[3]大约在同一时间，在北卡罗来纳州诉布朗案（State v. Brown）中，北卡罗来纳州最高法院认为以纯粹的美学为理由禁止在路边放置垃圾或报废车辆超出了警察权的范围。[4]20多年后，在北卡罗来纳州诉琼斯案（State v. Jones）中，北卡罗来纳州最高法院认为，仅基于美学的县禁令并不违反联邦或者各州宪法。[5]

迄今为止，法院在判例中认可的一般福利列表至少可以包括：为了市民的快乐和富裕而提升社区的美丽；[6]增加财产价值（保障财产价值是为促进一般福利合法行使警察权）；[7]振兴城市地区；[8]培养公民自豪感，以及教育市民了解社区的文化、历史和建筑遗产；[9]吸引游客，刺激和支持经济。[10]一般福利几乎是警察权行使目的的兜底项，只要不在其他明确列举的子项内，政府就会诉诸一般福利作为警察权行使的理由，只要不过分偏离人们的生活经验，法院的审查强度总体上趋于宽松，只要手段和目的不是明显不匹配，法院一般会判决警察权的行使合宪。

---

[1] Berman v. Parker 348 U.S. 26 (1954), p.33.

[2] Berman v. Parker 348 U.S. 26 (1954), p.33.

[3] Bachman v. State, 235 Ark. 339 (1962).

[4] State v. Brown, 250 N.C. 54 (1959).

[5] State v. Jones, 305 N.C. 520 (1982).

[6] Berman v. Parker, 348 U.S. 26, 33 (1954).

[7] State ex rel. Saveland Park Holding Corp. v. Wieland, 269 Wis. 262 (1955).

[8] A-S-P Assocs. v. City of Raleigh, 298 N.C. 207 (1979).

[9] Penn Cent. Transp. Co. v. City of New York, 438 U.S. 104, 129 (1978).

[10] Albert H. Manwaring, "American Heritage at Stake: The Government's Vital Interest in Interior Landmark Designations", *New England Law Review*, 25 (1990), pp.311~312.

三、警察权的解释（三）：强度论

政府为公共健康、公共安全、公共道德和一般福利行使警察权，警察权行使的方式和强度必须适当，警察权的行使必须确实有利于促进上述目的，否则就是"幌子"警察权。依据警察权的管制与所欲达到的目的之间应当有合理的联系，核心是管制手段的合理性。因此，法院依据合理性基准审查警察权行使的强度，分析目的与警察权行使之间是否存在某种合理的关联，以此判断警察权的行使是否真的意欲达成前述目的。

（一）合理性基准的提出

合理性审查以手段与目的的关系为基本结构，一直贯穿于法院审查警察权是否适当行使的始终。从1887年穆勒诉堪萨斯州案到洛克纳诉纽约州案，合理性审查是法院适用平等保护和实质性正当程序条款时坚持的基本标准。在西海岸酒店公司诉帕里什案、美国诉卡罗琳产品公司案（United States v. Carolene Products Co.）中，以实质联系为基础的合理性基准一度式微。美国农业部诉莫雷诺案（United States Dep't of Agric. v. Moreno）后，手段-目的审查模式再度成为法院判断警察权行使正当性的基本思路。

1. 合理性基准的萌芽：反对权力的任意行使

合理性审查与任意性概念密切相关。1829年，即批准《宪法第十四修正案》的40年前，联邦最高法院在威尔金森诉利兰案（Wilkinson v. Leland）中审查并驳回了州可以"不受控制和任意行使"权力的主张。[1]由于美国《宪法》没有可适用的条款，斯托里大法官认为："很难认定政府有不受限制的完全自由，财产权不能完全取决于立法机关的意愿。自由政府的基本准则要求个人自由和私有财产权神圣不可侵犯。"[2]为确定内战前期各州法律是否侵犯基本权利，联邦最高法院在多个案件中进行了司法审查，一直坚持州警察权不能任意行使的基本教义。[3]

2. 手段-目的审查结构的确立与"真正的或实质性关联"标准的提出

通过分析手段与目的的关系进行合理性审查的第一个判例是帕特森诉肯

---

[1] Wilkinson v. Leland, 27 U.S. 627 (1829), p. 657.

[2] Wilkinson v. Leland, 27 U.S. 627 (1829), p. 657.

[3] Thomas B. Nachbar, "The Rationality of Rational Basis Review", *Virginia Law Review*, (11) 2016, p. 1635.

塔基州案（Patterson v. Kentucky）。在该案中，一名联邦专利持有人帕特森声称他有照明油方面的专利权，肯塔基州对任何燃烧温度低于130度的照明油实施禁令，帕特森认为该禁令侵犯了自己的专利权。[1]联邦最高法院认为，禁令"与州对其公民的生命、健康和财产的保护有适当和直接的联系"，[2]该意见虽然没有直接出现手段与目的的表述，但将管制手段与保护州内公民生命、健康和财产联系在一起，明确前者与后者必须有适当和直接的联系，手段-目的审查进路呼之欲出。

在巴比尔诉康诺利州案（Barbier v. Connolly）中，联邦最高法院明确展示了手段-目的分析进路，"对于像旧金山这样主要由木制建筑组成的城市来说，禁令可能是一项必要的预防措施，在这种需要不断生火的职业中，应该在晚上的特定时间后停止……"，[3]但联邦最高法院在该案判决中没有确定合理性基准。在穆勒诉堪萨斯州案中，联邦最高法院援引巴比尔诉康诺利州案的表述后，进一步确定目的与手段之间的必要关系，"如果一项声称是为了保护公共健康、公共道德或公共安全而颁布的制定法与这些目的没有真正或实质性的关系（real or substantial relation）"，[4]将被判定是违宪的，"真正的或实质性关联"标准确立。

在后来的大西洋沿岸铁路公司诉戈尔兹伯勒案（Atlantic Coast Line Railroad. Co. v. Goldsboro）中，联邦最高法院延续"真正的或实质性关联"标准，"如果受到批评的管制似乎不以任何方式旨在促进共同体的健康、舒适、安全或福利，或者所采用的手段与公开或表面上的目的没有真正和实质性的关系（substantial relation），或者肆意或任意干涉私人权利，就会产生立法机关是否超越警察权合法界限的问题"。[5]从帕特森诉肯塔基州案到穆勒诉堪萨斯州案，法院基本建立了对警察权行使司法审查的手段-目的分析框架，注意到了手段与目的之间的关联，要求手段与目的之间存在"真正的或实质性关联"。

在适用"真正的或实质性关联"标准的同时，合理性概念也隐含在联邦最高法院的一些意见中。哈兰（Harlan）大法官在阿黛尔诉美国案（Adair

---

[1] Patterson v. Kentucky, 97 U. S. 501 (1878), pp. 502~503.
[2] Patterson v. Kentucky, 97 U. S. 501 (1878), p. 506.
[3] Barbier v. Connolly, 113 U. S. 27 (1885), p. 30.
[4] Mugler v. Kansas, 123 U. S. 623 (1887), p. 661.
[5] Atlantic Coast Line Railroad. Co. v. Goldsboro, 232 U. S. 548 (1914), p. 559.

v. United States）的多数意见中说明："在每个秩序井然的社会中，人们都有责任保护其成员的安全，在巨大的危险压力下，个人的自由权利有时可能会受到这种限制，这种限制是由合理的管制（reasonable regulations）强制执行的，因为公众的安全可能需要这种限制。"〔1〕杰弗逊·布朗大法官在霍尔顿诉哈代案的多数意见中提到："不适合由立法机关裁定某种限制对保护雇员健康是否必要，有合理的理由（reasonable grounds）相信，被诉决定能够得到事实的支持。"〔2〕某种意义上，合理性概念成为必要关系的程度和手段－目的综合分析的结果的替代表达。

3. 合理标准的提出

1938年的美国诉卡罗琳产品公司案是确立现代合理性基准的基础案件。〔3〕国会于1923年3月4日通过《加料脱脂乳法案》（Filled Milk Act），规定禁止在州际贸易中运输混有除乳脂以外的任何脂肪或油的脱脂奶。卡罗琳产品公司在伊利诺伊州南区法院被指控违反该法案，在州际贸易中运输一种浓缩脱脂牛奶和椰子油的混合物，这种掺假食品有害公共健康。卡罗琳产品公司辩称《加料脱脂乳法案》超越了国会对州际贸易的权力，因此侵犯了由《宪法第十修正案》保留给各州的立法领域，而且未经正当程序剥夺其财产，违反了《宪法第五修正案》。该案最终诉至联邦最高法院，哈伦·菲克斯·斯通大法官执笔多数意见。联邦最高法院认为禁止卡罗琳产品公司的产品在州际贸易中运输并不违反《宪法第五修正案》，因为正当程序的保护中没有任何内容禁止国家或州立法机关颁布保护其公民的法律，"立法裁量有充分的余地，禁止违法物品是防止对公众造成损害的适当手段"。〔4〕联邦最高法院审查了立法报告中的听证会记录，听证会上的证据表明《加料脱脂乳法案》禁止的产品对公众有害，"这些事实将表明或倾向于表明剥夺起诉人的生命、自由或财产的制定法具有合理性基础"。〔5〕联邦最高法院进一步解释，即使没有立法报告这类辅助解释，"也应推定支持立法裁量的事实存在，因为影响普通贸易交易的管制性立法并不违宪，除非根据已知的或普遍假定的事实，基于立法者的

〔1〕 Adair v. United States, 208 U. S. 161（1908），p. 172.
〔2〕 Holden v. Hardy, 169 U. S. 366（1898），p. 398.
〔3〕 United States v. Carolene Products Co., 304 U. S. 144（1938）.
〔4〕 United States v. Carolene Products Co., 304 U. S. 144（1938），p. 148.
〔5〕 United States v. Carolene Products Co., 304 U. S. 144（1938），p. 152.

警察权概念的变迁

知识和经验，立法完全没有合理性基础"。[1]联邦最高法院最终作出不利于卡罗琳产品公司的裁决，合理性标准渐渐成型。

在1955年的威廉姆森诉李光学公司案（Williamson v. Lee Optical）中，联邦最高法院援引内比亚诉纽约州案（Nebbia v. New York）、西海岸酒店公司诉帕里什案说明："利用《宪法第十四修正案》正当程序条款来推翻州法律、对贸易和工业进行管制的日子已经过去了，因为它们可能是不明智的、缺乏远见的，或者与特定的思想流派不一致。"[2]法院对经济管制进行的审查是遵从合理性标准：如果立法与法院能够想象的任何合法公共目的合理相关，它就是合宪的。[3]该案的争点是俄克拉何马州于1953年颁布的法案是否合宪。该法案规定，没有验光师或眼科医生执照，或者没有获得持照眼科医生或验光师的书面授权，安装镜片、复制或更换镜片或其他光学器都是非法的。初审法院认为规范眼睛检查属于州警察权的范围，但该法案的要求与人民的健康和福利没有合理的关系，因为这意味着没有书面授权，眼镜商不能将旧眼镜安装到新镜架上或提供新镜片，即"所选择的特定手段既不是合理必要的，也与所欲实现的目的没有合理联系"。[4]联邦最高法院承认该法案在很多情况下可能是不必要、浪费资源的要求，但判断权属于"立法机关而不是法院……立法机关可能已经得出需要书面授权的场合的频率足以证明这种管制是合理的结论……视力检查非常重要……法律不需要在每一个方面都符合其合宪性的目标。只要有一种恶被纠正就足够了，而且人们会认为特定的立法手段是用来纠正它的合理方式"。[5]因此，"我们不能说该管制与目标不合理相关"。[6]

各州法院在涉及警察权的案件中也纷纷走上了合理性审查的道路。1966年的斯波坎县诉沃卢玛特公司案（Spokane County v. Valu-Mart, Inc.）涉及禁止在周日销售大型家用电器，但不禁止销售小型家用电器的"蓝色法律"是否合宪。[7]华盛顿州最高法院认为，虽然《周日关闭法》（Sunday Closing

---

[1] United States v. Carolene Products Co., 304 U.S. 144 (1938), p. 152.
[2] Williamson v. Lee Optical, 348 U.S. 483 (1955), p. 488.
[3] Williamson v. Lee Optical, 348 U.S. 483 (1955), p. 491.
[4] Williamson v. Lee Optical, 348 U.S. 483 (1955), p. 486.
[5] Williamson v. Lee Optical, 348 U.S. 483 (1955), pp. 487~488.
[6] Williamson v. Lee Optical, 348 U.S. 483 (1955), p. 491.
[7] Spokane County v. Valu-Mart, Inc., 69Wash. 2d 712 (1966), pp. 713~714.

Laws）是警察权的合法行使，但是它意在为所有雇员提供强制休息日，那么大小型电器的区别与任何保护公共健康和安全的合法政府活动无关。[1]华盛顿州最高法院还认为，警察权的行使"必须合理地倾向于纠正某些恶或促进州的某些利益。如果……通过合理的手段实现合法的目的，它将得到维持"。[2]1969年华盛顿州最高法院对佩斯特尔公司诉金县案（Petstel, Inc. v. King County）的判决更详细地阐明了合理性基准。该案事关对职业介绍所收费的最高限制是否合宪，[3]法院在多数意见中阐述了管制措施通过合理性基准必须满足的四项标准："第一，为了公共健康、安全、道德和公众福利的利益，警察权下的任何立法都必须是合理必要的……第二，该项立法必须与寻求治愈的邪恶实质相连……第三，受管制的企业、产品或者人员类别，或者立法中确立的各种类别，必须与立法的合理目标相关……第四，设定的税率必须合理，而不是不必要的禁止和没收。"[4]迄今为止，合理性基准仍然是法院审查经济领域警察权行使之合宪性的基准。2014年，纽约州南部地区地方法院判决了家电制造商协会诉纽约市案（Association of Home Appliance Manufacturers v. City of New York）。[5]该案涉及纽约市颁布的一项制定法是否合宪，该法要求制造商回收其丢弃的家用设备中的制冷剂，家电制造商协会声称该法违宪。纽约州南部地区地方法院认为，"废物处理是自治市警察权的范围。自20世纪90年代以来，法律已经规定垃圾收集与处理是美国地方政府的核心职能，该市根据警察权处理其境内垃圾毫无疑问……其处理制冷剂的方式上也没有疑问……系争立法纯粹是为改善制冷剂的管理，二者具有合理的联系"。[6]

"真正的或实质性关联"标准与合理性基准都是法院审查警察权合宪性的标准，今天，两种标准已经功能分化：法院用"真正的或实质性关联"标准审查事关公民权的警察权的合宪性，用合理性基准审查事关经济管制的警察权的合宪性。尽管在洛克纳时代，法院也用"真正的或实质性关联"标准审

---

[1] Spokane County v. Valu-Mart, Inc., 69Wash. 2d 712 (1966), pp. 717, 720~721.

[2] Spokane County v. Valu-Mart, Inc., 69Wash. 2d 712 (1966), p. 719.

[3] Petstel, Inc. v. King County, 77 Wash. 2d 144 (1969), pp. 146~147.

[4] Petstel, Inc. v. King County, 77 Wash. 2d 144 (1969), pp. 154~155.

[5] Association of Home Appliance Manufacturers v. City of New York, 36 F. Supp. 3d 366 (2014).

[6] Association of Home Appliance Manufacturers v. City of New York, 36 F. Supp. 3d 366 (2014), p. 374.

查有关经济管制的警察权的合宪性,但终究是昙花一现。事到如今,当警察权行使的领域主要集中于经济管制时,合理性基准就成为法院审查警察权合宪性的主要标准。

(二) 合理性的判断

判断警察权是否合宪的合理性标准,早期只关注手段的合理性,而不质疑目的的合法性,在手段-目的结构中,法院关注的重心是手段一端。在1947年的科奇诉河港引航专员委员会案 (Kotch v. Board of River Port Pilot Commissioners) 中,联邦最高法院强调某一特定的管制手段可能"与实现管制目标完全无关",或者管制手段"与受管制的活动没有合理的关系"时,可能构成歧视 (discrimination)。[1]法院论及合理性基准最常援引的威廉姆森诉李光学公司案,也偏于审查手段一端。[2]直到1961年的布朗菲尔德诉布朗案 (Braunfeld v. Brown),联邦最高法院才正式确立合理性手段与合法性目的相匹配的标准:"在这种情况下,本院并不局限于狭隘地探究被挑战的法律是否与某种合法的立法目的合理相关。"[3]到1973年的美国农业部诉莫雷诺案,联邦最高法院将考量手段-目的匹配程度的论证进路固定下来,联邦最高法院认为,"在传统的平等保护分析下,如果分类 (classification) 本身与合法的政府利益有合理的关联,就必须坚持立法分类"。[4]从合理性基准的发展历程来看,合理性基准包含两个要件:手段与目的关联的合理性与合法的政府目的。

法院如何确定手段与目的之间存在合理关联?法院除了诉诸生活经验,还常常通过查阅立法史资料讨论手段与目的的关联程度。2014年的家电制造商协会诉纽约市案中,[5]纽约州南部地区地方法院审查了系争立法的记录以及立法史,"90年来,法律已经规定垃圾收集与处理是美国地方政府的核心职能,该市根据警察权处理其境内垃圾毫无疑问……其处理制冷剂的方式上也没有疑问……如立法史所示,制冷剂的安全处理是该市在废物管理中特别关注的问题,因为非法排放对环境有害"。[6]法院查阅了有关该立法的所有记录,

---

[1] Kotch v. Board of River Port Pilot Commissioners, 330 U.S. 552 (1947), p.556.

[2] Williamson v. Lee Optical, 348 U.S. 483 (1955).

[3] Braunfeld v. Brown, 366 U.S. 599 (1961), p.611.

[4] United States Dep't of Agric. v. Moreno, 413 U.S. 528 (1973), p.533.

[5] Association of Home Appliance Manufacturers v. City of New York, 36 F. Supp. 3d 366 (2014).

[6] Association of Home Appliance Manufacturers v. City of New York, 36 F. Supp. 3d 366 (2014), p.374.

认为其中立法的动议记录清楚呈现了手段与目的之间的关联，是探求管制手段与目的关系的最直观、最可靠的文字记载。在手段-目的的思考维度中，法院除了审查管制手段和某种结果之间是否存在某种联系，还考量管制手段是否会给权利人施加过重的负担。管制手段与目的之间即便存在合理关联，但如果管制手段给权利人施加了过重的负担，政府依警察权的管制依然会被判决违宪。联邦最高法院在 1994 年多兰诉蒂加尔德市案（Dolan v. City of Tigard）的判决中明确阐明了合理性关联中的因果关系。联邦最高法院认为，蒂加尔德市阐明了政府在预防洪水和减少交通拥堵方面的合法利益，为促进这些合法利益，政府只有在财产所有人同意不在洪泛区修建房屋，不修建自行车或人行道后，才给申请人发放建筑许可证，管制的手段与目的之间存在联系。然而，联邦最高法院认为，蒂加尔德市希望达成的这些目标与它试图从财产权人那里剥夺财产之间的关系不够密切——虽然这个城市可以合法地禁止财产所有人在河滩上建房，但它试图要求财产所有人将该空间作为公共绿道是不被允许的。[1]这意味着，法院在讨论合理性标准时，在手段-目的的二维思考框架中加入了宪法权利维度，由二维思考变成三维思考。在财产法领域，法院用反向排除的方法讨论合理性。法院通常用四个修辞论证政府依据警察权的管制不合理："任意的"（arbitrariness）、"没收"（confiscation）、"歧视"（discrimination）、"征收"（taking）。只要政府依据警察权的管制构成上述四种情形之一，即可判断警察权的行使不合理。"任意的"有两层含义：第一层含义是传统意义上的，即所适用的管制与假定的目标之间没有合理的关系；[2]第二层含义是财产权人受到的损害不能被管制要实现的公共利益覆盖。[3]"没收"指政府通过管制，事实上剥夺财产权人土地的全部价值，无论管制目标多么合理，如果剥夺了财产权人土地的全部价值，管制也不合理。[4] "歧

---

[1] Dolan v. City of Tigard, 512 U. S. 374 (1994).

[2] Village of Euclid v. Ambler Realty Co., 272 U. S. 365 (1926); Pierro v. Baxendale, 20 N. J. 17 (1955); Fanale v. Borough of Hasbrouck Heights, 26 N. J. 320 (1958).

[3] Richard F. Babcock, "The Illinois Supreme Court and Zoning: A Study in Uncertainty", U. Chi. L. Rev., 15 (1947), pp. 87, 88, 93~94; Richard F. Babcock, "New Chicago Zoning Ordinance", Nw. U. L. Rev., 52 (1957), p. 175; Richard F. Babcock, "The Unhappy State of Zoning Administration in Illinois", U. Chi. L. Rev., 26 (1959), pp. 532~540.

[4] Ira Michael Heyman & Thomas K. Gilhool, "The Constitutionality of Imposing Increased Community Costs on New Suburban Residents Through Subdivision Exactions", *Yale Law Journal*, 73 (1964), p. 1124.

视"指同等情况不同等对待。如果一项管制对情形大致相同的土地实施不同的管制,法院会判决该管制违宪。[1]"征收"指让财产权人承受不合比例的负担,即财产权人为了公共利益承受超出自己应负比例的负担,政府行为事实上构成征收。[2]

当然,最重要的是,采用的手段是否与声称的公共目的有联系,1989年伊利诺伊州最高法院曾详细地阐释了此问题。在1989年伊利诺伊州人民诉林德纳案(People v. Lindner)中,伊利诺伊州最高法院讨论了警察权的范围。[3]伊利诺伊州于1987年颁布的一项制定法规定,一旦某些性犯罪人被定罪,其驾照将被强制吊销。林德纳因性侵他的两名继女被定罪,但他拒绝将驾照提交给州务卿,并以该制定法未经正当法律程序剥夺了他的生命、自由或财产为由诉诸法院。初审法院认定机动车辆不涉及林德纳被定罪的犯罪行为,判定该制定法违宪。伊利诺伊州不服,诉至州内最高法院。斯塔莫斯(Stamos)法官执笔法院多数意见,"根据合理性基础标准(rational-basis test),一项立法必须与所保护的公共利益有合理的关系,所采用的手段必须是实现预期目标的合理方法"。[4]斯塔莫斯法官巧妙地将"制定法想要保护的公共利益"转化为"制定法的目的",[5]这就要求确定立法机关的意图,"立法机关的意图是由整个制定法决定的",[6]不可仅盯着唯一条款。本案中吊销驾照的规定只是伊利诺伊州车辆制定法的一部分,该法涉及从车辆所有权和登记到财务责任的各种问题,都和机动车有某种联系,其目的是确保已证明不适合安全驾驶的司机不被允许驾驶车辆。"吊销驾照条款中列举的犯罪都与安全、合法地操作或拥有车辆有某种联系。由于这些原因,我们的结论是,该制定法旨在保护的公共利益是道路上没有两种司机的利益:那些威胁他人安全的司机,以及那些滥用特权非法驾驶(例如,通过骗取驾驶执照)或利用车辆实施犯罪行为的司机。简而言之,公共利益就是机动车的安全合法运

---

[1] Schmidt v. Board of Adjustment, 9 N. J. 405 (1952), pp. 418~419, 422.

[2] Ira Michael Heyman & Thomas K. Gilhool, "The Constitutionality of Imposing Increased Community Costs on New Suburban Residents Through Subdivision Exactions", *Yale Law Journal*, 73 (1964), p. 1126.

[3] People v. Lindner, 127 Ill. 2d 174 (1989).

[4] People v. Lindner, 127 Ill. 2d 174 (1989), p. 180.

[5] People v. Lindner, 127 Ill. 2d 174 (1989), p. 180.

[6] People v. Lindner, 127 Ill. 2d 174 (1989), p. 181.

营和所有权。"[1]在此背景下，斯塔莫斯法官解释吊销执照是不合理的手段："不让犯了不涉及车辆违法行为的司机上路，并不是确保道路上没有不安全或非法驾驶车辆的司机的合理手段。相反，选择的手段是任意的。"[2]不仅因为该制定法"规定的犯罪与机动车辆无关，而且因为包括此类犯罪而不包括其他犯罪是任意的。也就是说，没有任何理由表明为什么立法机关选择"该制定法列举的"特定犯罪"，"而不是其他不涉及车辆的犯罪"。[3]基于此，法院多数意见认为吊销执照的制定法是州警察权的不合理和任意行使，最终作出了有利于林德纳的判决。

审查手段与目的之间的关系让公共目的尽量客观，所选择的手段的合理性判断可被用来推进对目的的探究。例如，在1885年的彼得·雅各布斯案（In re Application of Jacobs）中，纽约州上诉法院判决禁止居住在廉价公寓的个人准备烟草相关产品的法律是违宪行使警察权。[4]纽约州上诉法院在判词中说明，"一般来说，应由立法机关决定需要什么样的法律和管制来保护公共健康和确保公众的舒适和安全"，[5]鉴于"立法机关的手段是经过计算的、有意的、方便的或适合于实现前述目的"，[6]法院无权审查立法机关的裁量权，但有权审查手段与目的之间的关系，"立法机关的决定不是最终的或结论性的"，[7]并援引多个判例，说明立法所要达到的目的必须是公共的、合法的、适当的。[8]在这种制度设计下，法院审查能够倒逼立法机关立法欲实现的目的更加客观，卡斯·R.桑斯坦（Cass R. Sunstein）也坦言合理性审查"在很大程度上是对非法动机的审查"。[9]

四、警察权的解释（四）：限制论

任何权力都应该受到限制，警察权也不例外。如前文所述，警察权属于

---

[1] People v. Lindner, 127 Ill. 2d 174 (1989), p. 182.
[2] People v. Lindner, 127 Ill. 2d 174 (1989), p. 183.
[3] People v. Lindner, 127 Ill. 2d 174 (1989), p. 183.
[4] In re Application of Jacobs, 98 N. Y. 98 (1885).
[5] In re Application of Jacobs, 98 N. Y. 98 (1885), p. 110.
[6] In re Application of Jacobs, 98 N. Y. 98 (1885), p. 110.
[7] In re Application of Jacobs, 98 N. Y. 98 (1885), p. 110.
[8] In re Application of Jacobs, 98 N. Y. 98 (1885), pp. 110~111.
[9] Cass R. Sunstein, "Naked Preferences and the Constitution", *Columbia Law Review*, 84 (1984), p. 1707.

各州，属于州的警察权客观上会受到联邦权力的限制，还会受到公民宪法权利的限制，州宪法也会限制州的警察权。

(一) 联邦权力与优先权的限制

1. 《宪法第十修正案》

联邦制是联邦宪法创建政府的核心原则之一，联邦宪法将联邦政府和各州之间的权力分立。根据联邦宪法的规定，宪法授予联邦政府最高但有限的权力，将其他权力保留给各州。二元主权体系下，每个主权都有自己的权力范围，联邦政府可以变得很强大，但永远不会拥有全部完整的权力，因为各州保留了"大量的立法，涵盖了州领土内的所有事项"，[1]没有明确列举在宪法中的权力可能是流动的。

联邦制有两个基本要素，第一个要素是美国《宪法》第1条规定国会的权力限于"授予的"（therein granted）权力范围内，[2]联邦政府的权力仅限于"列举的权力"，例如税收、管理贸易以及处理外交事务等明确包含在美国《宪法》中的权力，不能行使超越前述范围的任何权力。[3]这种限制从本质上意味着不在列举范围，未授予国会的权力为各州所有。第二个要素是美国《宪法》第6条的至高无上的条款，该条款规定"宪法和根据宪法制定的合众国法律应为这片土地上的最高法律"。[4]在美国《宪法》授予联邦政府权力的情况下，联邦根据该权力制定的法律高于各州法律，这就意味着各州有权制定和执行法律，但它们不能与联邦法律冲突，警察权立法当然也不能超越联邦立法。

当然，联邦制对警察权的限制需要解释，如果不经由解释划定限制的范围，联邦的权力会急剧膨胀，并最终压缩各州权力范围，使各州完全没有任何权力，警察权也将随之消失殆尽，联邦制结构变得毫无意义。《宪法第十修正案》是解释联邦限制警察权的基础："宪法没有授予合众国也没有禁止各州行使的权力，分别保留给各州或人民。"[5]《宪法第十修正案》的表述相对简单，联邦最高法院的解释时常变化，但《宪法第十修正案》总体上是保护州

---

[1] Gibbons v. Ogden, 22 U.S. 1, 203 (1824).
[2] U.S. Const. art. I, § 1.
[3] U.S. Const. art. I, § 8.
[4] U.S. Const. art. VI.
[5] U.S. Const. amend. X.

警察权的有力屏障。

在美国诉达比案的判决中，哈伦·菲克斯·斯通大法官言简意赅地总结了《宪法第十修正案》的含义，《宪法第十修正案》"陈述了一个不言而喻的事实，即所有未被放弃的事务都被（各州）保留下来"。[1]按照这种方式解释，《宪法第十修正案》是对联邦制原则的明确阐述：除了授权给中央政府的权力，各州还有其他权力，如果没有被禁止，仍由各州行使，即各州"保留"了在宪法批准后没有集体移交给中央政府的权力。[2]这种观点认为，《宪法第十修正案》提醒人们，赋予国会的权力是有限的，剩余的权力属于各州，旨在告诫国会不要越权。另一种观点认为，《宪法第十修正案》旨在积极捍卫各州的主权：它创造了一个肯定的、受保护的州权力"区域"，联邦政府不能闯入。[3]根据这一推理，如果一项联邦法律确实侵犯了该区域内的权力，即使是联邦权力有正当目的，也违反《宪法第十修正案》。上述两种观点从正、反两个维度肯定了警察权，是法院解释警察权范围的基本立场。

2. 优先权

许多警察权案件涉及优先权（preemption）问题，即一级政府的法律高于另一级政府的法律。联邦法律可以优先于州和地方通过的法律，而州法律可以优先于地方的法律。虽然警察权概念下的地方政府权力范围很广，但地方政府是州的创造物，地方立法不能超越州立法。[4]涉及优先权问题的案件经常要讨论的关键争点是：上级政府立法是否已经先占了相关事项的领域，即上级政府是否已就相关事项先行立法。

（1）州警察权受制于联邦立法优先权。州警察权受制于联邦立法的优先权，以国会在立法中有明确而明显的目的为前提。艾奥瓦州最高法院于2014年审理的弗里曼等诉谷物加工公司案（Freeman v. Grain Processing Corp.）对该问题有所讨论，该案的争点是《联邦清洁空气法》（Federal Clean Air Act）是否优先于《艾奥瓦州法典》（Iowa Code）的有关规定。弗里曼等8名居民

---

[1] United States v. Darby, 312 U. S. 100, 124 (1941).

[2] Thomas B. McAffee & Jay S. Bybee & A. Christopher Bryant, *Powers Reserved for the People and the States: A History of the Ninth and Tenth Amendments*, Praeger Publishers, 2006, p.41.

[3] Thomas B. McAffee & Jay S. Bybee & A. Christopher Bryant, *Powers Reserved for the People and the States: A History of the Ninth and Tenth Amendments*, Praeger Publishers, 2006, p.319.

[4] U. S. Const. art. I, § 8, cl. 3.

居住在谷物加工公司马斯卡廷的工厂 1.5 英里的范围内，声称谷物加工公司经营的玉米湿磨设备导致有害污染物和有害气体侵入他们的土地，削弱了他们对财产的充分利用和享受。《艾奥瓦州法典》第 455B 章是有关空气总体质量、控制排放的规定，旨在预防污染。《艾奥瓦州法典》第 657 章是有关妨害的规定，旨在保障财产所有人能够合理使用和享有他们的财产。谷物加工公司认为《联邦清洁空气法》的规定优先于弗里曼等 8 名居民主张的权利以及艾奥瓦州的相关规定，该案最终诉至艾奥瓦州最高法院。艾奥瓦州最高法院援引联邦最高法院在赖斯诉圣达菲电梯公司案（Rice v. Santa Fe Elevator Corp）中有关优先权的观点："我们首先假设，联邦法案不会取代各州具有历史意义的警察权，除非这是国会明确而明显的目的。"[1]然后确定《联邦清洁空气法》中是否有"明确而明显的目的"，艾奥瓦州最高法院认为："当我们查看《联邦清洁空气法》的文本时，我们认定其中的语言倾向于支持，国会并没有默示剥夺州在该领域的立法权。所有措施条款、州权力保留条款和公民权利保留条款都强烈表明，国会并不寻求先发制人，而是维护州法律。"[2]在肯定联邦立法优先于州警察权以国会明确而明显的目的为前提时，艾奥瓦州最高法院解释还有两类默示（implied）优先，即"冲突优先"（conflict preemption）和"领域优先"（field preemption），[3]冲突优先是指州法律与联邦法律"实际冲突"（actually conflicts）或"州法律成为实现和执行国会全部宗旨和目标的障碍"；[4]领域优先意味着"当联邦法律完全占据了某一领域，以至于国会没有给州法律留下任何空间时"。[5]此外，艾奥瓦州最高法院还表达了联邦最高法院在联邦立法优先权上的态度："联邦最高法院特别不愿意在传统上由各州行使警察权的领域中找到联邦对州法律的优先权。"[6]艾奥瓦州最高法院进一步阐释"《联邦清洁空气法》旨在促进合作联邦制（cooperative federalism）。根据合作联邦主义的方法，各州有权对空气污染实施比《联邦清洁空气法》可能实施的更严格的标准……简而言之，在空气污染控制方面，国会明确希

---

[1] Freeman v. Grain Processing Corp., 848 N.W. 2d 58 (2014), p.71.
[2] Freeman v. Grain Processing Corp., 848 N.W. 2d 58 (2014), p.82.
[3] Freeman v. Grain Processing Corp., 848 N.W. 2d 58 (2014), p.75.
[4] Freeman v. Grain Processing Corp., 848 N.W. 2d 58 (2014), p.75.
[5] Freeman v. Grain Processing Corp., 848 N.W. 2d 58 (2014), p.75.
[6] Freeman v. Grain Processing Corp., 848 N.W. 2d 58 (2014), p.76.

望《联邦清洁空气法》是一个底线，而不是一个上限"。[1]因此，艾奥瓦州最高法院作出不利于谷物加工公司的判决。

（2）地方警察权受制于州立法优先权。地方警察权受制于州立法优先权，同样以立法机关有明确的意图为前提。瓦拉赫诉德莱顿镇案（Matter of Wallach v. Town of Dryden）是一个典型的例证。案件争点是地方分区法令能否优先于《纽约州石油天然气开采法》（Oil, Gas and Solution Mining Law）适用。[2]德莱顿镇是一个位于纽约州汤普金斯县的乡村社区，其土地用途受一项综合规划和分区法令管制。该综合规划的根本目标是在未来几十年的发展中，依然保留德莱顿镇的乡村和小城镇特征以及其居民享受的生活质量。瓦拉赫是诺斯能源公司的受托人，[3]诺斯能源公司为勘探和开发天然气资源，与德莱顿镇的土地所有者签订租约。德莱顿镇委员会认为开采石油天然气属于综合规划和分区法令管制的范围，于2011年8月一致投票修正该分区法令，规定不允许在德莱顿镇进行任何石油和天然气勘探、开采和储存，该修正案还声称任何州或联邦机构颁发的石油和天然气许可证无效。诺斯能源公司主张州颁布的《纽约州环境保护法》（New York Environmental Conservation Law）第23-0303（2）条表明州立法机关意图优先于削减能源生产的地方分区法令适用，即《纽约州石油天然气开采法》中有可替代条款（supersession clause），该案最终诉至纽约州上诉法院。[4]纽约州上诉法院首先分析，州立法机关授权城镇颁布分区法令的目的是"促进共同体的健康、安全、道德或一般福利"，[5]"如果限制这种用途是为防止损害他人权利和促进整个共同体利益的警察权的合理行使，那么市政当局没有将城镇内的任何和所有自然资源作为许可用途的允许义务"。[6]根据纽约州地方自治法，"作为州的一个政

---

　　[1]　Freeman v. Grain Processing Corp., 848 N. W. 2d 58 (2014), p. 83.
　　[2]　Matter of Wallach v. Town of Dryden, 23 N. Y. 3d 728 (2014).
　　[3]　诺斯能源公司后来启动破产程序，瓦拉赫作为破产受托人承继诺斯能源公司的原告身份，为方便表述，本案中的原告将继续表述为诺斯能源公司。
　　[4]　该案其实为两个案件的合并审理，除了瓦拉赫诉德莱顿镇案，还有库珀斯敦荷斯坦公司诉米德尔菲尔德镇案（Cooperstown Holstein Corporation v. Town of Middlefield），二者的案情基本一致，纽约州上诉法院的裁判意见也是将其放在一起说理，为便于叙述，此处仅以瓦拉赫诉德莱顿镇案为主体写作。
　　[5]　Matter of Wallach v. Town of Dryden, 23 N. Y. 3d 728 (2014), p. 742.
　　[6]　Matter of Wallach v. Town of Dryden, 23 N. Y. 3d 728 (2014), p. 754.

治分支，城镇不得颁布与州宪法或任何一般法相冲突的法令"。[1]不过，纽约州上诉法院对限制地方管理土地用途的权力是谨慎的，"当一个地方管理土地用途的卓越权力受到威胁时，我们不能轻率地假定优先权。更确切地说，只有当'明确表达了立法意图要优先地方对土地用途的控制权'时，我们才会宣布分区法令无效"。[2]如何判断立法意图是否明确？纽约州上诉法院援引其1987年判例："（1）替代条款的明白语言；（2）法定方案整体；以及（3）相关的立法历史。"[3]循此路径，纽约州上诉法院最终判定德莱顿镇的分区法令是有效的。

（二）州宪法权利与州政体的限制

联邦宪法对州警察权的限制主要集中在分权条款、优先权理论，州宪法对警察权的限制主要集中在公民的宪法权利。州宪法规定的公民权利包括两个部分：与联邦宪法规定的宪法权利重合的部分；与联邦宪法规定的宪法权利不重合的部分。此外，州政体也限制警察权的范围。

1. 州宪法权利的限制

法院通常认为宪法权利和警察权是同一枚硬币的两面，对宪法保障的权利的侵犯超出警察权的范围。[4]因此，各州法院在审查警察权是否适当行使时，州宪法保障的基本权利是否被侵犯构成审查标准之一，诚如古老的告诫"我可以和警察相处得很好，但与世袭专制相处得很糟糕"，[5]有关基本权利的州警察权判例层出不穷。

州宪法保障的自由和财产是警察权判例的高产区。纽约州人民诉吉尔森案（People v. Gillson）是典型例证。该案的争点是《纽约州刑法典》第335（A）条禁止在出售食品时分发奖品等的规定是否违宪。[6]1887年纽约州立法机关在《纽约州刑法典》（New York Penal Law）"彩票"一章后增加第335（A）条作为附加条款，禁止食品销售者将赠送的其他物品作为销售交易的一

---

[1] Matter of Wallach v. Town of Dryden, 23 N. Y. 3d 728 (2014), p. 743.

[2] Matter of Wallach v. Town of Dryden, 23 N. Y. 3d 728 (2014), p. 743

[3] Matter of Wallach v. Town of Dryden, 23 N. Y. 3d 728 (2014), p. 744.

[4] New York v. United States, 505 U. S. 144 (1992), p. 156.

[5] Christopher Tiedeman, *A Treatise on The Limitations of Police Power in The United States*, The F. H. Thomas Law Book Co., 1886, p. 10.

[6] People v. Gillson, 109 N. Y. 389 (1888).

部分或作为诱导消费,违者被视为犯有轻罪,并处罚款。吉尔森是大西洋和太平洋茶叶公司的销售员,他向购买了两磅咖啡的消费者赠送一个茶杯和茶托。吉尔森被控违反《纽约州刑法典》第335(A)条的规定,被判处罚款10美元或监禁10天。吉尔森不服上诉,认为《纽约州刑法典》第335(A)条的规定违背州宪法,该案最终诉至纽约州上诉法院。佩卡姆大法官执笔法院一致意见,认为警察权"从来没有被完全描述过,它的范围也没有被明显地限制……它不是凌驾于宪法之上,而是受宪法条款的约束;如果自由或特权受到宪法条款的明确保护,行使立法权或警察权时不能侵犯这些自由和特权"。[1]"立法机关不能没有理由和任意地侵犯任何人在本州宪法保护下的自由或财产权,"[2]"如果立法机关应确定什么是警察权的适当行使,其决定应受到法院的审查"。[3]在完成州宪法限制警察权的铺垫后,纽约州上诉法院分析该案中的证据,认定吉尔森被判违法的交易中,没有抽奖或假装抽奖,所有的消费者都被告知购买咖啡满两磅,就可在柜台上挑选某件器具。因此,"本案中没有丝毫的偶然因素……把这种交易称为彩票,或者把卖咖啡的支票称为彩票销售,是完全忽视了彩票以及这种交易的真正性质和特征"。[4]被诉附加条款不符合州禁止设立彩票和销售彩票的立法需求,《纽约州刑法典》第335(A)条实际上是"为了保护那些不愿意从事这种相关业务的食品经销商……他们希望阻止任何其他人从事这种业务",[5]这其实"是对公民从事完全合法的贸易活动,以完全正当的方式谋生的自由的任意的、不合理的和非法的干涉"。[6]纽约州上诉法院还反向论证,若第335(A)条应予支持,那么它应"倾向于防止人们购买更多的他们可能想要的食物,因此倾向于防止贫困阶层的浪费或缺乏适当的节俭,这是一个非常邪恶和错误的假设,是倒退一大步,是支持家长式立法,当管制进行到这种程度时,就干涉了公民的适当自由"。[7]因此,纽约州上诉法院明确宣布第335(A)条"不是颁布构成犯罪行为的立法权的有效行使。立法机关这样宣布的权力是非常大的,

---

[1] People v. Gillson, 109 N.Y. 389 (1888), p. 400.
[2] People v. Gillson, 109 N.Y. 389 (1888), p. 401.
[3] People v. Gillson, 109 N.Y. 389 (1888), p. 401.
[4] People v. Gillson, 109 N.Y. 389 (1888), p. 402.
[5] People v. Gillson, 109 N.Y. 389 (1888), p. 404.
[6] People v. Gillson, 109 N.Y. 389 (1888), p. 405.
[7] People v. Gillson, 109 N.Y. 389 (1888), p. 405.

而且很难确定它的确切限度。但是，在我们的宪法下，这种权力是有限度的，这一点我们毫无疑问，我们认为被诉法案已经达到并且超越该限度"。[1]"该权力被非法行使，因为它违反了确保本州每个人的自由和财产的宪法规定。"[2]

在莱克伍德市诉皮洛案（Lakewood v. Pillow）中，科罗拉多州最高法院判定莱克伍德市的枪支禁令违宪。[3]科罗拉多州莱克伍德市第 O-70-47 号法令第 3.9 条规定，禁止任何人持有、携带或使用手枪、猎枪、步枪、气枪、弹簧枪或弓等枪支，除非是在自己的住所内。该禁令不涉及从任何射击场或狩猎区携带枪支的人员、由该市许可携带枪支的人员以及执法人员。皮洛因持有危险或致命武器，被判违反前述枪支禁令。皮洛不服向地区法院上诉，地区法院以莱克伍德市法院未能提供证据为由推翻对皮洛的定罪，并进一步认定枪支禁令无效，莱克伍德市向科罗拉多州最高法院上诉。科罗拉多州最高法院认为："该禁令的范围太广，该禁令中包括了开展某些业务和从事某些活动的权利，它们不能根据警察权被合理地归类为非法……举例来说，我们注意到这项禁令会禁止枪械店、当铺及体育用品店经营其大部分业务。此外，该禁令似乎禁止个人将枪支运入和运出此类营业场所。此外，该禁令规定任何人出于自卫目的在车内或在营业场所持有武器是非法的。前述活动中有几项受到宪法保护。"[4]《科罗拉多州宪法》（Constitution of Colorado）第 2 条第 13 款规定，任何人持有和携带武器以保卫其住宅、人身和财产，或在合法传唤时协助民事权力的权利（in aid of the civil power when thereto legally summoned），都不应受到质疑。[5]据此，科罗拉多州最高法院认为"即使政府的目的可能是合法的和实质性的，也不能通过广泛扼杀基本的个人自由的手段来追求这一目的"，[6]最终作出有利于皮洛的判决，并判定莱克伍德市的枪支禁令违宪。

---

[1] People v. Gillson, 109 N. Y. 389 (1888), p. 406.
[2] People v. Gillson, 109 N. Y. 389 (1888), p. 406.
[3] Lakewood v. Pillow, 180 Colo. 20 (1972).
[4] Lakewood v. Pillow, 180 Colo. 20 (1972), p. 23.
[5] Colo. Const. Art. II, Section 13.
[6] Lakewood v. Pillow, 180 Colo. 20 (1972), p. 23.

2. 州政体的限制

警察权属于各州,必然受到州政体的限制。警察权属于州的立法机关,为什么?州立法权旨在服务于促进州内公共健康、公共安全、公共道德和一般福利以及抑制妨害。行政部门或州内地方政府就不能实现上述目标吗?这种政体安排不基于某种抽象的政府理论,而是来自对管制及其适当功能的清醒认识:州立法机关在克服集体行动问题和提供合适的公共产品组合方面具有比较优势。[1]毕竟州立法机关的成员由州内公民选举产生,受民意制约,更了解现实社会的需求。有学者戏称,对警察权真正能进行限制的是选民,如果他们不喜欢立法机关颁布的法律,他们可以把流氓赶出去。[2]而且,州立法机关一直被视为拥有全权,它们被制宪者和建国后的理论家以及法官视为共和国治理的主要机构。行政部门和州内地方政府欲行使警察权,都受制于州立法机关的授权,权限范围有限。

小 结

由于警察权没有宪法文本锚定,常因难以界定而成为政府滥权的通道。某项管制、某个禁令、某部立法是否为警察权的有效行使的判断常常只能在其颁布实施后进行,讨论警察权的主要场域是司法而不是立法。判例一直在变迁,警察权这个由司法一手创造的概念常常让缔造者本身也心生迷惑——它的边界到底在哪里。追溯近 200 年的历史可以发现,警察权是一个流动的概念,与变化的社会和经济条件相适应,没有一种界定可以让人一劳永逸。当然,在警察权变动不居的幻影下,也有稳如磐石的内核。警察权的主体为州及其授权的地方,联邦不享有、不具备警察权,州立法机关享有警察权,其他机关不享有警察权;警察权的目的列表包括排除妨害、公共安全、公共健康、公共道德和一般福利。警察权行使的手段和目的之间应存在合理关联;警察权的行使受到联邦宪法和州宪法的限制,公民宪法权利和联邦制、州政体都会限制警察权的边界。

---

[1] Daniel B. Rodrigue, "The Inscrutable (Yet Irrepressible) State Police Power", *NYU Journal of Law & Liberty*, 9 (2015), p. 676.

[2] James L. Huffman, *Private Property and the Constitution: State Powers, Public Rights, and Economic Liberties*, Palgrave Macmillan Press, 2013, p. 39.

第五章
警察权概念的中国意义

在司法中发展出来的警察权，宪法文本中难觅其影。与美国法意义上的警察权概念接近或完全相同的中文词汇，其实际含义与美国法上的警察权相去甚远。中国法上的警察权一般是组织法意义上的，具有明显的身份属性，实质意义上的警察权概念需要经由解释才能发现，但对中国法的借鉴意义仍然巨大。可从两个进路借鉴美国法上的警察权资源：一是观察美国法上的警察权概念的形成，以其从警察到警察权的形成过程及内涵变迁为参照观察中国法，构建属于我们自己的实质意义上的警察权概念。二是利用美国法上的警察权概念的知识体系，通过提炼出的警察权教义资源审视中国法问题。围绕实质意义上的警察权概念发展出来的教义对横向与纵向的立法权限划分、丰富财产权限制理论、界定公权力介入私权的限度都具有重要意义。经由两条进路，可以在三个维度借鉴美国法上的警察权概念：实质意义上的警察权概念、警察权在国家权力分工中的意义、警察权在权利限制中的意义。

第一节　实质意义上的警察权概念借鉴

美国法上的警察权概念与德日体系中的警察概念有着相似的实质意义，甚至有着同频的形成和发展脉络，只不过在嵌入国家权力结构时出现差异。德日体系中的警察权属于行政权的分支，美国法上的警察权是立法权。比较中国法与美国法上的警察权概念，可根据美国法上的实质意义的警察权概念命题，提炼中国法上的实质意义上的警察权概念。

一、中国法与美国法有着同频的概念形成可能

美国法完成了从警察概念到警察权概念转变的过程，其本质是外国法彻

底内化为本土法律制度的过程。从警察到警察权，是一次次裁判、一位位法官努力的结果，法官们的代际更迭不仅没有中断这个概念的生命，反而让它更加清晰和更具生命力。从警察到内务警察、内务政体，再到警察管制，最后到警察权，警察权逐渐由内务行政变迁为有目的列表的立法权；在警察权概念形成的过程中，其目的列表不断拓宽，从最初的消极目的抑制妨害，到后来包括促进公共安全、公共健康、公共道德与一般福利在内的积极目的；从属于州权而非联邦权的混沌未开，到逐渐与贸易权、征税权、征收权等其他国家权力划清界限，即便后来出现了具有身份属性的警察权概念，也没有切断这个实质意义上的警察权的发展脉络，延续至今。在实质意义上的警察权概念发展的同时，组织法上具有身份属性的警察权概念也在美国如火如荼地发展着。只不过，实质意义上的警察权概念和组织法上具有身份属性的警察权概念是两个谱系。19世纪30年代至40年代，美国就仿照英国建立了现代职业警察，历经政治时代、专业时代与社区警务时代，致力于控制犯罪和维护秩序。〔1〕身份语境下，常以警员、警察机关的权力为研究对象，此类文章中常常混用"policing powers""police powers""police power""power over policing""policing""police"等词汇，〔2〕与实质意义上的警察权文献中的专有词汇"警察权"（police power）大有不同，我国有学者认为美国法中形式意义上的警察权（即具有身份属性的警察权）是实质意义上的警察权的下位概念，是它的一个重要部分。〔3〕时至今日，美国法上的这种实质意义上的警察权与组织法上的具有身份属性的警察权并存在实践中。

事实上，中国法和美国法有着相似的概念历程，"警察"概念都由域外流入本国，只不过美国因殖民活动被迫接受，中国为自强主动求变。当然，我国没有完成由警察概念向警察权概念的蜕变。我们在实践上与域外是同频的，

---

〔1〕 参见［美］塞缪尔·沃克、查尔斯·M. 卡茨：《美国警察导论》（第8版），张小兵等译，中国人民公安大学出版社2016年版，第30~58页。

〔2〕 See Jocelyn Simonson, "Police Reform Through a Power Lens", *Yale Law Journal*, 130 (2021), pp. 778~859. See Andrew Guthrie Ferguson, "Surveillance and the Tyrant Test", *Georgetown Law Journal*, 110 (2021), pp. 208~290. See James Stribopoulos, "A Failed Experiment? Investigative Detention: Ten Years Later", *Alberta Law Review*, 41 (2003), pp. 335~393.

〔3〕 余凌云：《论美国警察权的变迁》，载《公安学刊（浙江警察学院学报）》2018年第3期，第63页。

经历了"脱警察化",[1]但理论上却未能步调一致。已经有学者通过德日体系比较,论述了拥有实质意义上的警察权概念的重要性。[2]如何构造具有实质意义上的警察权概念?除德日体系外,美国法的意义不容小觑。

二、新中国成立前存在实质意义上的警察权概念

清朝末年,留学日本蔚然成风,这一时期的警察概念基本沿袭德日体系。梳理这一时期的警察实践与学理著述能够发现,清末的警察概念其实与美国法上的警察权概念并非水火不容。

清末的警察,最初表述为"巡警"。1905 年即在中央设立巡警部,1907 年省级增设巡警道,1908 年宣告一定年限内完成省以下的厅州县与乡镇地方的巡警建设。[3]巡警部职权极为庞大繁杂:"举凡全国的警政、保安、风俗、交通、户籍、卫生、消防、新闻检查、营业管理、市区的自来水、电话、医学学堂、巡警学堂、警官的任用与考核等均归其监督,指导或管辖"。[4]这一时期学理上的警察概念与实践保持了一致的步调,夏同龢主张"警察存于内务行政之全部……其目的在直接防制危害,亦在直接增进公共之幸福"。[5]这一观点不仅明确警察属于内务行政的下位概念,而且确定防制危害和增进公共幸福的目的列表。此处的"防制危害"与"增加公共之幸福"似乎与美国法上的"抑制妨害"和"促进一般福利"目的相契合。此外,他还讨论了警察权与其他权力的区别:"彼军务行政之征兵,财务行政之租税,皆非直接增进公共之幸福,不属于内务行政,且无被以警察之名者,无俟论矣。"[6]目的列表中的直接增进公共幸福成为区分警察权与征兵权和征税权的标准,与美国法上以管制还是增加收入为目的区分警察权和征税权有异曲同工之妙,这说明清末就已经存在实质意义上的警察权概念。

---

〔1〕 参见余凌云:《警察权的"脱警察化"规律分析》,载《中外法学》2018 年第 2 期,第 393~413 页。

〔2〕 参见陈鹏:《公法上警察概念的变迁》,载《法学研究》2017 年第 2 期,第 36~40 页。

〔3〕 参见王家俭:《清末民初我国警察制度现代化的历程(一九〇一~一九二八)》,台湾商务印书馆 1984 年版,第 34~36 页。

〔4〕 参见王家俭:《清末民初我国警察制度现代化的历程(一九〇一~一九二八)》,台湾商务印书馆 1984 年版,第 40 页。

〔5〕 (清)夏同龢编辑:《行政法》,赵青、钟庆编辑校点,贵州人民出版社 2012 年版,第 139 页。

〔6〕 (清)夏同龢编辑:《行政法》,赵青、钟庆编辑校点,贵州人民出版社 2012 年版,第 139 页。

第五章 警察权概念的中国意义

民国初期，军阀混战，重军不重警，清末遗留下来的警察组织没有实质推进。北伐成功后，中央至各市县警察机构全面铺开。此外，还有水上警察、保安警察、交通警察、税务警察、森林警察以及渔业警察等各种名目的警察相继设立。[1]民国后的警察组织已经开始出现较为具体的分工，名目众多的警察说明其仍未从内务行政中脱离。此外，民国时期的学者已经开始使用"警察权"的表述。1927年，钟赓言在《钟赓言行政法讲义》中为警察权下了定义："以保护社会公共之利益为目的而以对于人民之令行禁止并强制为其手段者也。此手段之实行之权力，通常称为警察权。"[2]钟赓言提炼出警察权的三要素：手段、目的与权力性质。他将行使警察权的手段限定为命令或强制，"以命令或强制而制限人民之自然之自由"，[3]抑或"警察之作用，惟限于以命令而限制人民之自由，或以国家之强力直接加人民之身体以拘束或制限其财产权之际而已"。[4]其中"制限其财产权"与美国法上的警察权可能产生的后果几乎一致。钟赓言将公共利益解释为"多数不定之人之利益，而非特定之少数人或特定之事业之利益"。[5]同时又以列举的方式，确定公共利益的外延为"安宁秩序之维持、公众之卫生之保全、祛除交通之妨害、保持市街之清洁以及紊乱风俗者之制止等，其最重要者也"，[6]这几乎与美国法上的促进公共安全、促进公共健康、抑制妨害与促进公共道德一一对应。1936年，管欧称警察权"乃国家以统治权主体之资格所当然享有者，本于此种权利，以维护社会公共之秩序及利益为目的，而对于人民以命行禁止或强制为其手段之实行的权力，即为警察权"。[7]管欧将公共秩序与公共利益并列为警察权的目的，禁令和强制是行使警察权的两种手段，再次与美国法上的警察权概念重合。

范扬对警察权概念的认识在前期与后期有一定差异。他在1935年将有关警察权的论述限定在维持秩序："国家为维持社会秩序，有时得对人民行使命

---

[1] 参见李士珍：《警察行政之理论与实际》，中华警察学术研究社1948年版，第12~19页。
[2] 钟赓言：《钟赓言行政法讲义》，王贵松、徐强、罗潇点校，法律出版社2015年版，第282~283页。
[3] 钟赓言：《钟赓言行政法讲义》，王贵松、徐强、罗潇点校，法律出版社2015年版，第283页。
[4] 钟赓言：《钟赓言行政法讲义》，王贵松、徐强、罗潇点校，法律出版社2015年版，第284页。
[5] 钟赓言：《钟赓言行政法讲义》，王贵松、徐强、罗潇点校，法律出版社2015年版，第288页。
[6] 钟赓言：《钟赓言行政法讲义》，王贵松、徐强、罗潇点校，法律出版社2015年版，第288页。
[7] 管欧：《行政法各论》，商务印书馆1936年版，第12页。

令强制之权力,是即为警察权。本于警察之作用,即为警察。国家为维持安宁秩序,原不以警察之作用为限,他如法政、军政及司法中之刑罚,亦以保持国内安宁秩序为目的。"[1]而后,他在1940年出版的专著《警察行政法》中专门讨论了学界认为警察的目的有消极与积极两种。"排除社会障碍"是为消极目的,[2]"为谋都市之美观,限制建筑,撤去广告贴物;为谋畜产之改良,命行去势,检查畜种;为谋农业之发达,取缔肥料,检查蚕种等积极的为谋社会福利之行为,皆不失为警察之作用。此等为积极的目的而行之警察作用,学者另称转化意义之警察"。[3]此时范扬所称的"排除社会障碍"与美国法上的"抑制妨害"极为接近,其在积极目的中具体列举的情形与美国法中的"一般福利"的外延相契合。民国时期的学者,总是以"国家统治权"来描述警察权的性质,[4]"统治"也蕴含了复合、统合的意味。

清末民国时期,既有组织法意义上的具有身份属性的警察,又有目的型的实质意义上的警察权概念。可以说,此时的警察权概念与美国法以及德日体系中的警察权概念发展保持同频,即两条线路并存。

三、新中国成立后身份属性的警察权概念独大

新中国成立后,旧有的法律体系被推翻,诸多法学概念被重塑,实质意义上的警察权概念几近沉睡,学理上以实定法为背景,遵循机关—人员身份—具体职权的逻辑链条,最终只剩下了组织法上的具有身份属性的警察权概念。

新中国成立初期,实定法上的警察还承担了一定的政治功能,1957年的《中华人民共和国人民警察条例》第2条规定:"人民警察的任务是依照法律惩治反革命分子,预防、制止其他犯罪分子的破坏活动,维护公共秩序和社会治安,保护公共财产,保护公民的权利和合法利益,以保卫人民民主制度,保障国家的社会主义建设顺利进行。"20世纪90年代后,法律具体表述警察目的,1995年《中华人民共和国人民警察法》(以下简称《警察法》)颁布实施,并于2012年修正,不过第2条的规定仍与1995年版保持一致。《警察

---

[1] 范扬:《行政法总论》,邹荣勘校,中国方正出版社2005年版,第6页。
[2] 范扬:《警察行政法》,商务印书馆1940年版,第3页。
[3] 范扬:《警察行政法》,商务印书馆1940年版,第3页。
[4] 李士珍:《警察行政之理论与实际》,中华警察学术研究社1948年版,第6页。管欧:《行政法各论》,商务印书馆1936年版,第12页。

法》第 2 条第 1 款规定："人民警察的任务是维护国家安全，维护社会治安秩序，保护公民的人身安全、人身自由和合法财产，保护公共财产，预防、制止和惩治违法犯罪活动。"随着《警察法》的颁布与修正，警察权概念也发生了变化。与新中国成立前相比较，警察权已经从有实质意义的目的型定义转变为身份型定义。中国有各种警察，分散在不同的部门，《警察法》第 2 条第 2 款规定："人民警察包括公安机关、国家安全机关、监狱、劳动教养管理机关的人民警察和人民法院、人民检察院的司法警察。"第 51 条规定："中国人民武装警察部队执行国家赋予的安全保卫任务。"公安机关、监狱以及法院和检察院的法警、武警都具备警察身份，它们的职权也可统称为警察权。[1]之所以将它们行使的核心权力命名为警察权，也是因为它们有一个统一的身份——警察。由此可见，今天中国语境下的警察权遵循机关—人员身份—具体职权的逻辑链条。事实上，警察身份以外的其他行政主体，也有行使类似权力的规定，比如国务院保险监督管理机构对损害公共利益的保险公司的接管权，[2]以及行政机关采取强制措施的权力。[3]2017 年初，北京市公安局组建了我国第一支环食药旅总队（即环境食品药品和旅游安全保卫总队），它不仅主管环境、食品、药品、旅游等领域，还与市场监管、生态环境、水务、城管执法、农村农业、知识产权、文旅、医保等行政主管部门联动执法。[4]这其实是在实践领域突破了机关—人员身份—具体职权链条构筑的界限，只是在学理上，囿于身份上的壁垒，实质意义上的警察权概念暂时沉睡在中国法学理的长河中。

从清末民国时期至今天，中国法中的"警察权"一词经历了概念内涵的流变，从实质意义上的警察权与组织法上的具有身份属性的警察权并存的两个脉络转变为只剩下组织法上的具有身份属性的警察权概念。

---

[1] 参见刘茂林：《警察权的概念构造及其横向配置结构的优化》，载《中南民族大学学报（人文社会科学版）》2020 年第 6 期，第 167 页。

[2] 《中华人民共和国保险法》第 144 条规定："保险公司有下列情形之一的，国务院保险监督管理机构可以对其实行接管：（一）公司的偿付能力严重不足的；（二）违反本法规定，损害社会公共利益，可能严重危及或者已经严重危及公司的偿付能力的。被接管的保险公司的债权债务关系不因接管而变化。"

[3] 《中华人民共和国行政强制法》第 2 条第 2 款规定："行政强制措施，是指行政机关在行政管理过程中，为制止违法行为、防止证据损毁、避免危害发生、控制危险扩大等情形，依法对公民的人身自由实施暂时性限制，或者对公民、法人或者其他组织的财物实施暂时性控制的行为。"

[4] 《北京市公安局环食药旅总队成立 5 年 累计破获案件 5600 余起》，载 https://baijiahao.baidu.com/s?id=1722294388077933666&wfr=spider&for=pc，最后访问日期：2022 年 4 月 22 日。

四、实质意义上的警察权概念在中国法上的回归

美国法上的警察权概念也经历过沉睡再苏醒的过程,其自被布朗诉马里兰州案首次提出后,有长达十余年的无人问津,直至1837年的纽约市长诉米尔恩案和1842年的普里格诉宾夕法尼亚州案的出现,才常驻美国宪法史。中国法中的警察权概念的这种沉睡是学理上的遗忘或忽视,制度层面与实践领域始终存在实质意义上的警察权,只是分散在各个法律规范与主体中,且尚未突破身份上的壁垒,打破机关——人员身份——具体职权的既有研究路径,是实质意义上的警察权概念回归中国法的必经之路。

我们可以从不同机关、不同身份、不同职权背后提炼出一个实质性的警察权概念,这种权力可以根据其权力属性或特征识别出来。比如,城市管理执法与公安警察执法,市场监督部门封存物品与公安局查封财产真的有天壤之别吗?令人欣慰的是,改革开放以来,部分学者已经意识到实质意义上的警察权概念的建构功能,频繁使用身份警察以外的实质意义上的警察权概念。例如,表述财产权限制的准征收概念,它涵盖了立法行为、政府行政行为或事实行为造成不动产财产权遭受的过度限制,[1]就是在实质意义上的警察权概念语境中展开的。有学者利用公物管理权与公物警察权的概念讨论为了交通安全和秩序的需要,政府采取的交通管制措施是否合法。[2]还有学者较为抽象地讨论公物行政权包括公物管理权和公物警察权,前者旨在实现公物目的、增进社会公共福祉,后者意在预防、排除因公物使用而危害社会公共安全、秩序。[3]还有学者居中调和实质意义上的警察权概念与组织法上的具有身份属性的警察权概念,观察到不同国家机关通过法律授权行使对人身和财产具有直接强制性的权力,因而主张对此类"非身份化"的警察权作一定程度的"身份化"改造。[4]这些都可以看作实质意义上的警察权概念回归中国

---

[1] 参见王思锋:《财产征收的理论反思与制度重构——以不动产准征收为视角》,载《法学杂志》2014年第10期,第48页。

[2] 参见肖泽晟:《论公物法理论视野下的道路通行权及其限制——以交通禁行措施为个案的分析》,载《江苏行政学院学报》2009年第3期,第122~127页。

[3] 参见蒋飞:《社会治理视域下公物行政权的法治解构》,载《山东科技大学学报(社会科学版)》2018年第6期,第55页。

[4] 参见刘茂林:《警察权的概念构造及其横向配置结构的优化》,载《中南民族大学学报(人文社会科学版)》2020年第6期,第170~171页。

法的努力。

第二节　权力分工意义上的警察权概念借鉴

已知中国语境中的警察权，更直观的表述是警察的权力，具有明显的身份属性，具有实质意义上的美国法中的警察权与形式意义上的中国法背景下的警察权有着显著差异，不能简单地在语词上无缝嫁接。如果从功能出发，可以发现家族相似，是法解释学可以完成的作业。如前文所述，联邦的权力来自成文宪法的明文列举，警察权是授予给联邦之外剩余的权力，剩余权力属于各州。如果"在中国宪法文本中搜寻'列举权力'之外的'剩余权力'，并将其理解为警察权的话，该权力属于全国人大"。[1]当然，在中国法背景下理解警察权，可以发现警察权不单单指剩余权力，也可以经由正向解释得出地方有警察权的结论。但从立法和行政的关系看，中国的警察权属于立法机关。《中华人民共和国宪法》（以下简称《宪法》）第62条以列举的方式规定了全国人大的职权，该条第16项规定"应当由最高国家权力机关行使的其他职权"。《宪法》第62条的前15项规定属于列举权力，第16项其他职权的规定，常被称为兜底条款，与美国法意义上的警察权在功能上相似。中国的警察权属于立法机关，下文以此为出发点，借用警察权教义讨论全国人大和国务院的关系、中央和地方的权力划分以及全国人大兜底职权条款的边界问题。

一、全国人大和国务院的关系：国务院创制性立法的限度

警察权教义常用于确定管制性立法的权力来源。根据《中华人民共和国立法法》（以下简称《立法法》）的规定，全国人大及其常务委员会（以下简称"常委会"）和国务院都有立法权。需要思考的问题是：全国人大及其常委会的立法和国务院的立法如何分工，国务院能不能进行创制性立法？如果能，边界在哪里？

首先要明确，警察权属于立法，不属于行政。在中国法语境下，创制法

---

[1] 刘连泰：《政府对拟征收不动产的管制》，载《法律科学（西北政法大学学报）》2014年第2期，第102页。

律的权力首先属于全国人大及其常委会，行政机关如果没有立法机关的授权，只能进行执行性立法。在立法机关概括授权后，行政机关可以分享部分警察权。但从权力源头来看，警察权属于全国人大及其常委会，国务院分享警察权后，可以进行部分创制性立法，但这种创制性立法要遵守全国人大及其常委会"先占（preempt）"规则，即全国人大及其常委会已在某一领域立法的，国务院就不能再进行创制性立法。如果全国人大及其常委会在某一领域没有立法，国务院可以根据全国人大分享出来的警察权进行创制性立法，但这种立法要遵守警察权的目的列表，单一机械的法律保留原则无法完整确立国务院创制性立法的边界。"对于法律保留原则的适用范围及程度，即对于何种行政活动应当具备直接且明确的法律依据这一问题，存在侵害保留、全部保留、权力保留、重要性保留等不同观点。这几种观点基本上皆是以行政权的发动形态或者对私主体产生的不利效果为出发点，从而缺失了对于行政权发动目的的考量。"〔1〕警察权概念的目的列表，可以进一步在实质意义上确定行政机关创制性立法的边界。美国法上的警察权概念目的列表中的排除妨害、促进公共安全、公共健康、公共道德与一般福利目的要素，可以作为解释传统法律保留原则的理论工具。立法者无法在授予行政机关相关权力时全面预见到一切可能，但可以借助概括性授权的方式为行政机关提供法律依据，〔2〕国务院的创制性立法不能逾越警察权目的列表的范围。而且，由于警察权属于立法机关，对于国务院的创制性立法是否逾越警察权的目的列表，全国人大及其常委会有最终判断权。

二、中央和地方的权力划分：地方能不能直接援引警察权立法

如前文所述，中国的警察权属于中央，《宪法》对全国人大权力的列举是不穷尽的。《宪法》第99条、第100条、第101条规定了地方人大的权限范围，对地方权力的列举是穷尽的。随着国家与社会急剧变革，政治、经济和文化等公共领域新事物频现，"互联网+"下应运而生的网约车、共享经济等引发社会资源重新分配，环境、住房、疾病与能源等问题事关国计民生，但上述问题其实没有规整的答案，都需要经由地方立法探索甚至试错。警察权

---

〔1〕 陈鹏：《公法上警察概念的变迁》，载《法学研究》2017年第2期，第37页。
〔2〕 参见陈鹏：《公法上警察概念的变迁》，载《法学研究》2017年第2期，第24~40页。

教义确立了一种弹性立法观，它允许城市根据现代、开明和进步的共同体利益和需求立法。我国地方能否直接援引警察权立法？警察权概念能否为地方立法实验、先行先试补强理论依据？

讨论我国地方能否直接援引警察权立法时，首先需要考虑《宪法》如何界定地方的权力来源，其次需要考虑中央立法给予地方立法就警察权问题多大的包容度。

（一）地方的警察权

美国法上的狄龙规则和地方自治规则讨论的是中央与地方的关系问题，涉及地方和联邦权力来源问题。我国地方的权力首先来自宪法。我国《宪法》第2条第2款规定，人民行使国家权力的机关是全国人大和地方各级人大。第96条第1款规定，地方各级人大是地方国家权力机关。《中华人民共和国地方各级人民代表大会和地方各级人民政府组织法》第2条也延续了《宪法》中"地方国家权力机关"的表述。我们无法从上述规范中解读出地方各级人大的权力来源于全国人大授予的意蕴。相反，作为民意表达机构的地方各级人大在法理上具有完整意义上的地方权力。另外，1982年《宪法》历经1988年、1993年、1999年、2004年以及2018年五次修正，上述规范岿然不动。中央和地方的权力均来自《宪法》，各级人大的"国家权力机关"权力在逻辑上是周延的。

立法权是国家权力的重要构成部分，我国规范文本中关于"立法权"的表述极为"吝啬"，只出现过"国家立法权"一词。1954年《宪法》曾规定，"全国人民代表大会是行使国家立法权的唯一机关"。但在现行的1982年《宪法》中已经没有这种表述。唯一与此相类似的表述出现在2015年修正的《立法法》第7条的规定中，即全国人大和全国人大常委会行使国家立法权。"地方立法权"甚至没有出现在规范文本中，虽属学理概念，但并不能因此就否定地方各级人大具有事实上的地方立法权。地方在《宪法》的逻辑下具有周延的国家权力，那么即便《立法法》的规范文本中没有明确表述"地方立法权"，但鉴于立法权力属于国家权力的一部分，也可从《宪法》中发掘解释资源，认为地方具有立法权力，即地方立法权源于《宪法》，是地方本来的权力。对此，彭真也曾多次在讲话中予以解读："法律制定以后，还有许多实际问题需要解决。我们的国家大，各地政治、经济、文化发展又很不平衡，只靠中央搞个决定、指示或靠国家立法，一刀切，事实证明是不够的。所以，

《宪法》规定省级人大和人大常委会有权制定地方性法规。"[1]而且,《立法法》大量规定了各类地方国家机关的立法权,与《宪法》文本中的相关条款一起,构成地方立法权的完整体系。

中国法上的权力分布不能简单套用狄龙规则或地方自治规则来界定,但狄龙规则和地方自治规则的基本思路我们可以借鉴。如前文所述,全国人大及其常委会有警察权。地方人大的权力是周延的,也有警察权。需要进一步思考的是中央警察权和地方警察权之间的关系。如前文所述,美国法上州的警察权不能逾越宪法,不能逾越已经授予给联邦的权力。回到中国法语境,中央和地方分享警察权,但地方警察权在位阶上低于中央警察权,地方警察权不能侵蚀已经被中央警察权"先占"的警察权。

(二) 中央警察权对地方警察权的包容度

1. 中央警察权作为地方警察权的边界:强自主性与弱规范性的"不抵触"原则

地方立法,常常将视角置于地方人大的"不抵触"原则之下。乔晓阳曾表示,"不抵触、有特色、可操作"是地方立法的三大基本原则,其中不抵触放在第一位,是地方立法的底线、不可逾越的红线,[2]也是地方警察权行使的边界。《宪法》第5条第3款规定,一切法律、行政法规和地方性法规都不得同宪法相抵触。《宪法》第67条第8项规定,全国人大常委会有权撤销省、自治区、直辖市国家权力机关制定的同宪法、法律和行政法规相抵触的地方性法规和决议。《宪法》第100条第1款规定,省、直辖市的人大及其常委会,在不同宪法、法律、行政法规相抵触的前提下,可以制定地方性法规,报全国人大常委会备案。《立法法》第80条关于省一级地方人大及其常委会的立法表述基本沿袭了《宪法》中"不抵触"的表述,可以说是对《宪法》规定的再次强调确认。"不抵触"意味着什么?自主性与规范性在"不抵触"的原则下如何调配?

如前文所述,地方在《宪法》上具有周延的权力来源,地方的权力首先来自《宪法》。"不抵触"原则强调地方立法的强自主性和弱规范性,即除

---

[1] 彭真:《在全国政法工作会议上的讲话》,载《彭真文选(一九四一——九九〇年)》,人民出版社1991年版,第513页。

[2] 乔晓阳:《地方立法要守住维护法制统一的底线——在第二十一次全国地方立法研讨会上的讲话》,载《中国人大》2015年第21期,第10页。

《立法法》第 11 条和第 12 条规定的法律保留的其他事项外，地方都可以立法，恰好与《立法法》第 82 条规定可就"属于地方性事务需要制定地方性法规"相衔接，"地方性事务"是一个包容的概念，没有一部立法能穷尽"地方性事务"的全部列举，这就预留了地方警察权存在的空间。也就是说，法律保留事项之外的其他事项和地方性事务构成了地方立法宽阔的自主空间。只要不是法律保留事项，且法律和行政法规没有"先占"，地方立法就具有完整意义上的规范创制权。法律和行政法规对地方立法规范的意义仅仅是划定红线，只有不碰触红线，地方才有立法的"完全行为能力"。设区的市一级的人大及其常委会同样适用"不抵触"原则，当然，其自主性的程度有所限缩。《立法法》第 93 条还赋予地方政府规章临时"扩容"的权力："制定地方性法规但条件尚不成熟""因行政管理迫切需要"，地方政府规章可以在一定期限就地方性法规才能作出规定的事项立法。与之相应，此类政府规章也强调自主性，规范性寓于自主性中。"不抵触"原则包含的"自主性中的规范性"意蕴，暗含中央警察权作为地方警察权边界的规范语义。

2. 来自中央警察权的地方警察权：强规范性与弱自主性的"根据"或"依据"原则

与"不抵触"原则的划定红线模式相比，"根据"或"依据"原则更多强调对地方立法的正向限制，对地方立法予以规训。中央警察权相比地方警察权，位阶更高。在中央警察权已经"先占"的领域，地方依然可以立法，但这种立法只能是执行性的，特区立法可以适当变通，但不能违反法律的基本原则。在这种情形下，地方警察权事实上是分享中央警察权。归纳起来看，中央和地方都有警察权，但中央警察权高于地方警察权。中央可以援引警察权立法，地方也可以援引警察权立法。地方在援引警察权立法时，应妥善处理与中央警察权的关系：行使地方本来的警察权，自主性优先，但也要服从规范性；地方行使中央授予或者先占的警察权，规范性优先，但也要发挥自主性。前者，中央警察权构成地方警察权的边界；后者，中央警察权构成地方警察权的依据。

三、全国人大警察权行使的边界

我国《宪法》第 62 条以列举的方式规定了全国人大的职权，该条第 16 项规定，"应当由最高国家权力机关行使的其他职权"。《宪法》第 62 条前 15

项的规定属于列举权力，第16项其他职权的规定，常被称为兜底条款，从功能上看，是全国人大的警察权条款。

关于兜底条款的权限范围，我国学者论及较少，但实践已经要求尽快明确该范围，《法治中国建设规划（2020-2025年）》明确要求："建设法治中国，必须高度重视宪法在治国理政中的重要地位和作用，坚持依宪治国、依宪执政，把全面贯彻实施宪法作为首要任务。"2019年党的十九届四中全会通过的《中共中央关于坚持和完善中国特色社会主义制度 推进国家治理体系和治理能力现代化若干重大问题的决定》要求："支持和保证人大及其常委会依法行使职权。"2020年召开的中央全面依法治国工作会议提出"十一个坚持"，其中第四个坚持是"坚持依宪治国、依宪执政"。因此，在合宪性审查体系中加强兜底职权的监督和控制也是十分必要的。目前关于全国人大职权兜底条款有两个解释学上的任务，一是确定兜底条款的边界在哪里，二是确定如何在适当的时机从剩余权力中识别出某个具体权力。

借鉴警察权教义可以大致确定兜底条款的边界。首先，确定兜底条款的目的列表，大体类似于警察权的目的列表：该项权力能否落入抑制妨害、公共健康、公共安全、公共道德和一般福利的目的列表中。接着，如果成功落入目的列表，那么欲实现目的的手段是否适度？这都需要确定审查的基准。

如前文所述，警察权作为一个笼统的概念，在演变的过程中可以逐渐类型化，甚至慢慢变为列举的权力，还可以从中发育出判断警察权合宪性的各种不同类别的标准。当代最紧要的解释学作业是厘清全国人大各类立法的权力来源，是根据哪一项权力的立法。如果是根据兜底条款，也即警察权条款的立法，又可以具体细分为哪些类别，如何对这些类别进行教义学的整理，如何进行合宪性解释。

第三节　权利限制意义上的警察权概念借鉴

警察权在公民权利方面尤为重要，警察权行使的附带结果往往是公民权利受到限制。权利限制意义上的警察权概念借鉴是以警察权概念发展的第二条暗线为线索，即在权力—权利视角中讨论警察权能在多大范围内、何种程度上进入公民权利领域。警察权抑制妨害和促进公共健康、公共安全、公共道德与一般福利的目的，是权力介入权利领域的正当性基础，警察权对财产权的限制是上述理论经常现身的场域。

一、警察权教义与财产权的社会义务理论

关于财产权限制的理论基础，我国学界对德国法上的社会义务理论竞相追捧，研究火热，对与其功能类似的普通法上的警察权理论浅尝辄止。其实，勘定警察权对财产权限制的边界，也能为财产权的限制理论提供强有力的分析工具。

（一）财产权的社会义务

依大法官霍姆斯所见，法律的任务不是去塑造超凡脱俗的概念，而是确保利益冲突之战"以公平和平等的方式进行"。[1]财产权的社会义务理论可以为针对财产权的限制提供某种解释工具，但有一些短板需要补足。

财产权的社会义务入宪可追溯至德国《魏玛宪法》（Weimarer Verfassung）第153条第3款，"私有财产负有义务，私有财产之使用，不容忘却公共幸福"。[2]后来德国《基本法》（Grundgesetz）第14条第2款沿袭了这一规定，"财产权负有义务。其行使应同时有利于公共福祉"，[3]财产权的社会义务在德国从"方针条款"落实为"法律义务"，[4]要求行使财产权符合公共福祉。如何确定财产权的社会义务？德国法通过考量财产权的"关联性"与"功能性"[5]两个面向来形塑这一概念。

财产权是关系概念。在现代社会，公民的财产权已经不再局限于获得土地，而是转变为通过工商社会的资本以及个人薪酬来形成满足个人生活需要的私人财产。[6]个人从依靠土地劳作转变为进入社会交往的关联中，在职场、家庭、学校等不同领域彼此联结。德国宪法法院判决认为，任何一个基本权

---

[1] Vegelahn v. Guntner, 167 Mass. 92 (1896), 108.

[2] 张君劢译：《魏玛宪法》，商务印书馆2020年版，第40页。

[3] 《世界各国宪法》编辑委员会：《世界各国宪法：欧洲卷》，中国检察出版社2012年版，第179~180页。

[4] 参见陈新民：《宪法基本权利之基本理论》（上），元照出版有限公司2002年版，第311~312页。

[5] 参见陈新民：《宪法基本权利之基本理论》（上），元照出版有限公司2002年版，第313页。

[6] 参见 P. Badura, *Eigentum im Verfassungsrecht der Genwart*, *Verhandlungen des 49. Deutschen Juristags*, 1972, Bd. 2, T7, 转引自陈新民：《著作权的社会义务——由德国宪法学的角度检验智慧财产权的保障及其限制属性谈起》，载《台大法学论丛》2008年第4期，第170页。

利只要一行使，即会产生"社会关联性"及随之而来的"社会拘束性"，这是因为每个人不可能遗世而独立，[1]每个人都与共同体中的其他成员相互结合且彼此互动。当个人行使基本权利时，通常会影响共同体及其成员的经济生活与社会生活。比如，财产权人行使财产权时，必然因占有、使用或处分财产等行为而影响共同体中其他成员的活动，其他成员或受益或权利遭受损害或产生损害危险，这就意味着行使财产权应该受社会拘束。

财产权的功能性体现在财产权背后蕴含的价值中，根据《魏玛宪法》第151条的规定，权利的行使只有符合人的尊严的前提，才受宪法保障。如果财产所有人的人格或个人自主权与某种财产密切相关，那么财产受保护的范围就越大，留给立法机关限制所有权的裁量权就越小。[2]不同的财产有不同的功能，有的主要追求经济利益最大化，最终以财富增长为目的；有的主要追求个人的自我实现，为人格尊严提供物质基础，最终以向社会输送理性、有价值的成员，向社会作贡献为目的。[3]不同功能背后蕴含的价值对一般公众或受影响的第三方的重要性有显著差别，是否承担以及如何承担社会义务也有差别。对人的尊严影响越大的，越应予以保护，所应承担的社会义务越多。

财产权的社会义务回答了为什么要对财产权进行限制，也即解释了限制财产权的正当性。但对财产权限制到何种程度才是正当的，也即财产权的社会义务止于何处仍然需要寻找其他解释工具。在权利—权力关系中，财产权的社会义务指向权利的延长线，追问权利延长到何处就碰触到权力的边界。从一个向度无法确定财产权的界桩，我们需要双向合围，加入权力的维度，才能精确划定财产权的终点，由此，警察权的概念出场。

（二）警察权教义对财产权社会义务理论的补强

警察权概念首先产生于司法实践，与财产权的社会义务源于宪法文本不同，这也让警察权教义的实践色彩更浓。

警察权概念蕴含财产权社会义务的机理，可以补强财产权的社会义务理

---

〔1〕 陈新民：《宪法基本权利之基本理论》（上），元照出版有限公司2002年版，第185页脚注6。

〔2〕 See Rebecca Lubens, "The Social Obligation of Property Ownership: A Comparison of German and U. S. Law", *Arizona Journal of International & Comparative Law*, 24 (2007), p. 426.

〔3〕 See Gregory S. Alexander, "Property as a Fundamental Constitutional Right? The German Example", *Cornell Law Review*, 88 (2003), pp. 729~769.

论,使论证变得更为简洁。2015 年的加州建筑业工业协会诉圣何塞市案(California Bldg. Indus. Assoc. v City of San Jose)是近年来具有里程碑意义的判例。[1]圣何塞市包容性住房法令(inclusionary housing ordinance)要求市内所有新建、扩建或改造 20 套以上住宅单元的住宅开发项目,必须将 15%的拟现场销售单元以经济适用房的价格提供给低收入或中等收入家庭。加州建筑业工业协会以该法令侵犯开发商的财产权为由,诉至法院。加州最高法院认为:"本案中,该法令并没有实施征收。更确切地说,该法令是市政当局在其广泛的警察权下对土地用途进行可允许管制的例子。该市增加经济适用房数量,并将此类住房作为经济多样化发展中的目的之一,在宪法上是有效的……法令的有效性并不取决于能否证明限制与特定开发的影响合理相关……而是限制与颁布该法令的广泛的一般福利目的的合理相关。"[2]加州建筑业工业协会不服,诉至联邦最高法院,联邦最高法院驳回上诉,维持原判。法院用财产权的社会义务(房地产开发应该为中低收入家庭购买住房提供便利)证明财产权应该受到限制,然后引入警察权概念中的目的列表,用一般福利证明法令合宪。

在紧急情形中,用警察权证成对财产权的限制更为便捷,在回答为什么限制财产权的同时,也回答了限制财产权的程度问题,警察权的概念天然地蕴含了权力介入财产权的终点。最近两年,美国各州法院频繁援引警察权概念支持政府为应对因新冠疫情发布的各种管制令。[3]在德维托之友诉沃尔夫案(Friends of Devito v. Wolf)中,宾夕法尼亚州最高法院驳回了对州长要求关闭所有非维持生活(non-life-sustaining)业务的管制令的挑战。法院判决道:"这种紧急情况下的政策选择是由州长和卫生部部长做出的,只要为应对紧急情况而选择的手段对打击新冠疫情的破坏是合理必要的,它就能得到警察权的支持。"[4]法院进一步推理:"本院承认该命令对原告业务关闭的严重和重大经济影响。然而,问题是它是否(对财产权构成)过度压迫,从而应该否定警察权的行使。面对保护宾夕法尼亚州 1280 万公民的健康和生命,我

---

[1] California Bldg. Indus. Assoc. v City of San Jose, 61 Cal. 4th 435 (2015).

[2] California Bldg. Indus. Assoc. v City of San Jose, 61 Cal. 4th 435 (2015), p.457.

[3] Friends of Devito v. Wolf, 227 A. 3d 872 (2020). Elkhorn Baptist Church v. Brown, 366 Ore. 506 (2020).

[4] Friends of Devito v. Wolf, 227 A. 3d 872 (2020), p.891.

们认为因行使警察权而关闭企业（对财产权）的影响并不构成过度压迫。保护宾夕法尼亚州数百万居民的生命和健康是适当行使警察权的必要条件。"〔1〕法院引入警察权概念目的列表中的公共健康，以百万公民的健康和生命为参考值，证成关闭企业的管制令不构成过度压迫。

警察权概念体系非常方便引入管制性征收的概念，以此框定财产权社会义务的边界。国家可以依据警察权限制财产权，但"如果管制走得太远，它将被认为构成一项征收"。〔2〕走得太远的管制，构成管制性征收。作为同样从司法中发育出来的管制性征收概念，其教义日趋成熟，学界归纳为几个坐标系：手段与目的构成的坐标系，负担与利益构成的坐标系以及被剥夺的利益与财产的全部利益构成的坐标系。〔3〕经由导入管制性征收概念，厘定了警察权行使的边界，也就意味着划定了财产权社会义务的边界。

二、征收民航发展基金是警察权的合法行使吗：一个例示

前文以美国法为场景讨论过行使警察权与行使征税权的区别，如果置换为中国法场景，论证的思路依然可用。2020年全国"两会"期间，政协委员朱征夫提出征收民航发展基金行为涉及对公民私有财产的征收，征收民航发展基金的依据是没有上位法依据的《民航发展基金征收使用管理暂行办法》（以下简称《暂行办法》），建议全国人大常委会对民航发展基金的征收进行合宪性审查。〔4〕全国人大常委会已回复，征收民航发展基金不属于征收。在学理上可以继续追问的是：征收民航发展基金属于行使警察权还是行使征税权？

区分一项权力是警察权还是征税权，一般遵循目的标准与金额合理标准。就目的标准而言，警察权与征税权的目的不同，警察权服务于管制，征税服务于增加国库收入，以便向社会提供公共产品。当增加税收收入与其他目的混合时，也不会影响征税权的性质。

（一）民航发展基金的目的：管制还是增加收入

征收民航发展基金的目的到底是管制，还是增加国库收入，以便向社会

---

〔1〕 Friends of Devito v. Wolf, 227 A. 3d 872 (2020), p. 892.
〔2〕 Pennsylvania Coal Co. v. Mahon, 260 U. S. 393 (1922), p. 415.
〔3〕 刘连泰：《确定"管制性征收"的坐标系》，载《法治研究》2014年第3期，第32~39页。
〔4〕 参见《对话政协委员朱征夫：建议对机场建设费进行合宪性审查》，载 https://baijiahao.baidu.com/s? id=1666848928849472685&wfr=spider&for=pc，最后访问日期：2021年5月28日。

提供公共产品，可以通过民航发展基金的用途来判断。《暂行办法》第23条对民航发展基金的用途采用了"七加一"的表述模式，[1]2020年12月31日公布的《财政部关于民航发展基金等3项政府性基金有关政策的通知》增加了航空物流建设体系这一新型用途，[2]可通过表格的方式逐一分析这些用途：

民航发展基金用途分布表

民航发展基金的用途	目的		备注
	管制	增加收入，提供公共产品	
民航基础设施建设	否	是	自2020年12月31日财政部发布通知后，民航发展基金将不再支持通用航空机场建设和运营补贴
运营补贴	否	是	
节能减排	否	是	
应急救援、农林飞行等通用航空发展	否	是	
民航科教等科研和新技术运用	否	是	
安全能力和适航审定能力	否	是	

---

[1]《民航发展基金征收使用管理暂行办法》第23条规定："民航发展基金使用范围如下：（一）民航基础设施建设，包括机场飞行区、航站区、机场围界、民航安全、空中交通管制系统、科教、信息等基础设施建设，以及归还上述建设项目贷款，安排上述建设项目的前期费用和贷款贴息；（二）对货运航空、支线航空、国际航线、中小型民用运输机场（含军民合用机场）进行补贴；（三）民航节能减排，包括支持民航部门及机场、航空企业节能减排技术研发和推广应用，节能设施或设备更新改造，行业节能减排管理体系建设等；（四）通用航空发展，包括支持通用航空企业开展应急救援、农林飞行等作业项目，通航飞行员教育培训，通航基础设施建设投入和设备更新、改造等；（五）民航科教、信息等重大科技项目研发和新技术应用；（六）加强持续安全能力和适航审定能力建设；（七）征管经费、代征手续费以及国务院批准的其他支出。"

[2]《财政部关于民航发展基金等3项政府性基金有关政策的通知》第2点规定："优化民航发展基金使用方向，将民航发展基金重点投向不具备市场化条件的公共领域，逐步退出竞争性和市场化特征明显的领域；将航空物流体系建设纳入民航发展基金补助范围；不再对通用航空机场建设和运营予以补贴。"

续表

民航发展基金的用途	目的		备注
	管制	增加收入，提供公共产品	
征管代征费	是	否	
国务院批准的其他支出	不确定	不确定	
建设航空物流体系	否	是	

资料来源：《民航发展基金征收使用管理暂行办法》及《财政部关于民航发展基金等3项政府性基金有关政策的通知》有关规定。

从上表可以看出，在民航发展基金的9项用途中，除国务院批准的其他支出的目的尚不明确外，有7项用途的目的在于增加收入，提供公共产品，只有征管代征费一项以管制为目的。因此，征收民航发展基金总体上是为了增加收入，不以管制为目的。

(二) 民航发展基金的金额：合理还是过高

行使警察权有时也会收取费用，但金额不会过高，收取过高的金额可能会演变为征税。航空旅客缴纳的民航发展基金的数额是固定的，航空公司缴纳的民航发展基金的标准也是固定的。根据《暂行办法》第6条的规定，乘坐国内航班的旅客每人次缴纳50元民航发展基金，乘坐国际和地区航班出境的旅客每人次缴纳90元民航发展基金（含旅游发展基金20元）。航空旅客缴纳的50元或者90元民航发展基金，不是缴纳一次即可，而是只要乘坐飞机出行，每一次都需要缴纳，显然超出了一般意义上的行政许可成本的行政收费。航空公司根据航线种类、最大起飞全重以及里程等标准征缴，从营业性收入中直接划走。据报道，2013年民航发展基金的收取超过了250亿元。也有报告指出，2018年南航缴纳民航发展基金共29.4亿元，东航缴纳民航发展基金共22.35亿元，分别占其利润总额的65%和58%。[1]民航发展基金的数额已经占据利润的一半以上，显然过高。

从这个角度看，民航发展基金的征收不是警察权的合法行使，已经构成征税，必须有明确的全国人大及其常委会制定的法律依据，不能援引一般意

---

[1]《国内航司迎来财税扶持，民航发展基金将免交，一年或减亏70亿》，载 https://www.sohu.com/a/370895036_161795，最后访问日期：2021年5月28日。

义上的警察权。因此，征收民航发展基金不合法。全国人大常委会法制工作委员会认为"征收民航发展基金不属于宪法第十三条第三款规定的对私有财产的征收或者征用，不存在与宪法相抵触的问题。但是，征收民航发展基金依据的是国务院文件和有关部门规章，与2014年修改后的预算法第九条第一款关于政府性基金依照法律、行政法规的规定征收的规定不符。我们已向司法部提出，如果需要继续征收民航发展基金，应当及时完善相关法律或者行政法规依据"。[1] 全国人大常委会法制工作委员会的回复与前文因循警察权教义解释得出的结论基本一致：民航发展基金的征收尚不具备合法性依据。虽然全国人大常委会法制工作委员会没有回复征收民航发展基金是否构成征税，但至少说明中国法有培育警察权教义的营养基。

小　结

警察权概念在中国法上有借鉴意义，但如何避免南橘北枳长路漫漫。可能的第一步是，中国法语境中的警察权概念进一步体系化。通过警察权概念的比较借鉴、警察权在国家权力结构的比较借鉴以及警察权在权利限制方面的比较借鉴，我们可以形成这样的共识——导入具有实质意义，且具有统合性和功能性的警察权概念，用以分析权力划分、权力与权利之间的关系，可以为分析公法中的传统问题提供一种新的解释工具："条条道路通罗马"，但不同的道路有不同的风景。"不识庐山真面目，只缘身在此山中"，新的解释框架可以让我们看见更多被既有理论遮蔽的知识图景。

---

[1] 沈春耀：《全国人民代表大会常务委员会法制工作委员会关于2020年备案审查工作情况的报告——2021年1月20日在第十三届全国人民代表大会常务委员会第二十五次会议上》，载http://www.npc.gov.cn/npc/c30834/202101/239178b5d03944c7b453ddc6bdd7c087.shtml，最后访问日期：2021年5月28日。

结　语

　　警察权概念不来自成文宪法，也不是诞生在书房，是活跃在真实世界中的公权力。美国法上的警察权概念一直为司法机关形塑，200多年的司法实践让警察权概念起落沉浮，从中可以管窥美国宪法发展史的多棱镜像。美国联邦最高法院的判决能告诉我们州政府与联邦政府的相对权力，以及州权力与联邦内个人权利之间的界限。州法院的判决让我们得以管窥各州内部的权力和权利结构，并描绘一幅更复杂的警察权的性质和范围的图景。只有综观联邦最高法院判例和州法院判例，才能完整描绘警察权变迁的路线图。

　　警察权概念的变迁与联邦制的演进、法院司法哲学的发展以及管制的发展密切相关，不同的政治经济条件下上演了一幕幕分歧与共识。美国早期法院和学者未能就警察权的功能达成基本共识，一种观点认为警察权仅指减少妨害和保护公共健康和安全免受威胁的权力，另一种观点则把警察权解释为州在批准宪法后剩余并由州保留的全部权力，警察权与麦迪逊在《联邦党人文集》中描述的"剩余主权"同义。联邦最高法院在洛克纳诉纽约州案的判决中试图在这两个极端之间找到一个中间立场，将警察权定性为存在于联邦中的每个州的主权，涉及公共安全、健康、道德和一般福利。在这种具有统合性功能的概念范式中，警察权作为一种权力一次次与权利，尤其是财产权碰撞，警察权概念和财产权概念在对话中各自成长。本书力图对警察权不碎片化解读，不平面化勾勒，不孤立看待。历时性关注与整体性视角的结合为全景式描绘警察权、警察权与其他权力、宪法原则之间的相互关系提供了最大可能。警察权从联邦主义、分权制衡中走来，实实在在地影响着美国宪法的过去、现在与未来。主体论、目的论、强度论、限制论组建的审查模式是对警察权的正向说明，警察权与征税权的关系、警察权与贸易权的关系、警察权与征收权的关系、警察权与一般管制权的关系是对警察权的反向排除。

正向与反向结合，可以大致勾勒这个行走在风中的概念。当然，美国最高法院历时200余年打造的"风之子"概念可能依然玄幻，对此笔者也只能静静地望着天空，拍下一个又一个片段，感受风的流向。

文明互鉴，是中国特色社会主义法律体系成长的重要营养基。生长在中国的警察权概念与来自美国的警察权概念有着完全不同的内涵，但美国法中生长出来的警察权概念所包含的制度智慧，完全可以为我所用，我们也可能面对别人曾经面对的问题。讨论立法和行政的关系、中央与地方的关系、国家介入社会和市场的可能及其限度，都有可能在警察权概念中求得一招半式。

参考文献

一、著作

(一) 中文著作

[1] 卜炜玮:《中美日财产征收制度比较研究》,云南大学出版社 2012 年版。

[2] 北京大学法学院司法研究中心编:《宪法的精神:美国联邦最高法院 200 年经典判例选读》,中国方正出版社 2003 年版。

[3] 陈华:《警察法治的理论与实践》,知识产权出版社 2019 年版。

[4] 陈新民:《德国公法学基础理论》,山东人民出版社 2001 年版。

[5] 冯桂:《美国财产法——经典判例与理论研究》,人民法院出版社 2010 年版。

[6] 范扬:《警察行政法》,商务印书馆 1940 年版。

[7] 房绍坤、王洪平:《公益征收法研究》,中国人民大学出版社 2011 年版。

[8] 房绍坤、王洪平主编:《不动产征收法律制度纵论》,中国法制出版社 2008 年版。

[9] 管欧:《行政法各论》,商务印书馆 1936 年版。

[10] 高文英:《警察行政法探究》,群众出版社 2004 年版。

[11] 姜峰、毕竟悦编译:《联邦党人与反联邦党人:在宪法批准中的辩论(1787—1788)》,中国政法大学出版社 2012 年版。

[12] 江登琴:《契约自由的宪法基础研究》,北京大学出版社 2011 年版。

[13] 柯岚、毕竟悦主编:《美国建国时期法政文献选编》,清华大学出版社 2016 年版。

[14] 刘连泰:《宪法文本中的征收规范解释——以中国宪法第十三条第三款为中心》,中国政法大学出版社 2014 年版。

[15] 刘连泰等:《美国法上的管制性征收》,清华大学出版社 2017 年版。

[16] 刘琳璘:《宪法学视野下警察权问题研究》,法律出版社 2017 年版。

[17] 刘玉姿:《美国征收法中的公用教义》,厦门大学出版社 2020 年版。

[18] 李震山:《警察行政法论——自由与秩序之折冲》,元照出版有限公司 2009 年版。

[19] 李震山：《警察法论——警察任务编》，正典出版文化有限公司 2002 年版。
[20] [德] 舒勒：《德国警察与秩序法原理》，李震山译，登文书局 1995 年版。
[21] 李昌道编著：《美国宪法史稿》，法律出版社 1986 年版。
[22] 林明锵：《警察法学研究》，新学林出版股份有限公司 2011 年版。
[23] 陆晶：《现代警务行为的理与法》，中国人民公安大学出版社 2005 年版。
[24] 马新彦：《美国财产法与判例研究》，法律出版社 2001 年版。
[25] 何真、唐清利：《财产权与宪法的演进》，法律出版社 2010 年版。
[26] 王家俭：《清末民初我国警察制度现代化的历程：一九〇一~一九二八》，台湾商务印书馆 1984 年版。
[27] 王名扬：《美国行政法》（上/下），中国法制出版社 2005 年版。
[28] 王铁雄：《美国财产法的自然法基础》，辽宁大学出版社 2007 年版。
[29] 王铁雄：《财产权利平衡论——美国财产法理念之变迁路径》，中国法制出版社 2007 年版。
[30] 王希：《原则与妥协》，北京大学出版社 2000 年版。
[31] 王智军：《警察的政治属性》，社会科学文献出版社 2009 年版。
[32] 王思锋：《不动产准征收研究》，中国社会科学出版社 2015 年版。
[33] 夏菲：《论英国警察权的变迁》，法律出版社 2011 年版。
[34] （清）夏同龢编辑：《行政法》，赵青、钟庆编辑校点，贵州人民出版社 2012 年版。
[35] 杨瑞清编著：《社区警务》，江西人民出版社 2002 年版。
[36] 张千帆：《美国联邦宪法》，法律出版社 2011 年版。
[37] 钟赓言：《钟赓言行政法讲义》，王贵松、徐强、罗潇点校，法律出版社 2015 年版。

（二）译著

[1] [法] 卢梭：《政治经济学》，李平沤译，商务印书馆 2013 年版。
[2] [美] 伯纳德·施瓦茨：《美国最高法院史》，毕洪海、柯翀、石明磊译，中国政法大学出版社 2005 年版。
[3] [美] 理查德·A. 波斯纳：《联邦法院：挑战与改革》，邓海平译，中国政法大学出版社 2002 年版。
[4] [美] 保罗·彼得森：《联邦主义的代价》，段晓雁译，北京大学出版社 2011 年版。
[5] [美] 查尔斯·弗瑞德：《何谓法律：美国最高法院中的宪法》，胡敏洁、苏苗罕、李鹃译，北京大学出版社 2008 年版。
[6] [美] 丹尼尔·布尔斯廷：《美国人建国历程》，中国对外翻译出版公司译，生活·读书·新知三联书店 1993 年版。
[7] [英] 戴维·M. 沃克：《牛津法律大辞典》，李双元等译，法律出版社 2003 年版。

[8] [美]亨利·J.亚伯拉罕:《法官与总统:一部任命最高法院法官的政治史》,刘泰星译,商务印书馆1990年版。

[9] [美]J.格里高利·西达克、丹尼尔·F.史普博:《美国公用事业的竞争转型:放松管制征用与管制契约》,宋华琳等译,上海人民出版社2012年版。

[10] [美]杰伊·塞库洛:《美国大法官的法律及信仰》,牛玥等译,中央编译出版社2011年版。

[11] [美]杰里·L.马肖:《创设行政宪制:被遗忘的美国行政法百年史(1787—1887)》,宋华琳、张力译,中国政法大学出版社2016年版。

[12] [美]杰夫·谢索:《至高权力:罗斯福总统与最高法院的较量》,陈平译,文汇出版社2019年版。

[13] [美]罗伯特·兰沃西、劳伦斯·特拉维斯:《什么是警察:美国的经验》,尤小文译,群众出版社2004年版。

[14] [美]罗斯科·H.科斯等:《财产权利与制度变迁——产权学派与新制度学派译文集》,刘守英等译,格致出版社、上海三联书店、上海人民出版社2014年版。

[15] [美]理查德·A.艾珀斯坦:《征收——私人财产和征用权》,李昊、刘刚、翟小波译,中国人民大学出版社2011年版。

[16] [美]理查德·A.爱泼斯坦:《私有财产、公共行政与法治》,刘连泰译,浙江大学出版社2018年版。

[17] [美]莫顿·J.霍维茨:《美国法的变迁:1780-1860》,谢鸿飞译,中国政法大学出版社2005年版。

[18] [美]麦迪逊:《辩论:美国制宪会议记录》(上/下),尹宣译,辽宁教育出版社2003年版。

[19] [美]马丁·安德森:《美国联邦城市更新计划(1949-1962年)》,吴浩军译,中国建筑工业出版社2012年版。

[20] [美]乔治·S.布莱尔:《社区权力与公民参与》,伊佩庄、张雅竹编译,中国社会出版社2003年版。

[21] [美]斯蒂芬·卡拉布雷西编:《美国宪法的原旨主义——廿五年的争论》,李松峰译,当代中国出版社2014年版。

[22] [美]斯图尔特·班纳:《财产故事》,陈贤凯、许可译,中国政法大学出版社2017年版。

[23] [美]文森特·奥斯特罗姆、罗伯特·比什、埃莉诺·奥斯特罗姆:《美国地方政府》,井敏、陈幽泓译,北京大学出版社2004年版。

[24] [美]沃尔特·E.弗克默尔:《美国政府》,汪威译,上海社会科学院出版社2016年版。

[25] [美] 约翰·G. 斯普兰克林：《美国财产法精解》（第2版），钟书峰译，北京大学出版社 2009 年版。

[26] [美] 约瑟夫·J. 埃利斯：《缔造共和：美利坚合众国的诞生，1783–1789》，宣东彪译，中信出版社 2018 年版。

[27] [美] 约瑟夫·斯托里：《美国宪法评注》，毛国权译，上海三联书店 2006 年版。

[28] [美] 亚历山大·汉密尔顿、约翰·杰伊、詹姆斯·麦迪逊：《联邦党人文集》，张晓庆译，中国社会科学出版社 2009 年版。

[29] [美] 詹姆斯·麦迪逊：《辩论：美国制宪会议记录》，尹宣译，译林出版社 2015 年版。

[30] [美] 詹姆斯·安修：《美国宪法解释与判例》，黎建飞译，中国政法大学出版社 1994 年版。

[31] [美] 詹姆斯·威拉德·赫斯特：《美国史上的市场与法律：各利益间的不同交易方式》，郑达轩、石现明、李健译，郑达轩校，法律出版社 2006 年版。

[32] [日] 松井茂：《警察学纲要》，吴石译，张天虹、张晓鹏勘校，中国政法大学出版社 2005 年版。

[33] [英] 丹尼尔·德纳里、肯尼斯·斯科特主编：《苏格兰警察制度》，李温译，群众出版社 2008 年版。

[34] [英] 丹尼斯·罗伊德：《法律的理念》，张茂柏译，上海译文出版社 2014 年版。

[35] [英] 哈特：《法律的概念》（第3版），许家馨、李冠宜译，法律出版社 2018 年版。

[36] [英] 坎南编著：《亚当·斯密关于法律、警察、岁入及军备的演讲》，陈福生、陈振骅译，商务印书馆 1962 年版。

[37] [英] 罗伯特·雷纳：《警察与政治》，易继苍、朱俊瑞译，知识产权出版社 2008 年版。

[38] [英] 拉努尔夫·德·格兰维尔：《论英格兰王国的法律和习惯》，吴训祥译，中国政法大学出版社 2015 年版。

[39] [英] 约瑟夫·拉兹：《法律体系的概念》，吴玉章译，商务印书馆 2017 年版。

[40] [英] R. C. 西蒙斯：《美国早期史——从殖民地建立到独立》，朱绛等译，商务印书馆 1994 年版。

（三）外文著作

[1] Alexander Hamilton & James Madison & John Jay, *The Federalist Papers*, Oxford University Press Inc., 2008.

[2] Alfred H. Kelly & Winifred A. Harbison, *The American Constitution*, W. W. Norton and Company, 1955.

[3] Arthur P. Scott, *Criminal Law in Colonial Virginia*, University of Chicago, 1930.

[4] Blackstone William, *Commentaries on the Laws of England*, University of Chicago Press (1-4), 1979.

[5] Charles Warren, *The Supreme Court in United States History*, Little, Brown and Company, 1926.

[6] Christopher Tiedeman, *Treatise on The Limitations of Police Power in the United States Considered: From Both a Civil and Criminal Standpoint*, The F. H. Thomas Law Book Co., 1886.

[7] Dale Krane et al., *Home Rule in America: A Fifty-State Handbook*, Congressional Quartedy Press, 2001.

[8] David P. Currie, T*he Constitution in the Supreme Court: The Second Century 1888-1986*, University of Chicago Press, 1990.

[9] Ernst Freund, *The Police Power: Public Policy and Constitutional Rights*, The University of Chicago Press, 1904.

[10] Frank P. Grad, *The Public Health Law Manual*, American Public Health Association, Inc., 1990.

[11] Gerald Gunther & Kathleen M. Sullivan, *Constitutional Law*, Foundation Press, 1997.

[12] G. Edward White, *The American Judicial Tradition: Profiles of Leading American Judges*, Oxford University Press, 1976.

[13] Gitleman Morton et al., *Land Use: Cases and Materials*, West Publishing, 2004.

[14] Howard Gillman, *The Constitution Besieged: The Rise and Demise of Lochner Era Police Powers Jurisprudence*, Duke University Press, 1993.

[15] James L. Huffman, *Private Property and the Constitution: State Powers, Public Rights, and Economic Liberties*, Palgrave Macmillan Press, 2013.

[16] James Kent, *Commentaries on American Law*, O. Halsted, 1827.

[17] Leonard W. Levy, *The Law of the Commonwealth and Chief Justice Shaw*, Harvard University Press, 1957.

[18] John Ayto, *Dictionary of Word Origins*, Arcade, 1900.

[19] John F. Dillon, *The Law of Municipal Corporations*, Little, Brown & Co., 1911.

[20] Markus DirkDubber, *The Police Power: Patriarchy and The Foundation of American Government*, Columbia University Press, 2005.

[21] Markus Dirk Dubber & Mariana Valverde, *Police and the State*, Stanford University Press, 2008.

[22] Markus Dirk Dubber & Mariana Valverde ed., *The New Police Science: The Police Power in Domestic and International Governance*, Stanford University Press, 2006.

[23] Max Farrand, *Fathers of the Constitution-A Chronicle of the Estabishment of the Union*, Yale University Press, 1921.

［24］ Morton J. Horwitz, *The Transformation of American Law 1870-1960: The Crisis of Legal Orthodoxy*, Oxford University Press, 1992.

［25］ Persily Nathaniel & Gillian E. Metzger & Trevor W. Morrison, *The Health Care Case: The Supreme Court's Decision and its Implications*, Oxford University Press, 2013.

［26］ Randy E. Barnett, *Restoring the Lost Constitution: The Presumption of Liberty*, Princeton University Press, 2004.

［27］ Raphael Semmes, *Crime and Punishment in Early Maryland*, Johns Hopkins Press, 1938;

［28］ Richard Hofstadter, *The Age of Reform: From Bryan to F. D. R.*, Alfred A. Knopf., 1955.

［29］ Robert J. Steinfeld, *The Invention of Free Labor: The Employment Relation in English and American Law and Culture, 1350-1870*, University of North Carolina Press, 1991.

［30］ Robert A. Ferguson, *Law and Letters in American Culture*, Harvard University Press, 1984.

［31］ Robert K. Barnhart, *Chambers Dictionary of Etymology*, Etymology Publisher: Chambers, 1988.

［32］ Skeat & Walter W., *Etymological Dictionary of the English Language*, The Clarendon Press, 1935.

［33］ Stewart E. Sterk, et. al, *Land Use Regulation*, Foundation Press, 2016.

［34］ Thomas B. McAffee, Jay S. Bybee & A. Christopher Bryant, *Powers Reserved for the People and the States: A History of the Ninth and Tenth Amendments*, Praeger Publishers, 2006.

［35］ Thomas M. Cooley, *A Treatise on the Constitutional Limitations*, Little, Brown, and Co., 1868.

［36］ Thomas J. Miceli, *The Economic Theory of Eminent Domain*, Cambridge University Press, 2011.

［37］ Tom Christoffel & Stephen P. Teret, *Protecting the Public: Legal Issues in Injury Prevention*, Oxford University Press, 1993.

［38］ William J. Novak, *The People's Welfare: Law and Regulation in Nineteenth-century America Studies in Legal History*, The University of North Carolina Press, 1996.

［39］ Willis ReedBierly, *Police Power: State and Federal Definitions and Distinctions*, 1907.

［40］ William W. Crosskey, *Politics and the Constitution in the History of the United States*, University of Chicago Press, 1953.

［41］ W. J. Novak, "Police Power and the Hidden Transformation of American State", in M. Dubber and M. Valverde, eds., *Police and the State*, Stanford University Press, 2008.

二、论文

（一）中文论文

［1］ 陈卫东:《刑事诉讼法再修改后刑事警察权与公民权的平衡》,载《法学家》2012 年

第 3 期。
[2] 陈鹏：《公法上警察概念的变迁》，载《法学研究》2017 年第 2 期。
[3] 丛华：《法治视野中的警察权与公民权的平衡关系》，载《犯罪研究》2013 年第 1 期。
[4] 崔向前：《论新时代治安行政权社会化之边界》，载《云南行政学院学报》2018 年第 5 期。
[5] 曹勉之：《再造共和：以内战前后美国联邦最高法院的治安权解读为中心》，载《朝阳法律评论》2015 年第 2 期。
[6] 戴宜生：《美国警察史及其近期演变》，载《江苏警官学院学报》2007 年第 6 期。
[7] 杜鸣晓、王琳琦：《论警察权的划分及其法律管制》，载《中国人民公安大学学报（社会科学版）》2015 年第 6 期。
[8] 法治斌：《宪法保障人民财产权与其他权利之标准》，载《政大法学评论》1981 年第 23 期。
[9] 郭晖：《财产权的社会义务与管制性征收》，载《河北学刊》2019 年第 2 期。
[10] 韩铁：《关于罗斯福时代新政"宪法革命"的几点浅见》，载《世界历史》2006 年第 4 期。
[11] ［德］汉斯-彼得·哈佛坎普：《概念法学》，纪海龙译，载《比较法研究》2012 年第 5 期。
[12] 黄学贤、崔进文、成锦强：《警察行政权概念的厘定》，载《东方法学》2009 年第 4 期。
[13] 黄家镇：《论民法典编纂中债法总则的存废——以德国潘德克顿法学的法源思想与体系构造方法为视角》，载《现代法学》2018 年第 6 期。
[14] 胡建刚：《完善中国警察权监督与控制的若干思考》，载《经济研究导刊》2013 年第 19 期。
[15] 胡晓进、任东来：《保守理念与美国联邦最高法院——以 1889-1937 年的联邦最高法院为中心》，载《美国研究》2003 年第 2 期。
[16] 胡晓进：《近三十年来中国学者对美国最高法院的研究与认识》，载《美国研究》2008 年第 4 期。
[17] Katia Yannaca-Small：《国际投资法中的"间接征收"与"管制权利"》，樊林波译，载《国际经济法学刊》2008 年第 2 期。
[18] 雷磊：《法教义学：关于十组问题的思考》，载《社会科学研究》2021 年第 2 期。
[19] 梁咏：《间接征收的研究起点和路径——投资者权益与东道国治安权之衡平》，载《财经问题研究》2009 年第 1 期。
[20] 吕雪梅、吴纪奎：《论我国警察权权能结构整合及运行优化》，载《中国人民公安大学学报（社会科学版）》2005 年第 3 期。

[21] 楼利明：《关于行政征收三个争点问题的研究》，载《浙江社会科学》2007 年第 5 期。

[22] 林端：《德国历史法学派——兼论其与法律解释学、法律史和法律社会学的关系》，载《清华法学》2003 年第 2 期。

[23] 李小波、冯道康：《法、德、日警察权考察及其启示》，载《净月学刊》2013 年第 4 期。

[24] 李国华：《美国法上的警察权规制及其启示——以〈权利法案〉为中心》，载《净月学刊》2017 年第 2 期。

[25] 李栋：《立基之本与发展之源：英国宪政中的经验理性》，载《清华法学》2010 年第 6 期。

[26] 刘连泰：《政府对拟征收不动产的管制》，载《法律科学（西北政法大学学报）》2014 年第 2 期。

[27] 刘晓山、张鸿：《美国警务民营化制度及其对我国民航警察治安权的启示》，载《江苏警官学院学报》2017 年第 4 期。

[28] 刘茂林：《警察权的概念构造及其横向配置结构的优化》，载《中南民族大学学报（人文社会科学版）》2020 年第 6 期。

[29] 刘茂林：《警察权的现代功能与宪法构造难题》，载《法学评论》2017 年第 1 期。

[30] 刘茂林：《警察权的合宪性控制》，载《法学》2017 年第 3 期。

[31] 卢建平：《法治语境对警察权的约束》，载《中国法律评论》2018 年第 3 期。

[32] 卢建平：《警察相关词源考证》，载《法治研究》2016 年第 6 期。

[33] 孟庆超、牛爱菊：《论美国宪法"贸易"条款对州权的限制》，载《国际关系学院学报》2005 年第 2 期。

[34] 马岭：《宪法权力概说》，载《法治论丛》2010 年第 2 期。

[35] 庞金友、胡金光：《美国州权政治传统的起源与形成》，载《云南大学学报（社会科学版）》2017 年第 1 期。

[36] 秦前红、程关松：《论宪法权力》，载《河南省政法管理干部学院学报》2003 年第 3 期。

[37] 邱昭继：《法学研究中的概念分析方法》，载《法律科学》2008 年第 6 期。

[38] 苏宇：《警察权属性的考辨与反思》，载《公安学研究》2021 年第 2 期。

[39] 舒国滢：《格奥尔格·弗里德里希·普赫塔的法学建构：理论与方法》，载《比较法研究》2016 年第 2 期。

[40] 孙振雷：《论警察权的私权基础》，载《中国人民公安大学学报（社会科学版）》2008 年第 3 期。

[41] 孙萍：《美国警察执法规范与监督制度探讨》，载《公安研究》2010 年第 12 期。

[42] 孙洪波：《自由与秩序原理下的警察权功能研究》，载《净月学刊》2014年第3期。

[43] 孙宪忠：《中国民法继受潘德克顿法学：引进、衰落和复兴》，载《中国社会科学》2008年第2期。

[44] 魏新文、高峰：《处置群体性事件的困境与出路——以警察权的配置与运行为视角》，载《中共中央党校学报》2007年第1期。

[45] 王艳冰：《外资征收与环境保护——不补偿环境征收之合法性刍议》，载《当代法学》2007年第4期。

[46] 王小林：《可持续发展投资政策框架下间接征收的"治安权例外"》，载《学术论坛》2018年第6期。

[47] 王思锋：《财产征收的理论反思与制度重构——以不动产准征收为视角》，载《法学杂志》2014年第10期。

[48] 肖泽晟：《论公物法理论视野下的道路通行权及其限制——以交通禁行措施为个案的分析》，载《江苏行政学院学报》2009年第3期。

[49] 于立深：《多元行政任务下的行政机关自我管制》，载《当代法学》2014年第1期。

[50] 余凌云：《源自父权制的西方警察权理论》，载《中国刑警学院学报》2017年第5期。

[51] 余凌云：《警察权的"脱警察化"规律分析》，载《中外法学》2018年第2期。

[52] 余凌云：《论美国警察权的变迁》，载《公安学刊（浙江警察学院学报）》2018年第3期。

[53] 余凌云：《警察权的央地划分》，载《法学评论》2019年第4期。

[54] 余凌云：《部门行政法的发展与建构——以警察（行政）法学为个案的分析》，载《法学家》2006年第5期。

[55] 杨显滨：《管制性征收与警察权行使的区分标准》，载《法学杂志》2016年第11期。

[56] 杨成良：《美国各州之间法律和判决的承认规则——联邦最高法院对宪法中"充分信任和尊重"条款的司法解释》，载《山东理工大学学报（社会科学版）》2005年第3期。

[57] 郑永红、张彦辉：《法律中的治安语词研究》，载《治安学论丛》2013年第0期。

[58] 朱学磊：《国家限制公民财产权的正当性、合法性与合理限度——对APEC会议期间企业停工限产的法律思考》，载《甘肃行政学院学报》2015年第1期。

[59] 张津瑞：《美国警察权激进改革的经验与教训》，载《南风窗》2016年第14期。

[60] 张雪帆、何艳玲：《公权限制财产权的合法性辨析：兼论城市治理中的"公共利益"》，载《南京社会科学》2019年第1期。

[61] 张丽霞：《美国宪法州际贸易条款演进的技术分析》，载《郑州大学学报（哲学社会科学版）》2008年第3期。

[62] 曾祥华：《城管综合执法、公物警察权与服务型政府》，载中国法学会行政法学研究会编：《服务型政府与行政法：中国法学会行政法学研究会2008年年会论文集》，浙江工商大学出版社2009年版。

（二）学位论文

[1] 安思源：《美国宪法上"贸易条款"解释的历史演变》，北京大学2009年硕士学位论文。

[2] 陈韬：《美国联邦宪法与州际法律冲突》，中国政法大学2006年硕士学位论文。

[3] 陈凯：《美国联邦最高法院对国会征税法案的合宪性审查》，厦门大学2018年博士学位论文。

[4] 陈波：《新中国警察权变迁研究》，华东政法大学2016年博士学位论文。

[5] 李晓波：《美国宪法变迁的价值取向研究——以"建国"到"重建"国家主义为视角》，华南理工大学2017年博士学位论文。

[6] 李梦佳：《美国财产法中的社会义务规范研究》，福州大学2018年硕士学位论文。

[7] 鲁佳：《〈警察权、公共政策与宪法权利〉（第13章）翻译报告——被动句的翻译》，西南政法大学2017年硕士学位论文。

[8] 凌文淦：《〈警察权、公共政策与宪法权利〉翻译实践报告——目的论视角》，西南政法大学2017年硕士学位论文。

[9] 孙聪：《美国征收法律制度历史变迁研究》，中南财经政法大学2018年博士学位论文。

[10] 吴丙新：《法律概念的解释——法律适用的合法性与妥当性》，山东大学2005年博士学位论文。

[11] 王丽晖：《美国法上管制性征收界定标准的演变——以联邦最高法院的判例为中心》，厦门大学2010年硕士学位论文。

[12] 王星元：《论警察权的控制与规范》，吉林大学2013年博士学位论文。

[13] 熊芸萱：《〈警察权、公共政策与宪法权力〉翻译报告——英译汉翻译中的词性转换》，西南政法大学2017年硕士学位论文。

[14] 夏菲：《论英国警察权的变迁》，华东政法大学2010年博士学位论文。

[15] 周雨：《美国联邦最高法院对贸易条款的解释》，厦门大学2015年博士学位论文。

（三）外文论文

[1] Albert H. Manwaring, "American Heritage at Stake: The Government's Vital Interest in Interior Landmark Designations", *New England Law Review*, 25 (1990).

[2] Babcock, "The Illinois Supreme Court and Zoning: A Study in Uncertainty", U. Chi. L. Rev., 15 (1947).

[3] Babcock, "The New Chicago Zoning Ordinance", Nw. U. L. Rev., 52 (1957).

[4] Babcock, "The Unhappy State of Zoning Administration in Illinois", U. Chi. L. Rev., 26

(1959).

[5] Barros D. Benjamin, "The Police Power and the Takings Clause", *U. Miami Law Review*, 58 (2004).

[6] Beuscher, "Roadside Protection Through Nuisance and Property Law", *Highway Researce Board Bull*, 113 (1965).

[7] Bradley C. Karkkainen, "The Police Power Revisited: Phantom Incorporation and the Roots of the Takings 'Muddle' ", *Minnesota Law Review*, 90 (2006).

[8] Brian W. Ohm, "Some Modern Day Musings on the Police Power", *Urban Lawyer*, 47 (2015).

[9] Charles Warren, "A Bulwark to the State Police Power—The United States Supreme Court", *Columbia Law Review*, 13 (1913).

[10] Charles W. McCurdy , Justice Field and the Jurisprudence of Government-Business Relations: "Some Parameters of Laissez-Faire Constitutionalism, 1863–1897", J. Am. Hist. , 61 (1975).

[11] Christopher Supino, "The Police Power and 'Public Use': Balancing the Public Interest Against Private Rights Through Principled Constitutional Distinctions", *West Virginia Law Review*, 110 (2008).

[12] Colin Boyd, "Property Law—Beyond Repair: The Persistent Unconstitutionality of the Failure to Vacate Statute", U. Ark. Little Rock L. Rev. , 44 (2022).

[13] Collins Jr. Denny, "Growth and Development of the Police Power of the State", *Michigan Law Review*, 20 (1921–1922).

[14] Daniel B. Rodrigue, "The Inscrutable (Yet Irrepressible) State Police Power", *NYU Journal of Law & Liberty*, 9 (2015).

[15] David B. Kopel, "The Great Gun Control War of the Twentieth Century--and its Lessons for Gun Laws Today", Fordham Urb. L. J. , 39 (2012).

[16] David B. Kopel & Trevor Burrus, "Sex, Drugs, Alcohol, Gambling, And Guns: The Synergistic Constitutional Effects", *Albany Government Law Review*, 6 (2013).

[17] David E. Bernstein, "The History of 'Substantive' Due Process: It's Complicated", *Texas Law Review*, 95 (2016).

[18] David P. Brewer, "Justice of the United States Supreme Court, The Nation's Safeguard", Proc. N. Y. St. B. A. , 13 (1983).

[19] David S. Schwartz, "Recovering the Lost General Welfare Clause", Wm. & Mary L. Rev. , 63 (2022).

[20] David Thomas Konig, " 'Dale's Laws' and the Non-Common Law Origins of Criminal Jus-

tice in Virginia", *American Journal of Legal History*, 26 (1982).

[21] Doebele, "Improved State Enabling Legislation for the Nineteen-Sixties", Natural Res. J., 2 (1962).

[22] Donal Regan, "How to think about the Federal Commerce Power and Incidentally Rewrite United States v. Lopez", *Michigan Law Review*, 94 (1996).

[23] Donald J. Kochan, "The Legalization of Marijuana in Urban Communities: Article the Regulatabilization of Cannabis", Fordham Urb. L. J., 49 (2022).

[24] Frayda S. Bluestein, "Do North Carolina Governments Need Home Rule?", *North Carolina Law Review*, 84 (2006).

[25] Gabrielle E. Clark, "The Southern and Western Prehistory of 'Liberty of Contract': Revisiting the Path to Lochner in Light of the New History of American Capitalism", *American Journal of Legal History*, 60 (2020).

[26] Gary M. Dreyer, "After Patel: State Constitutional Law & Twenty-First Century Defense of Economic Liberty", *NYU Journal of Law & Liberty*, 14 (2021).

[27] Gil. Seinfeld, "The Possibility of Pretext Analysis in Commerce Clause Adjudication", *Notre Dame Law Review*, 78 (2003).

[28] Glenn H. Reynolds & David B. Kopel, "The Evolving Police Power: Some Observations for a New Century", *Hastings Constitutional Law Quarterly*, 27 (2000).

[29] G. Edward White, "Revisiting Substantive Due Process and Holmes's Lochner Dissent", *Brooklyn Law Review*, 63 (1997).

[30] G. Edward White, "Historicizing Judicial Scrutiny", *South Carolina Law Review*, 57 (2005).

[31] Harry Scheiber, "Government and the Economy: Studies in the 'Commonwealth' Policy in Nineteenth-Century America", J. Interdisc. Hist., 3 (1972).

[32] Hastings, "The Development of Law as Illustrated by the Decisions Relating to the Police Power of the State", *Proceedings of the American Philosophical Society*, 39 (1900).

[33] Ilan Wurman, "The Origins of Substantive Due Process", *University of Chicago Law Review*, 87 (2020).

[34] Inara Scott, "Keeping the Lights on: Examining and Re-Imagining Nlra Preemption in a Time of Electric Necessity", *Energy Law Journal*, 35 (2014).

[35] Ira Michael Heyman & Thomas K. Gilhool, "The Constitutionality of Imposing Increased Community Costs on New Suburban Residents Through Subdivision Exactions", *Yale Law Journal*, 73 (1964).

[36] James Gray Pope, "An Approach to State Constitutional Interpretation", Rutgers L. J., 24

(1993).

[37] James G. Hodge, jr., "The Role of New Federalism and Public Health Law", *Journal of Law and Health*, 12 (1998).

[38] James W. Ely, Jr., "The Oxymoron Reconsidered: Myth and Reality in the Origins of Substantive Due Process", *Const. Comment*, 16 (1999).

[39] Jan G. Laitos, "Legal Institutions and Pollution: Some Intersections Between Law and History", Nat. Resources J., 15 (1975).

[40] Jefferson B. Browne, "The Super-Constitution", Am. L. Rev., 54 (1920).

[41] John A. Humbach, "Evolving Thresholds of Nuisance and the Takings Clause", Colum. J. Envtl. L., 18 (1993).

[42] John F. Hart, "Colonial Land Use Law and Its Significance for Modern Takings Doctrine", *Harvard Law Review*, 109 (1996).

[43] Jocelyn Simonson, "Police Reform Through a Power Lens", *Yale Law Journal*, 130 (2021).

[44] Joseph L. Sax, "Takings and The Police Power", *Yale Law Journal*, 74 (1964).

[45] Joshua A. Slone, "Comment: Whose Morality is it Anyway? Recognizing the Tension Between Morality Laws and the Establishment Clause", *Georgetown Journal of Law and Public Policy*, 13 (2015).

[46] Josh Bethea, "Tossing Baby with the Bathwater: Substantive due Process and the Regulatory Takings Doctrine Applied to the Covid-19 Pandemic", Corp. & Bus. L. J., 3 (2022).

[47] Josh Blackman, "The Irrepressible Myth of Jacobson v. Massachusetts", Buffalo L. Rev., 70 (2022).

[48] Julius Goebel Jr., "King's Law and Local Custom in Seventeenth Century New England", *Columbia Law Review*, 31 (1931).

[49] Kevin J. Coyle, "The Anti Car Theft Act of 1992: Federal Cops, Highway Robbers, and the Constitution", *North Carolina Central Law Journal*, 22 (1996).

[50] Lowell J. Howe, "The Meaning of 'Due Process of Law' Prior to the Adoption of the Fourteenth Amendment, Calif. L. Rev., 18 (1930).

[51] Louise A. Halper, "Why the Nuisance Knot Can't Undo the Takings Muddle", *Ind. Law Review*, 28 (1995).

[52] Lynda J. Oswald, "Property Rights Legislation and The Police Power", *American Business Law Journal*, 37 (2020).

[53] Lynda J. Oswald, "The Role of the 'Harm/Benefit' and 'Average Reciprocity of Advantage' Rules in a Comprehensive Takings Analysis", Vand. L. Rev., 50 (1997).

[54] Lynn A. Baker & Daniel B. Rodriguez, "Constitutional Home Rule and Judicial Scrutiny",

Denver U. L. Rev., 86 (2009).

[55] Mark C. Christie, "Economic Regulation in The United States: The Constitutional Framework", *University of Richmond Law Review*, 40 (2006).

[56] Markus Dirk Dubber, " 'The Power to Govern Men and Things': Patriarchal Origins of the Police Power in American Law", *Buffalo Law Review*, 52 (2004).

[57] Max Farrand, "The Records of the Federal Convention", *The American Historical Review*, 40 (1907).

[58] Matthew Specht, "Quarrelling About Public Safety: How a Reverse Miranda Warning Would Protect the Public and the Constitution", *Stetson Law Review*, 45 (2016).

[59] Meg Stevenson, "Aesthetic Regulations: A History, *Real Estate Law Journal*, 35 (2007).

[60] Mireille Hildebrandt, "Governance, Governmentality, Police, and Justice: A New Science of Police?", *Buffalo Law Review*, 56 (2008).

[61] Oliver Wendell Holmes, "Privilege, Malice, and Intent", Harv. L. Rev., 8 (1894).

[62] Patrick J. Kelley, "Holmes's Early Constitutional Law Theory and its Application in Takings Cases on the Massachusetts Supreme Judicial Court", S. Ill. L. J., 18 (1994).

[63] Philip A. Talmadge, "The Myth of Property Absolutism and Modern Government: The Interaction of Police Power and Property Rights", *Washington Law Review*, 75 (2000).

[64] Randy E. Barnett & Evan D. Bernick, "No Arbitrary Power: An Originalist Theory of the Due Process of Law", *William and Mary Law Review*, 60 (2019).

[65] Randy E. Barnett, "The Original Meaning of the Commerce Clause", *University of Chicago Law Review*, 68 (2001).

[66] Ray A. Brown, "Due Process of Law, Police Power, and the Supreme Court", *Harvard Law Review*, 40 (1927).

[67] Recent Cases, "State Regulation—Police Power—City Ordinance—City of Selma v. Till, 42 SO. 405 (ALA.) ", *Yale Law Journal*, 16 (1907).

[68] Reps & Smith, "Control of Urban Land Subdivision", *Syracuse Law Review*, 14 (1963).

[69] Robert Utter, "Freedom and Diversity in a Federal System: Perspectives on State Constitutions and the Washington Declaration of Rights", U. Puget Sound L. Rev., 7 (1984).

[70] Robert Eugene Cushman, "National Police Power under the Commerce Clause of the Constitution", *Minnesota Law Review*, 3 (1919).

[71] Ross D. Netherton, "Implementation of Land Use Policy: Police Power vs. Eminent Domain", *Land & Water Law Review*, 3 (1968).

[72] Robert Eugene Cushman, "The National Police Power under the Commerce Clause of the Constitution", *Minnesota Law Review*, 3 (1919).

[73] S. Dunscomb, Jr. , "The Police Power and Civil Liberty", *Columbia Law Review*, 6 (1902).

[74] Santiago Legarre, "The Historical Background of the Police Power", *University of Pennsylvania Journal of Constitutional Law*, 9 (2007).

[75] Santiago Legarre, "Emergencies Revisited: The Enduring Legacy of the Police Power", *Belmont Law Review*, 8 (2021).

[76] Samuel Williston, "Freedom of Contract", *Cornell Law Quarterly*, 6 (1921).

[77] Scott M. Reznick, "Empiricism and the Principle of Conditions in the Evolution of the Police Power: A Model for Definitional Scrutiny", *Washington University Law Quarterly*, 1 (1978).

[78] Steven Calabresi, "The U.S. and the State Constitutions: An Unnoticed Dialogue", N. Y. U. J. L. & Liberty, 9 (2015).

[79] Terria A. Muren, "Public Use Coterminous with Scope of Police Power", *UMKC Law Review*, 53 (1985).

[80] Thomas W. Merrill, "Trespass, Nuisance, and the Costs of Determining Property Rights", J. Legal Stud. , 14 (1985).

[81] Thomas L. Chittum, "Can You Hear Me Now? Cell Phone Jamming and the Tenth Amendment", *Nevada Law Journal*, 13 (2012).

[82] Thomas B. Nachbar, "The Rationality of Rational Basis Review", *Virginia Law Review*, 102 (2016).

[83] Thomas Reed Powell, "Current Conflicts Between the Commerce Clause and State Police Power", *Minnesota Law Review*, 12 (1928).

[84] Vincent Stark, "Public Morality as a Police Power After Lawrence v. Texas and Gonzales V. Carhart", *Georgetown Journal of Gender and the Law*, 10 (2009).

[85] Walter Wheeler Cook, "What is Police Power", *Columbia Law Review*, 7 (1907).

[86] W. G. Carson, "Policing the Periphery: The Development of Scottish Policing 1795–1900", *Aust & Nz Journal of Criminology*, 17 (1984).

[87] Wendy Parmet, "Health Care and the Constitution: Public Health and the Role of the State in the Framing Era", Hastings Const. L. Q. , 20 (1993).

[88] William Michael Treanor, "Jam for Justice Holmes: Reassessing the Significance of Mahon", *Georgetown Law Journal*, 86 (1998).

三、案例

[1] Adkins v. Children's Hospital of the District of Columbia, 261 U. S. 525 (1923).

[2] Adoptive Couple v. Baby Girl, 570 U. S. 637 (2013).

[3] Agins v. City of Tiburon, 447 U. S. 255 (1980).

参考文献

[4] A. L. A. Schechter Poultry Corporation v. U. S., 295 U. S. 495 (1935).

[5] Alderman v. U. S., 562 U. S. 1163 (2011).

[6] Allied Structural Steel Co. v. Spannaus, 438 U. S. 234 (1978).

[7] Altria Group, Inc. v. Good, 555 U. S. 70 (2008).

[8] American Trucking Associations, Inc. v. Michigan Public..., 545 U. S. 429 (2005).

[9] Arizona v. U. S., 567 U. S. 387 (2012).

[10] Arkansas Game and FishCom'n v. U. S., 568 U. S. 23 (2012).

[11] Askew v. American Waterways Operators, Inc., 411 U. S. 325 (1973).

[12] A-S-P Assocs. v. City of Raleigh, 298 N. C. 207 (1979).

[13] Austin v. Murray, 33 Mass. 121 (1834).

[14] Austin v. State of Tennessee, 179 U. S. 343 (1900).

[15] Bacon v. Walker, 204 U. S. 311 (1907).

[16] Barbier v. Connolly, 113 U. S. 27 (1884).

[17] Barrow v. Page, 6 Tenn. 97 (1818).

[18] Bartemeyer v. Iowa, 85 U. S. (18 Wall.) 129 (1873).

[19] Beer Company v. Massachusetts, 97 U. S. 25 (1877).

[20] Berman v. Parker, 348 U. S. 26 (1954).

[21] Bigelow v. Virginia, 421 U. S. 809 (1975).

[22] Block v. Hirsh, 256 U. S. 135 (1921).

[23] Bond v. U. S., 572 U. S. 844 (2014).

[24] Bouligny v. Dormenon, 2 Mart. (n. s.) 455 (1824).

[25] Bray v. Alexandria Women's Health Clinic, 506 U. S. 263 (1993).

[26] Breard v. City of Alexandria, La., 341 U. S. 622 (1951).

[27] Brendale v. Confederated Tribes and Bands of Yakima Indian Nation, 492 U. S. 408 (1989).

[28] Brown v. State of Maryland, 25 U. S. 419 (1827).

[29] Brooklyn Center v. Rippen, 255 Minn. 334 (1959).

[30] Buchanan v. Warley, 245 U. S. 60 (1917).

[31] Butchers' Union Slaughter-House & Live-Stock Landing Co. v...., 111 U. S. 746 (1884).

[32] California v. LaRue, 409 U. S. 109 (1972).

[33] Carlisle v. Baker, 1Yeates 471 (1795).

[34] Chamber of Commerce of U. S. v. Brown, 554 U. S. 60 (2008).

[35] Charles River Bridge v. Warren Bridge, 36 U. S. 420 (1837).

[36] Chisholm v. Georgia, 2 U. S. 419 (1793).

[37] Cipollone v. Liggett Group, Inc., 505 U. S. 504 (1992).

[38] City of Bellingham v. Schampera, 57 Wash. 2d 106 (1960).

[39] City of Burbank v. Lockheed Air Terminal Inc. , 411 U. S. 624 (1973).

[40] City of Carthage v. Rhoads, 101 Mo. 175 (1890).

[41] City of Chicago v. Sturges, 222 U. S. 313 (1911).

[42] City of Clinton v. Cedar Rapids & M. R. R. Co. , 24 Iowa 455 (1868).

[43] City of Columbus v. Ours Garage and Wrecker Service, Inc. , 536 U. S. 424 (2002).

[44] City of Erie v. Pap's A. M. , 529 U. S. 277 (2000).

[45] City of Memphis v. Greene, 451 U. S. 100 (1981).

[46] City of Monterey v. Del Monte Dunes at Monterey, Ltd. , 526 U. S. 687 (1999).

[47] City of New Orleans v. Dukes, 427 U. S. 297 (1976).

[48] City of Newport, Ky. v. Iacobucci, 479 U. S. 92 (1986).

[49] City of Tacoma v. Franciscan Found. , 94 Wash. App. 663 (1999).

[50] City of Zanesville v. Wilson, 1934 WL 1910 (1934).

[51] Chamber of Commerce of U. S. v. Whiting, 563 U. S. 582 (2011).

[52] Chicago, B. & Q. Ry. Co. v. People of State of Illinois, 200 U. S. 561 (1906).

[53] Classic Aviation Holdings LLC v. Harrower, Slip Copy (2021).

[54] Cleveland Tel. Co. v. City of Cleveland, 98 Ohio St. 358 (1918).

[55] Coates v. Mayor, Aldermen & Commonalty of N. Y. , 7 Cow. 585 (1827).

[56] Commonwealth v. Alger, 61 Mass. 53 (1851).

[57] Commonwealth v. Bird, 12 Mass. 443 (1815).

[58] Commonwealth v. Tewksbury, 52 Mass. 55 (1846).

[59] Commonwealth v. Worcester, 20 Mass. 462 (1826).

[60] Coventry Health Care of Missouri, Inc. v. Nevils, 137 S. Ct. 1190 (2017).

[61] CTS Corp. v. Waldburger, 573 U. S. 1 (2014).

[62] Dakota Cent. Telephone Co. v. State of South Dakota ex rel. Payne, 250 U. S. 163 (1919).

[63] Department of Revenue of Ky. v. Davis, 553 U. S. 328 (2008).

[64] District of Columbia v. John R. Thompson Co. , 346 U. S. 100 (1953).

[65] Dolan v. City of Tigard, 512 U. S. 374 (1994).

[66] Dobbins v. City of Los Angeles, 195 U. S. 223 (1904).

[67] Eakin v. Raub, 12 Serg. & Rawle 330 (1825).

[68] East N. Y. Sav. Bank v. Hahn, 326 U. S. 230 (1945).

[69] Edgar A. Levy Leasing Co. v. Siegel, 258 U. S. 242 (1922).

[70] Freeman v. Grain Processing Corp. , 848 N. W. 2d 58 (Iowa 2014).

[71] Erie R. Co. v. Williams, 233 U. S. 685 (1914).

[72] Erznoznik v. City of Jacksonville, 422 U. S. 205 (1975).

[73] Eubank v. City of Richmond, 226 U. S. 137 (1912).

[74] Euclid v. Ambler Realty Co. , 272 U. S. 365 (1926).

[75] Fallbrook Irrigation Dist. v. Bradley, 164 U. S. 112 (1896).

[76] Foley v. Connelie, 435 U. S. 291 (1978).

[77] Freeman v. Hewit, 329 U. S. 249 (1946).

[78] Gibbons v. Ogden, 22 U. S. 1 (1824).

[79] Goldblatt v. Town of Hempstead, N. Y. , 369 U. S. 590 (1962).

[80] Gonzales v. Carhart, 550 U. S. 124 (2007).

[81] Goodridge v. Dep't of Pub. Health, 440 Mass. 309 (2003).

[82] Grand Trunk Western R. Co. v. City of South Bend, 227 U. S. 544 (1913).

[83] Hadacheck v. Sebastian, 239 U. S. 394 (1915).

[84] Hamilton v. Kentucky Distilleries & Warehouse Co. , 251 U. S. 146 (1919).

[85] Hannibal & St. J. R. Co. v. Husen, 95 U. S. 465 (1877).

[86] Hawaii Housing Authority v. Midkiff, 467 U. S. 229 (1984).

[87] Hawaii v. Standard Oil Co. , 405 U. S. 251 (1972).

[88] Hodel v. Virginia Surface Min. and ReclamationAss'n, Inc. , 452 U. S. 264 (1981).

[89] Holden v. Hardy, 169 U. S. 366 (1898).

[90] Holt Civic Club v. City of Tuscaloosa, 439 U. S. 60 (1978).

[91] Huron Portland Cement Co. v. City of Detroit, Mich. , 362 U. S. 440 (1960).

[92] Hynes v. Mayor and Council of Borough of Oradell, 425 U. S. 610 (1976).

[93] In re Application of Jacobs, 98 N. Y. 98 (1885).

[94] In reHeff, 197 U. S. 488 (1905).

[95] In re Mamaroneck, 208 A. D. 330 (1924).

[96] In re Nightingale, 28 Mass. 168 (1831).

[97] In reVandine, 23 Mass. 187 (1828).

[98] Jacobson v. Massachusetts, 197 U. S. 11 (1905).

[99] Janes v. Reynolds's Adm'rs, 2 Tex. 250 (1847).

[100] Jones v. People, 14 Ill. 196 (1852).

[101] Johns v. Nichols, 2 U. S. 184 (1792).

[102] Johnson v. State Hearing Examiner's Office, 838 P. 2d 158 (1992).

[103] Keller v. U. S. , 213 U. S. 138 (1909).

[104] Kelley v. Johnson, 425 U. S. 238 (1976).

[105] Kelly v. United States, 140S. Ct. 1565 (2020).

[106] Kelo v. City of New London, Conn., 545 U. S. 469 (2005).

[107] Kesler v. Department of Public Safety, Financial Responsibility..., 369 U. S. 153 (1962).

[108] Kirk v. Wyman, 65 S. E. 387 (S. C. 1909).

[109] Kleppe v. New Mexico, 426 U. S. 529 (1976).

[110] Kovacs v. Cooper, 336 U. S. 77 (1949).

[111] Lake Shore & M. S. R. Co. v. State of Ohio, 173 U. S. 285 (1899).

[112] Lakewood v. Pillow, 180 Colo. 20 (1972).

[113] Lambert v. People of the State of California, 355 U. S. 225 (1957).

[114] Lane v. United States, F. Supp. 3d (2020).

[115] Lawrence v. Texas, 539 U. S. 558 (2003).

[116] Lawton v. Steele, 152 U. S. 133 (1894).

[117] Leisy v. Hardin, 12 Ky. L. Rptr. 167 (1890).

[118] Lochner v. New York, 198 U. S. 45 (1905).

[119] Loretto v. Teleprompter Manhattan CATV Corp., 458 U. S. 419 (1982).

[120] Lorillard Tobacco Co. v. Reilly, 533 U. S. 525 (2001).

[121] Lozman v. City of Riviera Beach, Fla., 138 S. Ct. 1945 (2018).

[122] Lucas v. South Carolina Coastal Council, 505 U. S. 1003 (1992).

[123] McCulloch v. Maryland, 17 U. S. (4 Wheat.) 316 (1819).

[124] Manigault v. Springs, 199 U. S. 473 (1905).

[125] Mansfield & Swett v. Town of West Orange, 120 N. J. L. 145 (1938).

[126] Massachusetts v. E. P. A., 549 U. S. 497 (2007).

[127] Max Wulfsohn v. John Burden, 241 N. Y. 288 (1925), 300.

[128] Marvin v. Trout, 199 U. S. 212 (1905).

[129] Matter of Wallach v. Town of Dryden, 23 N. Y. 3d 728 (2014).

[130] Mayor, Aldermen and Commonalty of City of New York v. Miln, 36 U. S. 102 (1837).

[131] McDonald v. City of Chicago, Ill., 561 U. S. 742 (2010).

[132] Members of City Council of City of Los Angeles v. Taxpayers..., 466 U. S. 789 (1984).

[133] Miller v. California, 413 U. S. 15 (1973).

[134] Miller v. Schoene, 276 U. S. 272 (1928).

[135] Missouri, K. & T. Ry. Co. v. State of Okl., 271 U. S. 303 (1926).

[136] Moore v. People of State of Illinois, 55 U. S. 13 (1852).

[137] Morrison v. Beck Energy Corp., 143 Ohio St. 3d 271 (2015).

[138] Mugler v. Kansas, 123 U. S. 623 (1887).

[139] Muhlenbrinck v. Long Branch Com'rs, 42 N. J. L. 364 (1880).

[140] Munn v. People of State of Illinois, 94 U. S. 113 (1876).

[141] Murphy v. People of State of California, 225 U. S. 623 (1912).

[142] Murr v. Wisconsin, 137 S. Ct. 1933 (2017).

[143] National Aeronautics and Space Admin. v. Nelson, 562 U. S. 134 (2011).

[144] Nebbia v. People of New York, 291 U. S. 502 (1934).

[145] New Jersey v. Delaware, 552 U. S. 597 (2008).

[146] New Orleans Gas-light Co. v. Louisiana Light & Heat..., 115 U. S. 650 (1885).

[147] New York v. United States, 505 U. S. 144 (1992).

[148] New York State Liquor Authority v. Bellanca, 452 U. S. 714 (1981).

[149] Noble State Bank v. Haskell, 219 U. S. 104 (1911).

[150] Nollan v. California Coastal Com'n, 483 U. S. 825 (1987).

[151] North Carolina State Bd. of Dental Examiners v. F. T. C., 574 U. S. 494 (2015).

[152] Olsen v. Nebraska, 313 U. S. 236 (1941).

[153] Panhandle Eastern Pipe Line Co. v. State Highway..., 294 U. S. 613 (1935).

[154] Penn Cent. Transp. Co. v. City of New York, 438 U. S. 104 (1978).

[155] Pennell v. City of San Jose, 485 U. S. 1 (1988).

[156] People v. Gillson, 109 N. Y. 389 (1888).

[157] People v. Gross, 830 P. 2d 933 (1992).

[158] People v. Lindner, 127 Ill. 2d 174 (1989).

[159] People v. Melvin, 1 Yates Sel. Cas. 112 (1809).

[160] People ex rel. Le Roy v. Hurlbut, 24 Mich. 44 (1871).

[161] Petstel, Inc. v. King County, 77 Wash. 2d 144 (1969).

[162] Phalen v. Virginia, 49 U. S. (8 How.) 163 (1850).

[163] Pliva, Inc. v. Mensing, 564 U. S. 604 (2011).

[164] Powell v. Commonwealth, 114 Pa. 265 (1887).

[165] Prigg v. Commonwealth of Pennsylvania, 41 U. S. 539 (1842).

[166] Proprietors of Charles River Bridge v. Proprietors of Warren Bridge, 36 U. S. 420 (1837).

[167] PruneYard Shopping Center v. Robins, 447 U. S. 74 (1980).

[168] Queenside Hills Realty Co. v. Saxl, 328 U. S. 80 (1946).

[169] Ramozay v. Mayor, 1 Mart. (o. s.) 241 (1811).

[170] Ravin v. State, 537 P. 2d 494 (1975).

[171] Reina v. U. S., 364 U. S. 507 (1960).

[172] Respublica v. Duquet, 2 Yeates 493 (1799).

[173] Rhodes v. State of Iowa, 170 U. S. 412 (1898).

[174] Rice v. Santa Fe Elevator Corp. , 331 U. S. 218 (1947).

[175] Rice v. Santa Fe Elevator Corp. , 16 N. E. 3d 1188, 1202-03 (N. Y. 2014).

[176] Riegel v. Medtronic, Inc. , 552 U. S. 312 (2008).

[177] Robert v. State, 327 So. 3d 546 (2021).

[178] Robinson Tp. , Washington County v. Com. , 623 Pa. 564 (2013).

[179] San Diego Gas & Elec. Co. v. City of San Diego, 450 U. S. 621 (1981).

[180] Saudi Arabia v. Nelson, 507 U. S. 349 (1993).

[181] Schulman v. Cal. State Water Res. Control Bd. (In re Lazar), 200 B. R. 358 (1996).

[182] Schwegmann Bros. v. Louisiana Bd. of Alcoholic Beverage Control, 216 La. 148 (1949).

[183] Silco Automatic Vending Co. v. Puma, 105 N. J. Super. 72 (1969).

[184] Slaughter-House Cases, 83 U. S. 36 (1872).

[185] Smith v. City of Spokane, 55 Wash. 219, (1909).

[186] Smith v. Turner, 48 U. S. 283 (1849).

[187] Sonzinsky v. United States, 300 U. S. 506 (1937).

[188] SoonHing v. Crowley, 113 U. S. 703 (1885).

[189] Soper v. President & Fellows of Harvard College, 18 Mass. 177 (1822).

[190] Sorrell v. IMS Health Inc. , 564 U. S. 552 (2011).

[191] Spokane County v. Valu-Mart, Inc. , 69Wash. 2d 712 (1966).

[192] State v. Burdge, 95 Wis. 390 (1897).

[193] State v. Mountain Timber Co. , 75 Wash. 581 (1913).

[194] State v. Racskowski, 86 Conn. 677 (1913).

[195] State v. Somerville, 67 Wash. 638 (1912).

[196] State ex rel. Beek v. Wagener, 77 Minn. 483 (1899).

[197] State of Ohio v. Helvering, 292 U. S. 360 (1934).

[198] Stewart v. Foster, 2Binn. 110 (1809).

[199] Stone v. State of Mississippi, 1Ky. L. Rptr. 146 (1879).

[200] Swepi, LP v. Mora County, N. M. , 81 F. Supp. 3d 1075 (2015).

[201] Taylor v. U. S. , 136S. Ct. 2074 (2016).

[202] Tennessee Wine and Spirits Retailers Association v. Thomas, 139S. Ct. 2449 (2019).

[203] Terry v. Ohio, 392 U. S. 1 (1968).

[204] Thomas Cusack Co. v. City of Chicago, 242 U. S. 526 (1917).

[205] Thorpe v. Rutland & B. R. Co. , 27 Vt. 140 (1855).

[206] Thurlow v. Com. of Mass. , 46 U. S. 504 (1847).

[207] Torres v. Lynch, 136S. Ct. 1619 (2016).

[208] Trs. of Phila. Baptist Asso v. Hart's Ex'Rs, 17 U. S. 1 (1819).

[209] Trustees of Dartmouth College v. Woodward, 17 U. S. 518 (1819).

[210] Udall v. Trustees of Brooklyn, 19 Johns. 175 (1821).

[211] Union Dry Goods Co. v. Georgia Public Service Corp., 248 U. S. 372 (1919).

[212] United HaulersAss'n, Inc. v. Oneida-Herkimer Solid Waste..., 550 U. S. 330 (2007).

[213] Universal Interpretive Shuttle Corp. v. Washington Metropolitan..., 393 U. S. 186 (1968).

[214] United States v. Carolene Products Co., 304 U. S. 144 (1938).

[215] United States v. Comstock, 560 U. S. 126 (2010).

[216] United States v. Guinet, 2 U. S. 321 (1795).

[217] United States v. Jones, 565 U. S. 400 (2012).

[218] United States v. Kahriger, 345 U. S. 22 (1953).

[219] United States v. Kebodeaux, 570 U. S. 387 (2013).

[220] United States v. Locke, 529 U. S. 89 (2000).

[221] United States v. Lopez, 514 U. S. 549 (1995).

[222] United States v. Morrison, 529 U. S. 598 (2000).

[223] U. S. Trust Co. of New York v. New Jersey, 431 U. S. 1 (1977).

[224] United States v. Winstar Corp., 518 U. S. 839 (1996).

[225] United States Term Limits v. Thornton, 514 U. S. 779 (1995).

[226] Vance v. W. A. Vandercook Co., 170 U. S. 438 (1898).

[227] Vanderbilt v. Adams, 7 Cow. 349 (1827).

[228] Veix v. Sixth Ward Building & Loan Ass'n of Newark, 310 U. S. 32 (1940).

[229] Virginia v. Maryland, 540 U. S. 56 (2003).

[230] Virginia Uranium, Inc. v. Warren, Nuclear Reg. Rep. P 20, 809 (2019).

[231] West Coast Hotel Co. v. Parrish, 300 U. S. 379 (1937).

[232] Western TurfAss'n v. Greenberg, 204 U. S. 359 (1907).

[233] Whalen v. Roe, 429 U. S. 589 (1977).

[234] Wilkerson v. Rahrer, 140 U. S. 545 (1891).

[235] Williamson County Regional PlanningCom'n v. Hamilton Bank..., 473 U. S. 172 (1985).

[236] Wilson v. George, 2 Del. Cas. 413 (1818).

[237] Wos v. E. M. A. ex rel. Johnson, 568 U. S. 627 (2013).

[238] Wyeth v. Levine, 555 U. S. 555 (2009).

[239] Wynehamer v. People, 13 N. Y. 378 (1856).

[240] Yawn v. Dorchester County, 446 F. Supp. 3d 41 (2020).

[241] Ziffrin, Inc. v. Reeves, 308 U. S. 132 (1939).